同伴互助视角下高校英语教师专业化发展研究

杨艳丽　谭　琦　李　珍　著

中国纺织出版社有限公司

图书在版编目（CIP）数据

同伴互助视角下高校英语教师专业化发展研究 / 杨艳丽，谭琦，李珍著．--北京：中国纺织出版社有限公司，2023.9

ISBN 978-7-5229-1017-8

Ⅰ.①同… Ⅱ.①杨… ②谭… ③李… Ⅲ.①高等学校-英语-教师-师资培养-研究 Ⅳ.①H319.3

中国国家版本馆 CIP 数据核字（2023）第 175056 号

责任编辑：王　慧　　责任校对：江思飞　　责任印制：储志伟

中国纺织出版社有限公司出版发行
地址：北京市朝阳区百子湾东里 A407 号楼　邮政编码：100124
销售电话：010—67004422　传真：010—87155801
http://www.c-textilep.com
中国纺织出版社天猫旗舰店
官方微博 http://weibo.com/2119887771
天津千鹤文化传播有限公司印刷　各地新华书店经销
2023 年 9 月第 1 版第 1 次印刷
开本：710×1000　1/16　印张：18
字数：290 千字　定价：98.00 元

前言

教师专业化发展自20世纪80年代提出以来，经过30多年的理论研究和实际探索，已经发展成为世界许多国家教育研究共同关注的课题，也是当今教师教育改革的主流话题。英语教师专业发展研究是在教师专业发展研究基础上开展的，跟教师专业发展研究类似之处在于，研究初期主要探讨的是基础教育阶段英语教师的专业发展，大学英语教师的专业发展问题在此阶段并未纳入研究者们的视野之中，专门针对大学英语教师这一特殊群体专业发展的研究不仅落后于我国教育界对高校教师专业发展的研究，而且落后于对外语教师教育和专业发展的研究，与英语专业教师相比，大学英语教师的专业发展问题似乎相对边缘化。

近年来，大多数高校为经济和社会的发展培养了大批的高素质人才，成为我国现代化建设的中坚力量。但部分高校在资金配置、师资力量等方面相对其他直属高校较为薄弱，大部分地方高校对教师专业发展的重视程度不足，教师专业发展存在一系列问题，影响了地方高校的发展。同伴互助作为促进教师专业发展的重要方式之一，可以根据教师工作过程中的实际需要组织各种形式的活动，有效提升地方高校教师的素质。

为了更好地发挥地方高校在人才培养、科学研究和社会服务等方面的作用，本书以高校英语教师为研究对象，对高校英语教师的语言意识、在职前后培养、同伴互助下高校英语教师的专业化发展状况进行调查和分析，发现部分高校教师专业发展存在缺乏明确规划、教师教学方法单一、专业知识有待完善、教师科研成果少、服务水平不高等问题。从同伴互助视角出发，分析问题存在的原因，主要包括高校教师同伴互助意识弱，缺少同伴互助所需的评价制度、激励制度、保障制度，缺少相应的校园文化氛围和组织等。最后，本书从同伴互助的视角出发，提出有针对性的建议，高校应该重视同伴互助的运用、营造群体合作学习的氛围、完善教师评价制度、构建学习共同体，加强自身专业发展等。

总之，高校英语教师的专业化发展应该引起教师自身和各大高校的重视，高校应该从各方面为教师专业发展提供机会和支持，促进同伴互助在高校教师群体中的运用，从而更好地发挥地方高校在经济建设、人才强国战略中的作用。鉴于此，笔者最后从外在客观环境及教师自身两方面综合考虑，针对目前存在的问题提出合理性建议，以便高校英语教师更好地利用同伴互助促进自身的专业发展，实现大学英语教师专业发展的新突破。

本书由重庆外语外事学院杨艳丽老师、谭琦老师和李珍老师共同撰写完成。全书共计 30 万字。其中，杨艳丽老师撰写第一章、第三章、第四章的内容 10.5 万字，谭琦老师撰写第二章、第七章的内容 10 万字，李珍老师撰写第五章、第六章的内容 9.5 万字。本书内容力求准确严谨，但由于作者水平有限，恐有不足之处，请广大读者不吝批评、指正。

著　者

2023 年 3 月

目录

第一章　绪论

同伴互助的出发点和落脚点是实现教师的全面发展，立足于教学和科研，根据教师的实际需求，以专业对话、学术沙龙等多种方式加强教师之间的协作互助。深入研究同伴互助的实质、条件、具体形式以及其对于教师专业发展的重要性，可以引起高校对于同伴互助的重视，有效推进地方高校教师的专业发展。

第一节　同伴互助的研究概述

一、同伴互助的研究现状

（一）国外关于教师同伴互助的研究

通过调查发现，国外关于教师同伴互助的研究是基于教师的专业发展而产生的。20 世纪六七十年代，只有数量很少的教师将其在专业培训中习得的教学技能和策略用于教学实践，新知识的迁移率非常低。大部分人认为教师的专业发展主要是靠教师参与一系列的研习活动，在专家的指导下，以参加演示、示范、角色扮演、模拟等方式来帮助教师提高教学水平，改善教学效果。但事实却不尽如人意。这一时期，有关教师如何掌握和应用新教学策略的研究很少，因此，当时的教师专业发展活动是失败的，教学效果也改善甚微，人们将之归结为教师学习动机和态度方面的原因。20 世纪 80 年代初，美国学者乔伊斯和肖尔斯（B. Joyce &. B. Showers）首先提出了“同伴互助（peer coaching）”的概念，他们认为，改变早期教师培训模式的设计和组织方法可能有助于教师将培训内容迁移到教学实践之中，过去将教师培训低效的结果归咎于教师自身这一因素可能是错误的。他们假设，教师可能需要一些持续的帮助和反馈才能够在教室里应用新的教学策略和方法。他们在随后的研究中验证了这一假设，并证实了同伴互助的效果。教师可以与同事或同伴保持互相信任和依赖的关系，他们共同规划教学活动、共同反思、互相提供反馈意见和分享经验，更加频繁地练习并恰当地应用这些技能和策略，能更适当地运用新的教学模式，拥有“同伴互助者”的教师比那些独自工作的教师更容易运用新的教学策略和方法。人们在实践中也发现，相对于管理层和学生提供的教师评价而言，来自同伴的评价更有助于教师改善自我的教学行为。乔伊斯和肖尔斯建议学校应让教师组织和参与同伴互助小组，以使教师之间能够互相帮助、彼此支持和共同成长。从 20 世纪 80 年代至今，英美等国的很多学校采用教师同伴互助的方法，将其作为教师专业发展的一种形式，取得了非常好的效果。

（二）国内关于教师同伴互助的研究

我国对于教师间同伴互助的研究有着悠久的历史和坚实的基础。1957 年 1 月 21 日，教育部为加强学校的教学工作颁布了《关于中学教学研究组工作条例（案例）》，要求各地实行。在这个条例中，明确规定了教研组的任务就是组织教师进行教学研究工作，总结交流教学经验，提高教师思想、业务水平，以提高教育质量，并对教研组的工作内容、组织领导等也做了规定。这是我国建立统一的教学研究管理系统的重要措施。自那时起，中小学逐步并全面建立了学科教研组，主要在同年级建立备课组，由每门学科各个不同年级的备课组共同组成该学科的教学教研组。各区县和省市也建立了相应的教研室，由此形成了一个纵（学科教研组）横（年级备课组）结合的统一的教学研究管理系统。教研组的主要任务是制订学年、学期和每周，甚至每一节的备课和教学计划，在教学的要求、进度、要点、作业练习等几个方面达到统一，保证教学一定的规格。所以说，我国早已关注教师同伴互助的作用，只是说法不同，发展有待进一步完善。

二、同伴互助的内涵

同伴互助的英文翻译有很多种，“peer coaching”“collegial coach-ing”“teaching coaching”等，其中以“peer coaching”最为常用。“peer”，意指“同辈、同侪、同等之人”，之所以翻译为“同伴互助”，是因为它确切地反映了教师同伴和同事之间就教育教学问题而相互辅助的内涵。“同伴”能体现教师间的平等关系，“互助”能体现教师持续主动地提升自我，相互合作并共同进步，同时也与我国校本教研中的提法保持一致。

关于同伴互助的界定，不同的研究学者有着不同的理解。著名学者道尔顿与莫伊尔（Dalton & Moir）将同伴互助界定为一种专业发展的手段，认为同伴互助是一个过程，在这一过程之中教师分享知识，相互提供支持；为提高技能，学习新知识，解决实践问题而相互帮助，给出反馈意见。它有助于加强教师间的合作与提高教学。有的学者把它看成是增强、完善和发展教学技能的手段，如罗宾斯（Robbins）认为同伴互助是以信任为前提，两个或多个教师一起，共同反思当前的教学实践，增强、完善和发展新的技能，分享观点，互相教导，共同参与教学研究并在工作中共同解决实际问题一种手段。学校支持同伴互助这种方式，并将其作为一种获得课程与教学反馈的手段。安德鲁·凉恩（Andrew Thorn）根据已有的同伴互助的概念进行了概括性的描述，认为“同伴互助是专业的，而非社会对话；是以观察为基础的；是相互信任的；是为了个人发展；是自愿的，而非竞争的”。西村（Nishimura）认为同伴互助是为了建构个人或小组学习能力、发展能力和自我意识的结构性对话。成功的互助是通过对话调查和反思而得到的责任、行动和承诺，互助成功的关键在于教师在何处获得其结构学习的经验，刺激他们发挥自身优势和取得责任、行动和承诺，以实现其目标。若教师只是简单地聚集在一起，有效的同伴互助是不会发生的，菲利斯·布鲁门菲尔德（Phyllis C. Blumenfeld）认为有效的同伴互助依赖于互助小组是如何组织的、解决的问题或任务是什么、有谁参与以及互助组的责任是什么等。

国内学者王陆认为同伴互助是以问题解决为导向的，而非以考核或评价为导向的。同伴互助的双方围绕着要解决的问题、案例、项目而展开活动。我国另外一学者余文森认为同伴互助是教师在自我反思的同时开放自己，加强教师之间以及在课程实施等教学活动上的专业切磋、协调和合作，共同分享经验，互相学习，彼此支持，共同成长。同伴互助的实质是教师作为专业人员之间的对话、互动与合作。

综上所述，本文对于同伴互助的理解是：同伴互助是指教师两人或者多人组成小组，以专业发展为导向，通过多种手段展开的，旨在实现教师持续主动地提升自我、相互合作并共同进步的教学教研活动。他们互相辅助，共享资源，形成“研究共同体”，共同反思教学实践和实施课堂教学研究，互相学习，彼此支持，解决工作领域中的问题，共同成长。这一概念的要点是：第一，同伴互助的参与主体是教师，人数灵活，形式多样，可以是不同的组合；第二，教师同伴互助的手段是多种多样的；第三，教师同伴互助的最终目的是促进教师的专业发展，是一个教师所有（of teachers）、教师参与（by teachers）、教师享有（for teachers）的过程。在这个过程中达到提高教学质量与促进教师专业发展的目的。

三、同伴互助的形式和途径

（一）同伴互助的形式

同伴互助的形式灵活多样，可以是校内教师间的同伴互助，也可以是校与校间的教师同伴互助；可以分为同学科内部教师间的合作，也可以是不同学科不同专业教师间的交流。同伴互助的参与主体是教师，人数灵活，形式多样，可以是不同的组合，可以是两个人也可以是三个人、四个人等，教师之间是一种平等、自愿、民主的关系。从组织形式上看，同伴互助主要有两种形式：一是组织型，是指上级主管部门或学校有目的、有计划、有组织地研讨；二是自发型，是指教师本人主动与教学伙伴（或专家）进行研讨，这种研讨不拘时间、不拘地点、不拘形式，可随时发生，也可随时结束。实际上这种形式的互助是大量的、经常的，也是教师最喜欢的形式，它可以宽松平和地达到互助的目的，但是它太随意、缺乏必要的计划。

同伴互助的基本形式有：对话（交谈或讨论）、合作（协作）、帮扶等。

（1）对话（交谈或讨论）。可分为几种类型，一是信息交换：如信息发布会——教师把自己拥有的信息公布给大家。教师在参加了各种研讨会后，将有关的教育教学信息通过一定途径发布和传达。二是经验共享：举行经验交流会或总结会，大家把自己的成功事例和体会、失败的教训和感想与同事分享、交流，获得情感的支持和认知的深化。通过谈论，同伴之间可以相互交流自己的学习经验、心得和体会。借鉴和吸收同伴的成功经验，避免重蹈失败的覆辙，同时，通过谈论，同伴之间可以获得情感上的支持。三是深度会谈：它是一个自由、开放、发散的过程，可以有主题，也可以无主题，它会诱导教师把深藏于心的甚至连自己都没有意识到的看法、思想、智慧表达和展示出来。这个过程同时最具有生成性和建设性，它会形成很多有价值的新见解。

（2）合作（协作）。教师与合作伙伴共同承担责任来完成某一项研究任务，既有共同的研究目的，又有各自的研究责任，它强调团结精神，群策群力，例如集体研卷、集体备课等。

（3）帮扶。教学经验丰富的优秀教师指导新任教师，发挥传、帮、带的作用，使后者尽快适应角色和环境的要求。如“师徒结对”就是帮扶的一种具体形式。青年教师积极聆听优秀教师的课，实地感受教学过程，学习成功经验；师傅主动听徒弟的课，了解徒弟的不足，有针对性地给予指导，同时，也吸收青年人的先进思想和新鲜做法，师徒既各展其长，又互帮互学、优势互补、共同成长。

（二）同伴互助的基本途径

1. 教学活动

（1）教学技能比赛。为提高教师的教学基本功和培养青年教师的教学业务水平，各类学校开展教学业务技能比赛，如说课比赛、教学基本功展示、课改展示等，也可以进行口语或者演讲等单项或多项比赛，旨在促进教师间形成业务技能比、学、赶、超的良性循环。

（2）教学公开课。为了让家长、社会了解课堂，了解本校的教学模式，吸引更多的学生资源和教育教学资源，许多学校都开设了面向社会的公开课，不同区域间的学校也进行广泛交流。特别是以“同课异构”为主题的教学开放周活动，采用“老课新上”“殊途同归”等形式来进行多元解构。学校之间互动，区域内教师之间互动，骨干教师与青年教师之间互动，取得了良好效果。

（3）教学讲座。英语教研室或英语科研组举办专题讲座，由英语学科带头人进行业务辅导，内容可以是课程理论、课堂教学设计等环节，其他教师通过听课研讨、互动交流，可以有效促进教师观念和教学技能的提高。一些骨干教师参加了国家级、省市区各级各类培训学习，将自己学习到的知识内化为自己的一些见解、体会，与全校教师共同分享。通过同伴互助，避免教师各自为战和孤立无助的现象。而教师也只有不断从同伴中获得信息，借鉴和吸收经验，才会少走弯路，能获得单独学习所得不到的东西。

2. 互动交流途径

（1）教师沙龙。“教师沙龙”活动是广大英语教师最乐于接受和参与的一种交流平台。它不拘泥于一种形式、一种内容，可以渗透到每一天教学研究的交流讨论中。教师沙龙可以以年级组、教学组、科研组或课题组为单位进行，既可以是专题性的沙龙，也可以是非专题性的沙龙。教师沙龙摈弃了传统的“一言堂”教研活动模式，使参与者的自由创造精神得到有效释放，在良好的氛围中，教师无拘无束，自由成长，最大限度地促进教师的参与积极性，从而使同伴互助达到很好的效果。

（2）教师帮扶小组。“师徒结对”“一对一结对子”是同伴互助的另外一种重要形式，通过成立教师帮扶小组，进行结对子帮扶活动，能很好地促进青年教师尽快成长。帮扶教师双方可以一起商议、共同制定具体的帮扶计划，采取相应的帮扶措施，定期对帮扶的成果进行检查。教学经验丰富和教学成绩突出的优秀教师、“双师型”教师、“骨干教师”等，均可以担当起帮助、指导新任教师和青年教师的责任，使他们尽快转变角色，适应教学环境。“徒弟”应经常深入优秀教师的课堂去实地感受课堂教学，学习他们成功的教学经验，并将学习到的经验运用到自己的教学实践当中。作为“师傅”也要经常深入“徒弟”的课堂，了解不足，对于新教师在教学中出现的问题要及时和有针对性地给予指导，并要坚持检查新教师在汲取经验之后改革的成效，重新给予评定和指导。这样，师徒既各展其长，又互帮互学，优势互补。

（3）经验交流。英语教师之间相互合作，共同反思的教学实践，已逐渐成为学校促进教学成效的内部组织形式，也是建立统一的教学研究管理系统的重要措施。英语教师内部相互促进教学成长的合作方式，容易为教师所接受。许多实用和创新的想法正是在合作中生成的，在合作中，英语教师可以自由交流思想，把英语教师按照专业分成若干小组一起交流教学心得和学生的学习情况，全员参与，广泛开展，共同探讨，共同提高。在经验交流中，英语教师的教学理念得到升华，教书育人能力得到提高。

（4）博客论坛、微博互动。随着信息技术的不断发展，网络学习已经渗透到了我们平时的点滴学习中。许多学校开设网络论坛、网络沙龙以及微博互动，以便获取更多信息。这样，既可避免因时间不统一而带来集中讨论的限制，节省了时间成本，还可以实现超越时空的多维互动研讨，提高了交流的频率，促进了合作的有效性。英语教师博客论坛作为一种隐蔽性的群体研讨活动，更多的是私人性的、随意性的，但又是最具真实性的，是经验的汇聚，是一笔珍贵的财产。博客论坛和微博互动的有机结合，相得益彰，借助于这个平台，英语教师之间达到了合作学习、共同成长的目的。

（5）校校合作。为了更广泛地推动同伴互助，可以将学校内部的教师同伴互助范围扩大到区域间的校与校之间教师的同伴互助。双方教师经常互相听课，相互探讨，相互碰撞，促进不同学校间英语教师的均衡发展。校与校之间的合作，可以采用对口专业的，如省级示范院校与市级院校、重点院校与普通院校等，或者是同级别的院校。合作的形式可以是聘请相关专家报告、特级教师讲座、与优秀教师对话等形式，对有培训要求的教师进行专题培训，切实提高被培训教师的教学质量水平，特别是提高参与实施校本教研的能力和水平。

3. 课程引导模式

（1）集体备课。备好课是实行优质教学的前提。集体备课是同伴互助中开展得非常普遍的一种形式，是把研究教材、研究学生、研究教法有机地结合在一起。集体备课是指学校内同年级同学科教师有计划、有组织地共同制订教学计划，分析教材重点、难点，并确定教学方法及撰写教案的过程。一般采用“个人构思→先成初案→交流探讨→形成通案→实施定案”的备课方式，然后由一人主教，备课组集体听课，听完课之后针对教学中存在的问题和不足进行再次修改，反复磨合，使每个教师都获得了单独研究所得不到的东西。开展集体备课有利于发挥集体的智慧，弥补各位教师备课过程的不足。通过将集体智慧与个人特长有机地结合起来，有助于教师在整体上把握课程标准及教材的重难点，从而确保形成优秀的教学设计。

（2）共同上课。共同上课是在集体备课、资源共享的基础上同上一节课。共同上课分为两种形式：一种是同课异构，即采用同一节课多人上，共同评课，共同提高；另外一种是分工合作，上一节课，包括上课、说课、评课、对话四个环节。在英语教师集体钻研教材共同备课的基础上，一人说课、上课，其余人评课。这种共同上课、合作教学为英语教师设置了一种合作探究的情境，使教师们既拥有个体独立的体验空间，更拥有教师之间、师生之间的合作氛围，从而建立了多边的信息交流网，使英语教师们不知不觉地感受到了合作的快乐，促进了自身发展。

（3）特色示范课。英语特色示范课是教育行政主管部门或学校组织进行探讨教学规律，研究教学内容，推广教学经验，开展教学研究活动的一种有效形式，是推进学校教育科研工作，提高教师业务水平的一个重要途径，每一个承担示范课和参加观摩示范课的教师都希望通过这种活动而有所收获和借鉴。英语特色示范课也是学校内部或学校之间教师同伴互助的常见形式，是教师和专家之间的听课和交流。它使教师有互相交流与学习的机会，共同分析教学情况，共同磋商教学策略，有助于加强教师对自我教学的关注和改进。英语特色示范课的开展，不仅能让上课教师自身得到锻炼和提高，展示较高的专业水平和能力，同时，也为教研活动提供研究的具体案例，可以激发上课教师本人和其他教师专业发展的动力。

4. 课题推动

最有价值的课题，来自于教学实践中产生的问题。无论是小课题还是大课题，均需要教师认真参与，从课题立项到课题结题，无不需要倾注大量心血。它可以说是推动英语教师进修、完善知识结构、提高科研能力、促进专业成长的一个重要推手。尤其是大一点的课题，更有利于团队协作精神的培养。一个英语课题的申报需要做大量的前期准备工作，课题申报工作一旦启动，就要求课题组成员明确分工、相互合作，形成合力，注重英语教育科研与英语课程的改革相生相长，让英语教师的业务能力在彼此的合作互助中得到发展。

5. 同伴互助听课

同伴互助听课贴近教师的教学实际，是促进英语教师专业发展的有效途径之一，是一种横向的同伴互助指导的听课活动。它旨在强调教师专业发展中的合作文化，促进教师围绕听课中发现的某一问题或课题进行分析、讨论和交流，提倡教师之间在教学活动各环节中的对话、沟通和协调以及经验、技能等教学信息的共享等，以改进教学行为，提高教学水平。

作为英语教师专业化发展的一种策略，英语教师同伴互助听课是一个为教师所有、为教师所参与，以及为教师所共享的过程，其直接目的在于改善教师的教学行为，提高教师的教学效果，促进教师的专业发展。因此，英语教师同伴互助听课无论对英语教师职业的专业化，还是对英语教师个体专业水平的提升，都具有重要的作用。

第二节 高校英语教师专业发展概论

一、教师专业发展的相关概念解析

要了解教师专业发展，必须先了解教师专业化与教师专业化发展的关系、教师专业发展的界定、教师专业发展意识以及教师专业发展特点等内容。因此，下面就对这些内容进行分析。

（一）教师专业化和教师专业发展

要正确理解教师专业化的深层内涵，首先要区分“职业”和“专业”这两个概念。

1.“职业”和“专业”的区别

所谓职业，泛指用以谋生、有金钱酬劳的工作。关于什么是专业，各位学者尚未达成一致。

教育界学者认为，专业是通过特殊的教育或训练掌握了已经证实的认识，具有一定基础理论的特殊技能，从而按照来自特定的大多数公民自发表达出的具体要求，从事具体的服务、工作，借以为全社会利益效力的职业。

社会学家卡·桑德斯（K. Saunders）指出，专业是指一群人从事一种需要专门技术以及特殊智力的职业，目的在于提供专门性的社会服务。

近代西方哲学家怀特海（A. N. Whitehead）认为，专业是一种有可验证的理论基础、科学研究的行业，并且能从理论分析与科学验证中积累知识来促进这个行业的活动。

总体而言，专业是具备高度的专门职能及相关特性的一种能力，其主要特点包括以下几方面：专业本身具有发展性；有严格的专业选拔与有效的专业训练；专业人员具有系统而全面的专业理论和实践知识基础；专业人员具有较高水平的专业判断和决策能力。

2. 专业化和教师专业化

所谓专业化，既指某一专业人员达到该专业标准的动态发展过程，也指其成长为专业人员的静态发展结果。

教师专业化也应该从动态和静态两个方面来理解。从动态的角度来说，教师专业化主要是指教师在严格的专业训练和自身学习的基础上，逐渐成长为一名专业人员的发展过程。这一发展过程的实现需要教师自身的努力以及良好外部环境的创设，这两方面因素相互促进、缺一不可。从静态的角度来讲，教师专业化是指教师职业真正成为一个专业、教师成为专业人员并得到社会承认这一发展结果。“专业化”将成为未来教师发展的努力方向。

从广义来讲，教师专业化的标准主要包括教师自身素质与客观环境两大方面。其中，教师自身素质的发展是教师专业化标准的核心，它主要包括以下几方面：具有专业责任感和服务精神；受过较长时间的专门训练，具有较强的专业基础；具备教育实践能力，包括教育活动组织能力、教育性反应意识、教育监控能力，对儿童的指导能力、和谐师生关系、支持性同伴关系和家园关系等的创设。良好客观环境的创设也是教师专业化标准的重要方面，如创建完善的教师职前培训体系；提供多途径、多形式的教师在职进修机会；为教师提供参与研究的机会，鼓励其积极参与科研；建立教师专业团体；制定严格的教师选拔和任用制度；提高教师的经济和社会地位等。

3. 教师专业化与教师专业发展的关系

关于教师专业发展与教师专业化的关系存在三种不同的观点。

第一种观点将教师专业发展等同于教师专业化。

第二种观点认为，教师专业化和教师专业发展不是同一个概念。教师专业化是指教师职业专业化的过程，教师专业发展则是指教师个体由不成熟逐渐成长为成熟的专家型教师的过程。

第三种观点认为，教师专业化包含教师专业发展。该观点将专业化划分为两个维度——地位的改善与实践的改进。前者是满足一个专业性职业的制度；后者是通过改善实践者的知识和能力来改进所提供服务的质量的过程。

从广义的角度来看，教师专业化与教师专业发展均指加强教师专业性的过程。

从狭义的角度来看，教师专业化更多是从社会学角度考虑的，主要强调教师群体的、外在的专业性提升；教师专业发展更多是从教育学维度界定的，主要指教师个体的、内在的专业化提高。除此之外，这两个概念还有一个区别，即教师专业化体现的是一种教育思想、教育制度、教育改革运动，而教师专业发展包含的是一个教师的成长过程。

教师专业化和教师专业发展相互区别，但也相辅相成。教师专业化制度的建立及教师专业化运动的发展为教师专业发展提供了保证，只有教师职业更加专门化，才能使教师专业发展得到更大的提高。而教师专业水平的提高，也会更有力地支持和推进教师专业化。

（二）教师专业发展的界定

1. 教师专业发展的提出

1976 年，美国教师教育大学联合会报告预言，教学能够并将自我实现为专业。

1986 年，美国卡耐基教育促进会和霍姆斯协会先后发表了题为《国家为 21 世纪准备教师》和《明天的教师》的报告，明确提出了教学专业发展的概念，主张确立教师的专业地位，以教师的专业化来实现教学的专业化。美国教师专业化发展运动对国际社会特别是西方社会的教育产生了很大的影响。

1996 年，第 45 届国际教育大会通过了 9 项建议，其中第 7 项建议将专业化作为改善教师地位和工作条件的策略。

1998 年，“面向 21 世纪师范教育国际研讨会”在北京召开，指出当前师范教育改革的核心是教师专业发展。

20 世纪 90 年代以来，许多国家已将教师专业发展纳入政策的视野中。美国于 20 世纪 70 年代中期提出“教师专业发展”的口号。

20 世纪 90 年代以来，英国政府提出了以学校为中心培训初任教师的计划，允许学校为师范生颁发合格教师证书。这种以学校为基地的教师培养模式不仅关注理论与实践的联系，而且关注实践经验多样化的价值。同时激励学校教师在指导实习生的过程中挑战自己的教学假设，改变自身的教学实践，因此，也推动了学校教师的反思。

我国于 1994 年通过实施的《教师法》第一次在法律上确认了教师的专业地位，即“教师是履行教育教学职责的专业人员”。这体现了从事教师职业人员的生存和发展的需要，也是从社会分工角度来审视教师这一专门职业的专业性要求。1995 年，我国建立的教师资格证书制度，以及信息时代的经济与社会发展都为教师专业发展提供了有利的条件。信息时代的教育改革要求教师保持积极的心态，成为教育的研究者、实践者和创新者。

可见，促进教师专业发展已成为 21 世纪教师教育的一种主流趋势。没有教师的专业发展，没有教师的成长，教育改革和发展就不会取得成效。

2. 教师专业发展的界定

（1）国外学者对教师专业发展的界定。国外学者对教师专业发展的界定如下。

哈格里夫斯（Hargreaves）和富拉恩（Fullan）强调从知识与技能的发展、自我理解、生态改变三个方面来理解教师发展。

哈格里夫斯认为，教师专业发展包括知识、技能等技术性维度，以及道德、政治和情感的维度。

戴（Day）的界定比较综合，他指出教师专业发展包含所有自然的学习经验和有意识组织的各种活动，这些经验和活动有益于个体、团体以及课堂教育质量的提高。

伊文思（Evans）认为，教师专业发展的根本是态度上的改善和专业表现的改善，简单说就是态度和功能的发展，态度的发展包含知识性发展和动机性发展，功能的发展体现为程序性发展和生产性发展。

（2）国内学者对教师专业发展的界定。关于教师专业发展，国内学者有着不同的理解。

呼伦贝尔学院朱玉东教授认为，教师专业发展是伴随教师一生的专业素质成长的过程，是教师专业信念、专业知识、专业能力、专业情意等不断完善的过程。

华东师范大学唐玉光教授指出，教师作为教育专业人员，要经历一个由不成熟到相对成熟的发展历程。成熟是相对的，发展是绝对的。教师专业发展空间是无限的，发展内涵是多层面的，包括知识、技能、能力、态度、情意。

华中科技大学朱新卓教授认为，教师专业发展是教师基于知识、技能和情意等专业素质提高的专业发展的过程，是由非专业人员转向专业人员的过程。

还有学者认为，教师专业发展包含两方面的含义：一是如何促进教师专业化，提高教师职业素养的过程；二是强调教师的自我觉醒意识，认识到教师作为教育教学的专职人员，有特定的行为准则和高度的自主性。教师专业发展贯穿于整个职业生涯，不仅是时间上的延续，更是教师心理素质的形成与发展过程。

综上所述，教师专业发展是以教师个人成长为导向，以专业化或成熟为目标，以教师知识、技能、信念、态度、情意等专业素质提高为内容的教师个体专业内在动态持续的终生发展过程，教师个体在此过程中的主体性得以充分发挥，人生价值得到最大限度的实现。

（三）教师专业发展意识

所谓教师专业发展意识，是指教师按照教师专业化的要求，对自己专业发展过程、目前专业发展状态、未来专业发展规划的系统化、理论化的认识。教师专业发展意识是建立在教师的自我认识、职业认同程度和成就动机基础上的综合反映，对教师的成长和发展起着导向、激励、规划与监督的作用。

长期以来，我国教师被当成促进学生发展的工具，其个人的专业发展被忽视，许多教师失去了专业发展的愿望和动力。青年教师由于教学时间短、教学经验不足以及缺乏参与重大课题研究的机会，会厌倦重复的教学工作，常常表现为自我专业发展意识比较薄弱。加强教师自我专业发展意识的培养，对促进他们的成长与发展至关重要。

1. 学习专业发展理论的意识

教师专业发展理论是促进教师专业发展的理论依据，启发着教师自身的专业发展。教师通过学习教师专业发展阶段理论，可提高教师专业发展意识与能力，了解目前的发展阶段，并在此基础上确立具体的成长目标，制订出具体可行的操作方案。具有自我专业发展意识的教师，能自觉承担专业发展的主要责任，达到专业发展的目的。他们随时关注自己的专业发展，自觉地利用、创造条件以便更新自己的内在专业结构，提升专业水平。

2. 专业理想意识

教师专业理想是教师对成为一个成熟的教育教学专业工作者的向往，是推动教师专业发展的巨大动力，为教师提供了奋斗目标。教师的专业理想作为教师对其职业的追求，涉及教师对专业的热爱程度、工作积极性的维持和专业动机的发展。

具有专业理想的教师，对教学工作会产生强烈的认同感和投入感，愿意终生献身于教育事业，并致力于改善自身的教育素质，以满足社会对教育专业的期望，努力提高专业才能和专业服务水平。教师的专业理想容易受专业活动的自主程度、学校对教师的专业支持以及领导的教育信念等因素的影响。学校是实现教师专业发展最重要的场所，学校领导要帮助教师确立专业理想，培养教师的专业发展意识。

3. 反思科研意识

美国心理学家波斯纳（Posner）指出，教师成长=经验+反思。仅仅满足于经验增长而不反思经验的教师，不会有本质的进步。反思能力大大影响着教师的专业发展。只有当教师认识到自己专业发展的优势和不足时，才能做出合理的发展规划并逐步提升自己的专业水平。通过记录专业中的关键事件，与自我专业发展保持对话，并对未来的发展规划做出适当的调整，教师在专业化发展的过程中必有大成。

教师是否具有科学研究的意识决定了教师能否积极投身于教育科研活动。科研意识是教师从事教育科研工作的前提。教师要在思想上重视教育科学研究；在理论上加强教育学、心理学等理论的学习，获得教育科学研究的理论指导；在实践上从科研意识的外延入手，通过对问题意识、思考意识、创新意识的培养，达到提高科研意识的目的。

（四）教师专业发展特点

教师专业发展是教师个体的、内在的、专业性的提高，是教师“个人成为教学专业的成员并且在教学中具有越来越成熟的作用这样一个转变过程”，是教师不断接受新知识、增长专业能力的过程。教师不仅是专业发展的对象，更是自身专业发展的主人。在促进教师专业发展的过程中，教师自身的努力起着关键作用。

追寻教师的生命完善，需要社会和教师双方共同努力。就社会而言，要关注和正视教师真实的生存状态，为教师个体提供生存和发展的合理环境，提升他们的生命质量，为教师追寻生命完善提供外部氛围和条件支撑。因此，教师的整个职业生涯都应有继续培训的机会，从而使之能跟上思想和方法的新进展。从本质上说，教师专业发展是教师个体专业不断发展的历程，是教师不断接收新知识、增长专业能力的过程。具体来说，教师专业发展的特点表现在以下几个方面。

1. 整体性

教师专业发展的首要特点是整体性。这种整体性表现在教师具有独特的人格，懂得运用“自我”作为有效工具展开教学。

想要实现教师专业发展中教师作为“人”的成长，就要尊重教师在专业发展中的整体性，承认教师有其个人历史及其在专业发展中的作用。“要使个人的生活成为整体，它必须体现一个人所有的创造性冲动，而且他的教育应该是一种能够启发和加强这种冲动的教育。”唯有理解生命的完整性与独特性并不断提高自身学习力的教师才能担此重任，才能促进教师自己和学生不断地发展。

促进教师专业发展应使教师所接受的各种形式的教育相互衔接、相互支持。“教育是一个统一的有机体，其中的每一部分都有赖于其他部分，而且只有在与其他部分发生联系时才具有意义。如果失去一个部分，那么这个有机结构的其他部分就会失去平衡，而且没有哪一个部分能代行其分担的具体职能。”教师所接受的各种形式的正规教育与非正规教育应互相配合，为教师提供更多的受教育机会。教师的发展是终身持续不断的，为挖掘更多的发展潜力，促进教师的可持续发展，应从纵向和横向对教师的时空发展资源进行有机的整合和利用。

（1）关注教师的生命体验。传统教育强调冷静、理性和价值中立，注重知识教学而不重视人的精神世界，过度强化的知识教学导致了对人的伦理精神的忽视、对教师教育激情的压抑，使得教育者在日趋理性的同时，其充满教育智慧与生命活力、创新意识的非理性精神逐渐缺失。

教育活动是一种富含生命力的活动，它需要教师将自我的经验、热情、信念、价值等都参与、投入教育实践过程中，在课堂教学中张扬自己的非理性精神，呈现出独特的教育智慧；与学生一起探究对话，建构对教育生活的体验与态度，品味知识的酣畅和精神的欢愉，成为共同成长的学习群体。

教育以人生价值的实现为宗旨，教育的真义是使人幸福。这里的人生价值和人的幸福，不仅包括学生的，也包括教师的。教书育人是一个需要激情和爱的活动，是一个需要参与者全身心投入的活动。没有教师对教育发自内心的热爱，就不会有真正的教育；没有教师在教职中“自我实现”的成就感、满足感和幸福感，也不会有真正的教育。那么，从事教育工作的教师在自身的职业活动中对幸福的体验如何，是否感到幸福，就不仅仅是教师个人的问题，而是关涉教育本真意义实现的重要问题了。教师完善是个人需要满足与潜能实现而获得的体验。同时，教师在接纳自己的过程中，逐步敞开心怀去接纳别人，这不仅是培养学生关怀理想的契机，而且是教师为自己的专业理想和专业能力保留再生的空间。因为教师的专业发展不仅仅是知识与专业能力的提高，更是人文关怀精神的成长。

（2）提升教师的人文素养。教育要向人还原，向人的生命存在还原。教师既是一种角色，也是一种个性。教育不仅仅是为教师谋生而存在，它还是教师的生活本身。压抑个性、默默无闻地承受异化，可能使教育成为一项让人同情、令人敬而远之的高尚事业。只有充分地张扬个性、肯定自我，才能使教育成为一种让人幸福、令人羡慕的职业。教师要超越角色自我，使角色的规范、要求变成生命体验的一部分。优秀的教师都是在超越角色自我之后才展示出丰富的自我个性的，他们的教育活动往往也是最具个性魅力的。教师不仅要有全面的专业知识和教育技能，还要有工作的激情和活力作为保证，才能释放自己的生命潜能，发挥自己的创造才智，达到生命与事业高度融合的境界。

教师专业发展要关注教师个性的张扬。人文教育是关注教师个性张扬的可靠前提，是与人类的自我尊重、自我反省、自我关怀直接相关的教育。因此，在教师教育中应加大人文课程的比重，使教师不但具备丰富的文化知识及教育教学的技能与方法，而且具备良好的文化素养与人文精神，严谨治学，珍爱生命，尊重学生，爱护学生，使学生能够不断从教师那里获得鼓励、爱心与认可，学会为自己创造幸福以及给予别人幸福，从而活出生命的意蕴和光彩。

2. 开放性

教师持续发展的开放性是指其无限的延伸性和拓展性。它要求教师能够突破外在的有限条件，根据自己的需要灵活地进行选择、把握，使教师的教育方式立体化与多元化。在这个自成一体的世界里，无论是在政治、艺术、公民生活还是在成人教育中，都会遇到因人、因物造成的障碍。教师只有在跳出与外界隔绝的小圈子、与广阔的外部世界发生联系的情况下，才会获得智慧，获得对人和客观事物的知识。

现如今，很多教师在不断实践着自身创造力的向上翻新，他们的生命向着无限的可能性开放。他们的每一天，在培养学生创造力的同时，也在创造着自身的生命，挖掘着自身的潜力。在教师职业生涯中，只有用创造的态度去对待工作的人，才能在完整意义上懂得工作的意义和享受工作的欢乐。随着教育不断社会化，社会不断教育化，教师不仅应主动走向社会，而且应采用多种方式，充分利用社会各种教育资源，丰富和充实自己，以更好地施教于学生。

3. 终身性

个人的变化、成长过程是一个贯穿个人职业生涯的连续的过程。终身性指教师不仅要进行职前学习，也要进行在职学习，终身都要学习。将教师视为发展中的个体是一个相当重要的概念，是我们探讨与推动“教师专业发展”的一个基础。

教师的专业发展是终身学习和发展的过程，是教师个体连续的专业发展过程。另外，教师的持续发展，其内在的需要，也是终身性的。教师的成长过程是一个不会停止对外界的探索、不会停止自我完善的过程，是一个无限延伸的过程。教师的持续发展只有与一个连续的建设性过程联系起来才有自己的地位和意义。因此，教师应拓展自己的思想观念，以开放的视野看待自己所扮演的角色，以教育者与受教育者的双重身份参与到平等、开放、民主的教育活动中。

教师成长是一个有目的的、自我持续的、富有生命力的探索与改变的过程，这种个人变化、成长完善在持续不断地进行，贯穿于个人职业生涯的所有阶段。教师职业是一个特别需要学习的职业，实践是教师成长的途径。通过持续不断的学习以改变自己的智能结构和教学技能是教师工作与生活中重要的组成部分。教师专业化发展的理论就是为了适应学习化社会的需要，以终身教育思考为指导，根据教师专业阶段发展的要求，对教师职前、入职和在职教育进行全程的规划设计。

4. 连续性

教师的持续发展应以终身教育的理念来构建，因为发展无处不在，无时不有。教师应终生致力于自身的发展，不断更新自己的观念，努力拓展自我，以便使自己在教育改革的前进浪潮中，更好地实现自我的发展和完善。而且，教师持续发展能使教师得到持续的“充电”。教师职业的特性就是要不断更新自己的知识体系、思想观念，其内在的特定需要是发展。没有发展，教师就会被淘汰。

教师职业的专门化既是一种认识，更是一个奋斗过程；既是一种职业资格的认定，更是一个终身学习、不断更新的自觉追求。因此，教师专业发展应当是一个持续的过程，而不是职前、入职与在职教育相分离的活动。21 世纪的教师教育改革将以一种连续和一体化的观点看待这一过程，注重职前和在职教育的衔接和过渡，加强各个机构间的合作，从教师成长的整个历程来推动教师教育的改革。

二、高校英语教师专业发展的现实意义

世界在不断向前发展，再加上中国坚持改革开放的政策，因此，需要大量的复合型、国际性、综合性的英语人才。而培养这类人才的重任就有一部分落在了英语教师的身上。英语教师只有不断提升自己、不断学习，才能保持知识足够、理念新鲜、方法灵活。

首先，英语教师身份的教、学、研三重性决定了教师工作是十分复杂的。在教、学、科研不断动态发展的过程中，教与学应该相长，用教学带动研究，以研究促进学习。另外，英语教师自身角色的三重性也要求教师树立正确的学习观，掌握科学的英语教学方法和策略，学习与时俱进的英语教学论，具备一定的科研功底，秉承积极的科研态度。因为英语教师教育具有动态发展的特点，同时具有长期性，所以教师的专业化要求也是不断持续发展的，会贯穿于教师的整个教育生涯。

其次，教师这一职业还具有社会性，与社会的发展有着密切的关系。社会发展是日新月异的，再加上科技迅猛发展，社会上新理念、新思潮不断涌现出来，这就要求教师教育应不断发展。

最后，英语有其自身的学科特点，需要教师放眼世界，胸怀国家，从世界的视角来看待英语教育。尤其是当今的学生有着鲜明的发展性与时代性，这就使得教师以往的“一师一法”是行不通的，应该以不变应万变。

上述这些方面都要求教师扩大知识面、接受专业化教育、提高自身专业化素质与水平。总之，高校英语教师专业发展是必要的，应予以重视。

三、高校英语教师专业发展所存在的问题

我国高校英语教师专业发展虽然得到了一定程度的提升，但是面对英语教学改革的推进，他们的素质与能力已经很难适应当前经济发展对高素质英语人才的需求。因此，当前高校英语教师的专业发展面临着严峻的挑战。本节就来探讨高校英语教师专业发展中所存在的一些问题。

（一）教师间交流合作能力较弱

如前所述，我国高校英语教师的规模非常庞大，但是整体教学效果不尽如人意。这是因为教师往往各自为战，力量非常分散，互相之间缺乏系统性的互动与交流沟通。这也是导致高校英语教师专业发展不足的一项重要原因。

无论是不同高校的英语教师，还是同一高校的英语教师，基本上都是自己承担自己的责任，也就是所谓的各自为战，彼此之间缺乏学术、教学等层面的沟通与合作。

随着“国培计划”的实施及其辐射带动，大学、独立的教育学院、教师进修学校、各地教研室、中小学一线之间逐渐实现了一定层次的合作与来往，但是从活动开展的实质层面来说，教师之间仍旧缺乏深度的交流与合作，教师缺乏整体与互助意识。

（二）学生的主体地位不突出

对于高校英语教师而言，他们的职责在于为学生提供英语层面的学习帮助与支持，也就是作为英语学习的引导者。这就要求高校英语教师应该具备较高的素质与能力，而要想达到这一点，高校英语教师首先必须明确自身的情况，对基础教育脉动能够及时地把握与了解，从而知道从什么层面帮助学生。

英语教师对学生的学习、思考、研究等有着重要的意义。不得不说，高校英语教师首先应该是一名出色的教育实践者与自我发展者。但是问题就在于，很多教师并没有明确自身存在的价值与意义，心中也并未将学生当回事，无论是课堂教学，还是课下做报告；无论是做现场的指导，还是参与课下实践，往往都未注重学生的学习情境，也并未对具体问题进行具体分析，习惯以自我为中心。这样强迫学生接受、仅凭己意的做法显然是欠妥的。

正是由于缺乏关心学生的情怀，一些教师很难受到学生的欢迎与支持。高校里的学生对英语课程的学习兴趣也不高，导致英语教学的效果非常差。

（三）教师个人能力有待提升

教学是一个具有恒常性的庞大工程，具有时代感与现实性，且教师的专业发展又是建立在具体的教学实践中，面对他们的是多种需求。因此，高校英语教师是教育系统中的能动元素。

但事实上，当学生接触了越来越多的东西，见识也越来越广泛时，他们的自觉意识会逐渐提升，再加上互联网对英语教学模式的冲击，导致一线的英语教师面临越来越多的困惑，很多教师无所适从，仅仅简单应付。出现这些情况的原因有很多，如教师缺乏学术支撑、继续学习能力不足、精力不能集中等。

教师的专业发展需求是处处存在的，如果教师发展中的现实问题不能及时得以回应，教师实践中的问题也未能得到交流，就会导致教师们的激情冷却。能力对于教师而言是看家本领，如果他们能力匮乏，不仅会对自身造成影响，还会对整个教学质量造成影响。

（四）教师缺乏促进个人发展的动力

英语教师要想帮助学生提升能力，首先需要让自己发展。教师专业发展的力量不仅来自个人的坚持，还需要外部条件的支持。就当前来说，高校英语教师群体并未受到社会的充分重视，教师没有明确的学科依托，也未形成学习共同体，仍旧在各自的岗位上独自奋斗。

教学研究者不愿意花费过多的精力于此，这种氛围不利于教师的专业发展。即便有些教师做得不错，在学生中的反响很好，但是真正将英语教学作为事业，甚至将其融入自己生命中的很少。很多时候，教师都是不得不做，缺乏内在的动力与激情，甚至仅是为了维持现状。这些都是高校英语教师专业发展无力的表现。

（五）教师缺乏进修机会

很多调查显示，高校英语教师很少有出国或参加国外外语教学研讨会的经历，但是调查表明教师特别渴望高层次和针对性强的进修。繁重的教学任务使很多教师产生强烈的进修需求。脱产出国进修、国内访学、参加学术会议、减轻工作量在职进修、利用寒暑假进修等都是教师们期待的进修机会。

教师的进修途径是非常有限的，很多高校英语教师能够参加的培训活动往往都是由国内几家大型教材出版社每年组织的寒暑假的专业培训，时间短而又缺乏系统性。而真正由各级政府部门或专业机构系统组织安排的旨在实质性提高外语教师专业素质的培训则为数不多，且由于时间、地点、经费等限制，教师参与度有限，难以满足所有教师的进修需求。

另外，目前国内的高校英语教师的专业技能培训还停留在提高语言能力和教学技能、技巧的层面上，离全面提高教师专业素质的目标和要求还有一定的距离。

（六）教学理念与课堂行为不完全一致

著名学者周燕和楼荷英等人认为，教师的教学理念与他们所认同的教学方法相符，但其课堂教学行为与教学理念和方法有时却不一致。部分大学英语教师教育经验和理论素养不足，缺乏对教与学关系的辩证理解，在教学中带有很强的主观性、经验依赖性以及各种不确定性，且教师的理论与实践之间依然存在一定的差距。不少大学英语教师尚未运用国内外先进的外语学习理论，课堂依然是以教师为主的传统讲授，学生接收的也是较封闭的以应试为主的任务，大学英语课堂内容和形式均缺乏创新；有些大学英语教师不自觉地在英语课堂上扮演着“语言讲解者”和“语言示范者”的角色，忽视了语言中的文化因素对学生的影响和熏陶；还有些英语教师在课堂上的语言运用能力、教材处理能力以及协调实际课堂等方面的能力有待提高。

（七）教师科研水平偏低

科研是长期的、循序渐进的过程，需要不断在实践中摸索积累，而高校教师科研水平的高低又是衡量其专业化发展的必要指标。从我国外语教师的科研情况看，尽管近十年来，高校英语教师在申报课题、发表论文、编写教材、接受各种形式的继续教育方面的总体发展趋势较好，但有相当数量的从业人员对外语教育理论、原则的认识还非常模糊，这说明教师对科研能力在教学和教师自我发展过程中的作用认识尚显不足。杨忠等人认为，我国高校英语教师的科研水平偏低的主要原因有学科知识结构不够合理、跨学科知识结构不够全面、缺乏科研意识和科研精神、科研时间少、科研环境欠佳等。不少大学英语教师只专注于一线的教学，不具备必要的科研理念，也没有掌握一定的科研方法，而且对科研在教学和教师发展过程中的作用也认识不清，对他们来讲，搞科研实为无奈之举，是为年度考核或提职晋升所迫，而以提高教学质量和充实提高自身业务水平和综合素质为目的去做科研的教师数量少之又少。

我国的高校英语教学是高素质人才培养的重要组成部分，对国家的政治、经济、科技、文化等领域的发展起着重要作用。在现今英语教学全方位改革的新形势下，大学英语教师的职业发展面临着前所未有的社会期许和改革机遇。因此，开展对我国高校英语教师专业发展的研究，寻求适当的专业发展有效途径和模式，帮助高校英语教师及时调整和完善自我，具有一定的现实意义。

四、高校英语教师专业发展的取向与理念

要想提升高校英语教师专业水平，还需要坚持一定的理念和取向，这对于具体的实践有导向作用。本节就对高校英语教师专业发展的取向与理念分别进行探讨。

（一）高校英语教师专业发展的取向

教师专业标准表示的是教师的专业化价值，其实是对教师专业期望水平的指向和描述。

澳大利亚著名学者因格瓦森（Ingvarson）认为，教师的专业化标准应建立在最佳教学实践的追求与研究上，应指出教师的明确责任，而不是仅限于在教学过程中对教学内容的简单描述。教师的专业标准要求教师应该向其他专业人员或者其他教师说明教学的中长期目标以及教师专业素质与能力拓展的过程与阶段，让教师能够找到提升自身专业素质与能力的方向，对自身的发展过程予以明确，坚定地践行教师专业标准的要求。[1]

通过总结各个国家、各个地区的教师的专业素质与能力标准，结合我国的实际情况，可以将我国教师的专业素质与能力拓展的取向归结如下。

1. 应坚持“以学生为本”

高校英语教师专业发展的一个基本精神就是“以学生为中心”。在教学中，教师首先应该热爱学生，只有真心地对待学生，才能给学生带来素质与能力的提升。“以人为本”的精神在教师的教学中体现得尤为明显，教师在促使学生获取知识、提升自身能力、培养自身情操层面所取得的成绩是评价教师是否专业的标准。教师基本的职业道德要求就在于热爱学习，教师应该从关心与爱护学生出发，对教学工作与日常的班级管理工作加以关注。教师对待学生的态度会对学生的发展产生一定的作用。因此，对于教师而言，促进学生的全面发展显得非常重要，也是工作的重中之重。

[1] 魏会廷．教师学习共同体：促进教师专业发展的新途径［M］．武汉：武汉大学出版社，2014.

另外，学生在教育系统中有着非常重要的地位，学校的基本任务就是促进学生的素质与能力的提升。因此，教师应该将学生放在主体地位，真正地做到以学生为中心。

高校英语教师专业发展的动力与根据在于学生学习目标与标准与学生成绩之间的差距。因此，在高校英语教师专业发展拓展的过程中，不仅需要对教师予以关注，还需要以学生为本。

2. 应注重合作学习

教师与学生、同伴、家长之间的合作也有助于教师提升自身的专业素质与能力。

教师与学生合作，有助于提升教师的学业水平。在合作的过程中，师生之间创造和谐的学习氛围，可以让教师与学生在融洽的环境中提升彼此的素质与能力。

教师与其他同伴合作，有助于扩展彼此对不同学生的认知，加深他们对自身知识的理解和把握。

高校英语教师专业发展的标准要求教师有不同的角色定位。他们不仅是学生的引导者，也是同学生、同伴各方合作的领导者，还是学校的贡献者。

3. 应使教师学会终身学习

教师专业发展是一个长期的过程。因此，教师应该学会终身学习，不断为提升自身的素质与能力而行动，更好地与社会的发展相适应。

社会的迅速发展使知识也得到了迅猛发展。在教育中，教师是学习的指导者，也是知识的需求者。他们将自身的知识传授给学生，但是，在知识大爆炸的时代，教师仅仅依靠自身的一些专业知识与技能，已经很难完成当前的教学过程，因此，需要接受继续教育，不断对自身的素质与能力进行更新与改进。

具体来说，教师除了需要对自己任课的知识有清楚的学习和把握，还需要对与自身学科相关的知识有所涉猎，尤其是现代教育技术手段。教师应该成为学生的榜样，在坚持终身学习的过程中传播学习理念，帮助学生不断地培养良好的学习习惯。

（二）高校英语教师专业发展的理念

1. 英语教学的理念

了解英语教师专业发展的理念，首先应了解英语教学理念。英语教学理念可归纳为科研观、理念观和技艺观三种。

（1）科研观。根据科研观，语言教学是一种具有科学性的特殊活动。语言教学既需要专业知识，还需要专门的技术、特定的技艺以及跨学科的相关知识，这些技术或技艺往往是经过科学研究而产生的结果。

①可操作性的学习原则。所谓可操作性的学习原则，是指学习心理学的研究成果，特别是从那些学习过程中的相关因素（记忆、迁移、动机等）的研究中所提炼出来的教学原则。

在语言教学过程中，对学习者的语言培训意味着将有关研究运用于教学中，如听说法、任务型语言教学、交际语言教学。此外，直接法、认知法、自然法、交际教学法均属于这一范畴。

②仿效被教学实践证明有效的教学模式。仿效被教学实践证明有效的教学模式是指将教学实证或实验研究的结果运用于课堂教学实践之中。根据这种教学模式，成功的语言教学是一种特殊的教学行为，是基于前人的研究，经过逻辑推理而得来的。

张思忠的十六字教学法就是这一模式的典型。他的十六字教学法，即“适当集中，反复循环，阅读原著，因材施教”，为广大英语教师所熟悉，并且有很多教师将这一教学法视为经典。

③以成功语言教师为范例。以成功语言教师为范例，首先要做的是确定哪些教师的课堂教学模式可以作为模仿的范例。可模仿的范例确定后，英语教师通过课堂教学观察和访谈来研究他们的课堂教学实践，由教研员、教学监管人员、专业人员、一线教师共同观察一组被认为是教学典型的语言教师的课，应重点观察以下几个方面。

第一，如何组织课堂教学。

第二，如何传授语言知识，如何培养学生的语言能力。

第三，如何组织教学活动和学习活动。

第四，如何使学生更好地完成任务。

在上述步骤的基础上，对这些教师进行访谈，从而界定他们的教学理念和教学目标以及执行教学任务的要求等。然后观察他们的实际教学过程，观摩后组织讨论，使大家更清楚地了解这些模范教师的教学模式。在观察—访谈—观摩—讨论后，教师可照着模式进行课堂教学。

（2）理念观。理念观是建立在没有数据的科学理论基础之上的教学原则。理念观主要包括两种教学方法：理论取向和价值取向的教学方法。

①理论取向的教学方法。理论取向的教学方法一般是指教学实践者将某一教学理论或学习理论运用于具体的教学实践中。例如，交际语言教学就是以语言理论为基础的一个实例。在其影响下，其他一些交际框架下的交际语言教学模式也逐渐产生，如任务型教学法、合作学习法、内容教学法。

由我国英语教学的发展历程可以看出，我国英语教学是随着世界各国语言教学的发展而不断发展的，语法翻译法、听说法、交际法等都是由教学领域的权威根据国外研究倡导的教学法而照搬到我国中学英语教学中形成语言教学法。

每倡导一种新的教学法，都由当地师范院校的教师或教研室或有经验的教师对当地的英语教师进行这一教学法的培训，对与该教学法相关的知识进行介绍，要求教师将特定的教学法运用于自己的课堂教学中。

但是，随着时代的进步，人们的教学观念发生了改变，一味地照搬他人的教学方法受到很多专家和学生的批判。人们开始灵活、有选择地运用教学方法。

随着教学理念的变化，教师教育理念也在有所改变，一些与教师教育术语相关的改变，如“教师培训”“教师教育”“教师发展”，就是不同的教师教育理念与教师教育重心转变的体现。

②价值取向的教学方法。随着国内外教育形势的不断发展，人们的教育理念、教学目标、教学模式也发生了变化。广大英语教育工作者与教师开始接受新的教学理念。以学生为中心，着眼于学生的思想、情感、认知、需求、个性、发展、策略等，是新的教学理念的体现。

我国对教师、学生、教学以及教育在社会中应有的作用的评价导致了价值取向的教学观念的形成。现在流行的语言课程文献、校本课程发展、行动研究等都属于价值取向的教育体系。一些价值取向的语言教学方法还包括人文教学、学生中心教学、教师分队教学制等。

(3) 技艺观。技艺观将教学视为一种艺术。教学艺术的魅力在于教师个人性格的感召力、价值观的感染力、敏捷思维的影响力、创新意识的催化力。

一位优秀的教师应具备三个方面的意识，即现代意识、改革意识和创新意识。受改革创新意识的促使，教师会不断研究课程的时代性、实用性和独特性；能依据教材、超越教材、活用教材、发展教材；对教学形势的需要以及未来可能发生的事情进行评价，从而创造、运用符合自身教学实际的教学策略。

技艺观要求教师根据特定的教学形势和教学环境发展出适合自己的教学方法，逐渐形成具有个性化的教学技巧。对于教学来说，教要有法，但教无定法，贵在得法。

2. 英语教学理念对教师专业发展的启示

上文根据不同的教学观对不同的教师教育观进行了简要介绍，在制订教师教学计划的过程中，可以结合不同的教学观决定培训计划、制订培训方案、选择培训材料以及挑选培训内容。

关于如何将不同的教学观运用于教师教育中，主要有以下三个观点。

（1）第一种方法采用折中主义的观点。在很多教师教育的项目中，不同的课程体现了不同的教学观。例如，在第二语言习得的课程中，可根据科研观来培训教师，而在同一个教师培训项目中，教学论或教学法课程可以是以理论观为基础的培训，教学实践方面的课程可采用技艺观来培训教师。然而，这三种教学观就具体的教学技巧提供的教学观点不尽相同。因此，不能随意地对这三种教学观进行交替使用。

不同的教学观代表了不同的教学观点以及教师所使用的不同教学方法，因此，折中并非最佳的选择。要做到系统的、合理的兼容，就要求教师教育工作者协同教师共同探讨和研究。

（2）第二种方法是这三种方法不能相互兼容的观点。根据这一观点，如果说一种教学法是有效的，就不再接受其他教学法，在教师教育的过程中，就要排斥其他教学法，教师培训应围绕一种特定的、大家皆认可的有效教学方法而展开。这一方法，具体是先由培训者将有关教学方法传授给受训者，使受训者理解掌握该教学法的理论、特点、技巧等，然后由受训者模仿这一教学法。

（3）第三种方法是将不同的教学观视为教师持续发展的不同形式。根据此观点，教师加入教师行列需要具有教学技能和职业能力以及根据被验证了的教学理论、教学原则进行有效教学的自信心。科研观可为没有多少教学经验的教师提供一个很好的起点，如果他们取得了教学经验，则可以适当修改或调整这些原始理论，不断向理论观方向发展，当他们最终发展了自己的教学理念时，则可以转向技艺观来教学，创造自己独特的教学技巧，这就是说，自上而下的教学观被自下而上的教学观所取代，或是两种方法进行融合，所以教师教育（发展）就可以被视为一个持续不断地自我发现、自我更新、自我发展的过程。

根据中国英语教学和英语教师实际情况提出了多种外语教师培训的方法论，这里主要介绍下面三种。❶

（1）技能型培训方法论。现代外语教学强调教学重心从知识层面转为技能层面，尤其注重培训缴费，这应从教师培训开始做起。每一种教学方法都与特定时期的背景有很大的关系，更新理念应伴随着更新方法。技能型培训可以采取多种方法，如任务型、行动型、经验型、反思型等，注重事后的感悟，追求经历后的归纳总结的效果，反思所做的事情对自己的作用和影响，并寻找理论支撑。这一培训活动主要是为了达到互动学习、经验学习、合作学习、自主学习等效果。

任务型/合作型教师培训要让受训教师合作完成任务。这种培训的步骤具体如下。

①分成四人小组。

②对组中的每个人进行标号。

③分小组，对一个教案进行讨论，或设计一个教学活动。

④每个小组做好讨论笔记。

⑤一起交流小组讨论成果。

技能培训可以是综合技能培训，也可以是单项技能培训。

（2）研究型培训方法论。现代外语教师培训注重与研究课题结合起来，尤其是与教师发展结合起来。例如，与以下课题相结合的教学效果培训。

①基于教师的教学效果研究。

②基于学生的学习效果研究。

③创造性教与学研究。

④教师的学能研究。

此外，培训也可以结合教师的观念和行为研究来进行。

①对语言和对语言教学有什么样的信念就怎样展开教学。例如，如果认为语言是一种技能，教学就会注重技能的掌握方法；如果认为语言是一种符

---

❶ 夏纪梅．大学英语教学改革对教师的挑战：教师发展问题与对策［J］．中国外语，2007（2）：3.

号系统，教学中就会注重语言知识的讲授等。

②尽管对语言和语言教学有现代理念，但是并没有在实际的教学行为中体现出来。例如，相信交际教学法，但在实际的教学中采用的依然是灌输讲授的形式。

③语言和语言教学缺乏科学理念，教学行为显得盲目或自以为是。培养教师对外语教学定式的批判、审视、反思、解构和重建的学术水平是教师培训与研究结合不可或缺的内容。

（3）教材研用式培训方法论。现代外语教师培训与教材推介结合起来，符合现代外语教育发展理念，具有语言教学科学性的教材对教师发展有直接的教育和培训意义。从这一点来看，教材具有一定的教师培训功能。这种方法论具体强调以下几点。

①教材的理念、特色、途径、方法、模式介绍。

②教材使用中教师的个性化体现。

③教材中疑难问题的讨论。

④以教材课文的主题为中心而开展的教学活动或设计的教学任务。

⑤教案的编写，或对现有教材进行的再创作。

第三节　同伴互助对教师专业化发展的重要性

一、同伴互助的实质和条件

同伴互助作为促进教师专业发展的重要方法，其实质是教师之间的合作和专业对话。教师之间、教师与专家之间是平等合作的，不是简单的教与被教、指导与被指导的关系，同伴互助更强调参与者的友好伙伴关系。同伴互助的目的是促进教师专业发展，其内容应该来自教师的需求。教师的专业成长主要是一个教师教学、科研和社会服务的水平不断提升的过程，也可以说是教师职业专业化的过程。同伴互助的目的在于通过合作和对话，发现教师在教育活动中存在的问题，提出解决方案，从而达到提高教学和科研水平的目的。

同伴互助的前提条件是开放，要求教师之间相互了解，不怕将自己的不足展现在其他教师和专家面前，同时也要求其他教师和专家能够诚恳地提出批评和建议。互助的核心是双向互动，教师之间是互相学习、互相进步的过程，不存在单向的指导，双方在互助中都有受益。比如，新老教师之间的互助，新教师可以从老教师那里获得教学设计和课堂管理经验，而老教师可以从新教师那里了解到新的教学技术和教学理念等。同伴互助的基础是研究，互助的目的是发现自身发展中的不足进而解决，只有教师之间存在共同的研究，了解互助对象的研究主题，才能有针对性地提出问题和建议。对话是教师同伴互助的一种基础形式，其他具体的活动都是在此基础上开展的。

同伴互助的重点是教师是自愿的、有热情的，互助的对象至少要是自己选择的“伙伴”，保证教师参与同伴互助的出发点是为了积极的目的，是出于自己的本心的。同伴互助要求教师有合作精神，互助对象之间要有一定的合作的可能性，不能缺乏合作的基础。比如，教师之间要有类似或者相关的研究领域作为互助的主题，教师之间不存在强烈的竞争关系等。互助的对象可以具有流动性，不必是固定的教师群体，可以采用流动小组交流的形式，让教师之间自由组合。同伴互助还强调了反馈的重要意义，教师群体在进行专业对话之后，教师之间要提供反馈建议，帮助其他老师共同进步。

同伴互助强调互助的过程，这是一个循环反复、螺旋上升的过程。首先，要求在活动开展之前做好计划工作。要根据教师专业发展的阶段以及教师教学、科研中遇到的问题，科学设计活动的主题；根据活动的主题邀请相关的教师参加，积极鼓励不同领域教师的参与，交流经验、提供借鉴等；同时，要根据互助的主题确定适宜的活动方式，保证调动教师的积极性，使互助效果更好；要保证教师互助的时间、地点等；同时，要掌握整个活动过程的节奏性，有效地引导教师讨论交流。其次，教师要将互助中的收获应用到实际的教学和科研活动中，不断地融合创新，形成每个教师独有的教学和科研成果。最后，要组织教师对于教学、科研活动进行反思，主要包括对于互助经验的应用效果和过程中存在的疑惑、教学和科研过程中新遇到的问题以及其他需要反思和寻求帮助的方面等。针对新存在的问题，再如此循环反复，再提出计划、再实施计划、再反思，不断完善。

同伴互助的实施除了教师自身具备必要的条件之外，还需要相应的外部条件，比如合适的学校文化氛围、领导的重视、合理的时间安排等。同伴互助要求学校给予足够的重视和条件支持，有一定的组织机构，领导者要帮助教师形成互助、观察和讨论所需要的安排和活动规则、协议等；在全校范围内营造合作共赢、互帮互助的氛围，同时给予教师专业发展的时间和机会等。同时，也需要学校相关制度的完善和配合，比如评价制度、激励机制等。

二、同伴互助的具体形式

专业对话是同伴互助的基本形式，教师之间的协作互助主要是依靠教师之间的沟通、交流来实现的。教师专业对话的具体形式多种多样，主要包括以下几种：

同伴观察，集体备课。教师同伴之间可以通过走进课堂，观察课堂教学中实际存在的问题，对教师的教学提出可行性的建议，也就是我们经常提到的观课活动。

同学科的教师可以通过集体备课，在上课之前对于课本内容、重难点、教学进度和安排等集中讨论，并交流教学思路和方法，教师之间互相评价、讨论、借鉴，选择最适合本门课程的教学课本、教学重难点、教学方法等。在上课过程中，就通过观课活动观察教师实际教学方法的运用、学生的课堂反应、教学过程存在的问题等，对教师自身提出建议，同时，也能反观集体备课中所设计的教学思路和方法等，不断改进。在课后，教师群体可以就教学中遇到的实际问题，同其他老师分享，并提出自己的解决建议，为其他教师提供参考。反思自己的教学过程，听取听课老师的意见，改进自己的不足。

专题研讨会，案例讨论。教师群体可以就一个专题，邀请领域内的专家学者到学校举办专题讲座、专题研讨会等，也可以是校内相关领域的教师之间就此专题发表自己的见解，帮助教师解决疑惑。专家学者的建议可以有效帮助教师成长，相对于教师之间的合作互助，专家的指导会更直接、更有针对性，效果更好。教师之间可以就目前领域内或者社会上的热点问题、热点案例进行讨论，可以是教师之间、专家学者与教师之间的讨论，也可以是教师和学生在课堂上的探讨。这种案例讨论的方式不仅可以帮助教师解决教学活动中的问题，同时，也可以帮助教师更好地处理学生问题、家校问题等。

学术沙龙，经验交流会。教师之间可以定期组织学术沙龙，每期有一位老师为主讲人，可以是对自己的科研成果进行分享或是分享自己的成功经验，也可以提出科研中存在的问题寻求其他老师的帮助等。其他老师可以了解主讲老师的成功经历，从中学习好的经验，也可以对分享老师的科研成果等进行评价并提出自己的看法和意见，或者是帮助主讲老师解决困惑，或者提出自己的疑问让分享者和参与教师帮忙解答等。教师在此类活动中学习经验、交流想法、共同进步。

建设教学、科研团队。有组织有计划的团队建设可以使教师的专业发展更有方向性和保障性。教学团队的建设，可以帮助教师组织教学工作，使其教学安排更加科学合理。同时，不同的教学团队之间可以通过组织比赛等活动，增强教师的竞争和合作意识，在团队中更加凝聚力量，在比赛中不断完善该团队的建设。科研团队的建设，首先，可以调动教师参与科学研究的兴趣，教师在合作和互助中共同完成课题。不少教师有想要研究的课题，但是由于个人能力水平、时间、精力等原因，没有将课题付诸实施，科研团队的建设可以帮助教师解决这个问题，调动教师参与课题研究的积极性。其次，是可以避免教师自己搞科研过程中遇到的问题，减少了教师的科研压力。独自做科学研究，遇到问题找不到解决方法，会使得研究停滞不前。但是通过团队建设，团队中成员各司其职，做自己擅长的工作，遇到问题可以寻求队友的帮助，减少了科研压力。最后，科研团队建设可以促进一个学科的进步，同一个科研项目可以由不同学校的教师共同参与，集中集体的智慧，促进整个学科的发展。

校际间教师交换办学，校内教师交流合作。在学校之间、院系之间实现同学科教师的交流、交换，实现教师的资源共享。教师之间可以共享教学资料、教学经验等。通过教师在不同学校的交流，可以借鉴其他学校好的教学方法和教学经验，改进自己学校的不足之处。校内教师之间的互助可以打破科层制管理模式的制约，实现学校内部的教学、科研资源共享。

教师同伴互助的具体形式除了以上几种常见的之外，还有教师共同阅读教育刊物与同行对话、打造资源共享平台、教师日常交流互助等其他形式。这些同伴互助的具体形式加强了教师之间的合作对话，提高了教师教学、科研等方面的能力，促进了教师的专业发展。

三、同伴互助对教师专业发展的重要性

从同伴互助的产生和发展历程来看，同伴互助的产生是为了弥补传统教师专业发展模式的不足。传统的培训、进修等模式不能保证教师将学到的教学、科研技能有效地运用到实践中，同伴互助可以实现教师在实践中学习运用，通过发现问题、交流互助制定计划、实际应用、反思评价、再计划、再应用、再反思的循环反复的过程，实现教师的专业成长。

美国学者在提出同伴互助这一概念时，用实验证明了同伴互助是促进教师专业发展的有效途径。他们将参加培训的教师随机分为两组，一组教师在培训中接受小组训练，主要是互相观摩教学并提出建议进而应用于教学；一组不进行此种训练，其他条件均相同。实验结果显示，进行小组训练的那组教师中，有 70%能在课堂中有效地运用所学的技能，而没有进行训练的那组仅有 15%的教师可以做到这样[1]。秋杰在研究中通过教学满意度调查、课堂观察、反思日记和深度访谈等方法，证明同伴互助有助于教师提高教学水平，有利于加强教师间的协作与反思[2]。牛婉儒通过对公立高中 40 名英语教师及 2 位管理者进行了为期 3 个月的调查，证明在教学实践中同伴互助是一个动态的、可持续发展的过程，可以使教师更深刻地理解教学大纲的内容及教学材料，专业能力得到提升；可以使教师保持不断学习的状态，专业知识得到完善；可以使教师的教学热情与积极性得到激发，专业情意得到升华。[3]

在问卷调查中也对同伴互助对教师专业发展的影响进行了简单的了解，并对调查数据进行了处理。高达 97.6%的教师认为同伴互助是必要的，仅有 2.4%的教师认为没有必要（见图 1-1）。调查结果显示同伴互助对教师的发展确实有很大的帮助，尤其是在科研和教学方面。半数以上的教师表示同伴互助对于自己的教学方法、教学设计和教学效果方面均有改善，有 40%以上的教师认为自己的科研成果、科研质量以及专业知识完善也有很大

---

[1] 张莹，符文娟．教师同伴互助：教师专业发展的有效途径［J］．新课程研究（下旬刊），2011（11）：9-11.

[2] 秋杰．同伴互助促进大学英语教师专业发展研究［D］．西安：西安外国语大学，2013.

[3] 牛婉儒．高中英语教师专业发展中的同伴互助研究［D］．沈阳：沈阳师范大学，2014.

提高（见表1-1）。

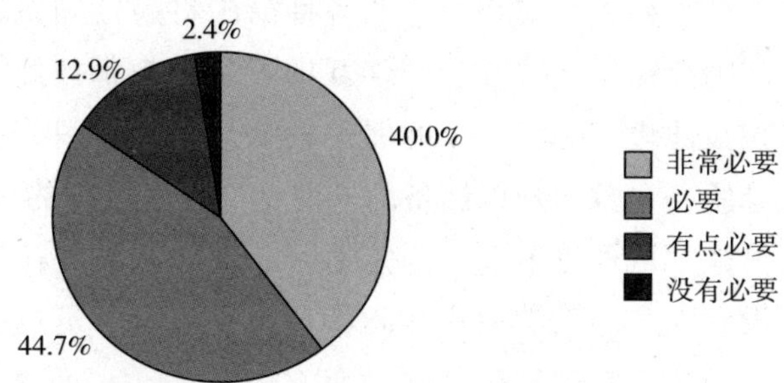

图1-1　地方高校教师对同伴互助必要性的认识

表1-1　同伴互助对教师的帮助

有帮助的方面	小计	比例
教学方法改进	51	60%
教学设计更合理	43	50. 59%
教学效果更好	43	50. 59%
课堂管理能力提高	34	40%
科研成果增加	36	42. 35%
科研质量提高	35	41. 18%
专业知识完善	38	44. 71%
其他	2	2. 35%

另外，A教师说同伴互助对其很有帮助，首先在思想上有启发作用，可以促进创新思维能力的产生和提高；在教学方面，教师通过交流可以对学生的状态进行了解，从而在课堂管理上有所改进；在科研方面，可以从不同的学科吸取研究方法，现在多学科研究是趋势，有利于自己的科研活动。B教师表示很多信息都是在同伴互助的过程中获得的，在知识的更新、理念的转变、资源的获得等各方面均有受益。

从知识管理的角度出发，可以更好地理解同伴互助对教师专业发展的促进作用。教师的专业成长就是教师对知识进行获取、系统整合、转化利用的过程。掌握多学科的前沿知识是高校教师专业发展的必然要求，重视对知识的管理是高校教师专业成长的关键。知识管理理论认为，知识分为显性知识和隐性知识两类，显性知识易于获得、理解和交换，隐性知识多存在于大脑之中，难于交流和表达。对于高校教师而言，授课的过程也是将知识显性化的过程，教师要成长就必须采取各种措施将隐性知识转化为显性知识，加强教师之间隐性知识的共享。同伴互助过程中教师彼此观察、交流对话，实现隐性知识显性化，能够有效地促进教师之间的知识共享，教师也能积累知识显性化经验，在教师知识储备的同时也有助于教师的教学。

从群体学习理论来看，群体学习鼓励群体成员在没有控制的自由氛围中讨论，没有固定的教学模式和教学目标，鼓励学员进行创造性的思考，通过构建学习团队，实现群体成员之间的知识共享，促进全体成员的共同进步。同伴互助是教师群体之间的互相学习，通过团队建设等方式，成员之间有共同的目标和研究，成员之间平等合作、互利共赢，最终实现群体成员共同成长。因此，我们要重视同伴互助对高校教师专业发展的意义，鼓励教师之间的同伴互助，为其提供良好的环境条件和制度保证，帮助教师在同伴互助中提高教学水平和科研水平，使教师在同伴互助中更好地实现知识管理，不断丰富自己的专业知识和技能，从而实现教师个人的专业发展。

从教师专业发展的阶段性来看，教师成长是一个持续不断的过程。这个过程包括调查分析、形式设计、实际实行、效果反馈和反思改进等方面，各个环节都需要加强管理，确保有效促进教师的发展。在此过程中，要重视教师在发展中的主体地位，教师之间是平等合作、共同进步的关系，合作多于竞争。教师专业发展的目的是解决教师各阶段工作中的问题和困惑，发展内容的设计必须考虑教师的需求，切实地解决教师的困惑，促进教师各方面水平的提升。同伴互助的过程与教师专业发展的过程可以有效地契合，包括计划、实施、观察、反馈、反思等方面。而且，同伴互助强调教师之间的平等合作，要求尊重教师的主体地位，主张教师之间的合作，有利于教师的成长。另外，同伴互助的具体形式多样，可以适应教师专业发展的不同阶段，在整个教师专业发展过程中都可以根据教师的需求提供形式多样的活动，从而在各个阶段促进教师的专业发展。

第二章　高校英语教师专业化发展现状

在我国高校教育中，高校英语教师面临着最大的教学群体和最为繁重的教学任务，肩负着培养国际化交流人才的神圣历史使命。在教学任务繁重和进修资源紧缺的情况下，如何促进我国大学英语教师的专业发展，已成为英语教育界亟须研究的重要课题。

第一节　高校英语教师专业化发展现状分析

一、大学英语课程教学现状

大学英语课程是高校大学生的一门必修基础课程，共 16 学分，开设 4 个学期。大学英语课程通常由读写和听说两部分组成。经过不断的探索，许多高校已经做到了因材施教，构建了符合自己学校实际情况的大学英语课程教学模式。近年来，随着大学英语教学改革的不断深入，要求大学英语课程的设计要充分考虑学生听说能力培养的要求。2016 年 12 月实施的全国大学英语四、六级口语考试的普及，标志着大学英语教学的中心正式由之前的阅读为主转向听说优先，这种大学英语测试的改革必然会带来教学内容和教学模式的调整，同时对大学英语教师的专业水平提出了更高的要求。

与 20 世纪的大学生相比，现在的大学生生活、学习条件较好，从小受到了良好的英语教育，英语基础普遍较好，部分学生毕业于外国语中学，已经具备了全国大学英语四级甚至是六级的听说读写能力，重点高校的新生更是如此。因此，有些重点高校已经把大学英语的学分从 16 分缩减至 12 分，并且允许英语成绩好的同学或者通过了全国大学英语四、六级考试的学生免修部分大学英语课程的学分。随着社会的发展，信息网络化和数字化发展使国外高校优秀教学资源的获取途径越来越便捷，以 MOOC（慕课）为例，它为学生的英语自主学习提供了必要条件和先进的手段。另外，对于外语的评价方式也更加多样化，除了参加全国大学英语四、六级考试之外，雅思、托福、GRE 等也可以用来检测学生的英语水平。

随着社会的进步，全民外语水平已经比过去有了普遍提高，各行各业对于外语人才的需求已经不再局限在能够用英语沟通交流的阶段，需要的是各个领域（如金融、法律、医学、建筑等）的外语专门类人才。这些外语专门类人才不仅要具备语言沟通能力，还要具备行业外语知识，能够获取自己领域的最新外语资讯，如参加国际会议、进行学术交流等。以上这些都意味着传统的大学英语教学中要加大专门用途英语和学术英语的比重。这个问题已经引起了外语专家学者的重视，正如蔡基刚认为的“目前的大学英语教学定位存在偏差，一直将基础（普通）英语作为主要培养目标。这导致大学英语的诸多问题……最终将导致大学英语的消亡”。因此，大学英语教学的发展方向应当是专门用途英语和学术英语。束定芳认为，大学英语教学的定位是为高等教育国际化服务的，培养实际的英语使用能力是为培养创新型人才服务的，最终的落脚点还是学术英语。

二、大学英语教师群体现状

目前，大学英语师资现状主要表现在以下六个方面：

（一）性别比例不合理

大学英语教师中女性偏多，一般会占到教师总人数的一半甚至三分之二以上。这从国内各高校英语系学生的男女比例就能有所了解。年轻女教师面临着休产假以及由于孩子年龄小而精力不充沛，至少需要三年时间才能够恢复到正常工作状态等问题。随着 2015 年全国二孩政策的实施，大批育龄女教师面临着家庭、教学和专业发展的两难境地，这也给各高校的大学英语教学带来了不同程度的教师短缺问题。

（二）学历职称结构不合理

大学英语教师中博士少，硕士多，教授、副教授少，讲师、助教多。高校普遍存在的观念是英语专业是培养英语高端人才的，大学英语是公共必修课程，高学历、高职称的教师应首选英语专业课程教学。因此，大学英语教师中具有博士学位或者教授职称的教师少之又少。

（三）年龄结构不合理

大学扩招是在1999年后实施的，许多独立学院也是在近十几年建立的，因而相当多高校的英语教师群体是由青年教师占主体的。年轻教师的优点是适应能力强，缺点是没有教学经验。45岁以上的中年教师具有留学背景的少，其优点是具有丰富的大学英语教学经验，熟悉教学规律，但由于毕业时间长，随着大学英语教学改革的不断深入，他们自身存在的不足也逐渐显露。如果他们能够认识到自身的不足，跟上时代的要求，不断进取，也可以成为大学英语教学的主力；反之，他们会成为大学英语教学改革的阻力。

正如熊德明的研究，不同任教年限的教师角色冲突存在着差异，按照教师社会化的一般进程，任教年限在3年及以下的教师面临着从学生角色向教师角色的转换、教学技能贫乏、科研能力低下、人际交往能力差等困难，在角色扮演中可能会有更多角色冲突；4~7年任教年限的教师适应了角色转换，进入一个平稳发展期，角色冲突相对较小；8年以上任教年限的教师正值晋升高级职称的关键年段，科研压力大，角色冲突程度相对比较强；15年以上任教年限的教师一般担任的角色比较多，承担的任务重，角色期望高，因而角色冲突的程度可能最强。

（四）科研能力有待提高

高校教师除了要完成规定的教学任务外，还要完成一定的科研任务，教学带动科研、科研促进教学，两者缺一不可。大学英语教师由于大多是文科背景，多年来以讲授听、说、读、写、译专项语言技能为主，同时公共课程课时量大，高学历、高职称的教师人数较少、缺乏强有力的领军人物，自身创新意识较为薄弱，导致科研仍是弱项，即科研水平还有待提高。

（五）缺乏危机意识，创新意识薄弱

有些大学英语教师由于长期从事听、说、读、写、译专项语言技能的教学，缺乏外语理论的支撑、不能有效地将教学实践与科研相结合，因而导致科研成果少或科研成果级别不高，影响了职称的晋升。教师专业发展阶段从时间维度可以大致分为适应期、成长期、成熟期、高原期和超越期。承担大学英语10年及以上教学任务的教师，如果没有危机意识，缺乏创新意识，久而久之就会遇到教学生涯的“高原期”，也称为“瓶颈期”。

（六）出现职业倦怠

大学英语教师不能只满足于之前的作为——能够讲授听、说、读、写、译专项语言技能。信息时代的多媒体技术给教学模式带来了巨大的变化，不断涌现出的教育技术要求从最初的PPT辅助教学到不断发展的微课教学、翻转课堂、微格教学等，对大学英语教师的计算机辅助教学能力提出了更高的要求，这些都无疑加大了大学英语教师的工作压力，导致了职业倦怠现象的出现。教师职业倦怠的类型多种多样，主要可以归纳为四种：第一种是前途忧虑型；第二种是身心疲惫型；第三种是理想幻灭型；第四种是随波逐流型。

总之，我国大学英语教师的主要特征是学历总体偏低、研究能力整体较弱、高级职称占比少、女性教师数量多，他们承担着繁重的基础课程教学任务，且科研能力相对较弱，发表纯学术论文和申请到课题的人数较少。

综上所述，鉴于大学英语课程教学的现状及大学英语教师群体中存在的问题，大学英语教师的专业发展就显得尤为必要。

第二节　高校英语教师素养教育现状及提升

一、教育现状

当前，部分高校英语教师并没有完全摆脱传统的教育思想与观念的束缚，新型的教育理论相对薄弱，教育理念落后，缺乏与高校教学相适应的当代英语教学理念。从校园培养出来的只会“哑巴英语”的学生，并不能够适应经济社会发展的需求。高校英语教师力量较弱，专业技能素质需要提升。高校英语教师的专业技能是指英语教师需要掌握一定的词汇与语法等方面的语言技能与理论，还要具有一定的听、说、读、写、译的语言能力并且能够熟练地运用语言。但是，当前突出的问题就是有许多英语教师对于英语教学的理念与方式一知半解，实际教学模式单一、教学方式陈旧，导致多数高校英语课程并不受学生欢迎。许多英语教师的专业技能掌握不精，发音不够标准。另外，一些教师知识面过于狭窄，掌握的跨文化知识有限，对于现代化教学方式的运用也不够自如，这是当前高校英语教师专业技能不能忽视的薄弱环节。

由于日常教学工作量较大，教师教学负担与压力相对较大，加上科研意识淡薄，英语教学研究不够，也就在某种程度上导致了高校英语教学质量提升速度缓慢。

部分高校的英语教师工作量较大，他们在保证课时与教学效果的前提下，并不能静下心来提升自身的思想政治素质。一直以来，英语教学与思想政治教学被教师认为是毫无关联的两个学科，他们并不能意识到思想政治教育与英语课程教学、思想政治素质与教师素质是相关联的。因此，只有改变这一现状，才能够在提升英语教师思想政治素质的前提下，培养出具有较高思想政治觉悟的优秀人才。

二、提升策略

（一）正确处理教学与科研的关系

1. 培养科研意识

角色冲突是指发生在同一个角色扮演者所扮演的不同角色之间的冲突。教学与科研是大学教师最基本的两种角色，但妥善处理两者之间的关系对于大学教师来说实在很难，对于大学英语教师来说也面临同样的问题。在教学任务繁重，且不断尝试各种教学改革、更换教材、适应新的课程教学模式的前提下，如何平衡教学与科研是大学英语教师面临的主要问题。但无论如何，最重要的还是要培养科研意识。

2. 学习科研知识

大学英语课程的一大特点就是将具有极高信度和效度的全国大学英语四、六级考试作为课程的评价方式，还有课程本身的形成性评价及终结性评价的各种数据，但是大多数大学英语教师并没有利用科研知识对考试结果进行包括标准差在内的多方位的评估，也很少对于各类试卷进行信度、效度、区分度等方面的分析，更很少有教师有心去收集试卷及成绩作为科研的原始数据。产生以上问题的主要原因就是大学英语教师缺乏科研意识和科研知识。因此，大学英语教师应努力把教学和科研结合起来，积极学习和掌握科研及数据分析的知识，以教学带动科研，以科研促进教学，关注学术前沿，树立前瞻意识，逐步提高自己作为大学英语教师的科研水平。

3. 建立科研团队

大学英语课程的特点是教学任务相对单一、遇到的问题具有普遍性。大学英语教师各有所长，有人擅长教学，有人擅长科研，可以通过建立科研团队来共同解决教学中的共性问题，通过申请各类科研和教研项目，把教学中遇到的各类问题变为课题，发挥团队作用，共同发展，逐步改善科研弱的现状。

（二）提高大学英语教师思想政治素质

1. 教师提高个人价值追求的主动性

工人阶级是先进生产力的代表，知识分子是工人阶级的重要组成部分，在现代化建设中起着重要作用。作为高级知识分子的大学英语教师，对于加强与国外科学、技术和文化的交流，培养社会主义接班人，促进我国改革开放，提升我国的国际地位有着不可小觑的作用。

2. 学科、系部做好教学大纲顶层设计

“磨刀不误砍柴工”，欲让大学英语教师拥有较高的思想政治素质，英语学科必须从教学大纲着手，做好顶层设计工作。教学大纲是根据教学计划中规定的各门学科的设置目的而编写的各科教学的指导性文件。它以纲要的形式规定该学科的教材范围、深度、体系、教学进度以及某些教学方法上的要求等。因此，大学英语学科应该在教材中加入思想政治教育的内容，教学系部在教材的使用和教学活动的开展上积极引导教师将社会主义核心价值观教育、爱国主义教育、理想信念教育等内容融入大学英语教学中，使教师在备课和讲授英语知识的同时，能够潜移默化地树立正确的世界观、人生观、价值观。

3. 高校重视教师队伍建设和培养

英语学习是一个长期的过程，有些学生来自英语教育水平和学习环境相对落后的地区，英语基础较差，尤其体现在英语听力和口语方面；有些学生则相反，在英语学习的各个方面都显示出较强的优势。学校在教师评奖、评优时，不考虑各种因素，而是唯学生“四、六级通过率”论。这种做法本身就有悖于“实事求是”的工作原则，势必会对教师造成情感的伤害，不利于教师工作热情的激发。高校应该把教书育人作为引导教师认真从教、努力科研、进行正确价值选择的动机，从而有效地利用课堂这个主阵地，在向学生传授知识的同时，帮助学生发展自主学习能力，树立正确的“三观”，培养学生的家国情怀，从而为中国特色社会主义建设和发展培养人才。

4. 国家对高校教师出台激励政策

大学英语在我国对外发展的过程中不但起着工具性的作用，而且具有很强的人文性。因此，大学英语教师在人才培养方面是一支重要力量，推动了国家和社会各个方面的建设与发展。改革开放和市场经济的发展让人民过上了富裕的生活，但是相比一些外企员工的收入，大学英语教师的收入就显得较低了。通过诚实劳动、合法经营追求更好的物质和精神生活是大学英语教师的权利，因此，国家可以通过制定一系列政策改善教师待遇，让教师能够放心从教、安心育人，同时也要对民营教育机构的教师进行思想政治教育和师德师风建设，真正做到政治上激励教师、工作上支持教师、待遇上保障教师、心理上关怀教师。

大学英语教师自身应该树立正确的理想信念，坚定正确的政治方向，把立德树人作为自己的职业使命。社会、高校和系部也要为英语教师思想政治素质的发展和培养做出相应的努力，不断提高教师热爱祖国、热爱教育、安心育人、努力从教、不断学习的政治素质，还要为大学英语教师丰富生活、提升自我而不断努力，以更好地为中国特色社会主义事业建设培养人才。

第三节　高校英语教师科研能力及自主发展

一、高校英语教师科研能力

（一）高校英语教师科研能力的重要性及研究价值

科教兴国战略是加速中国社会主义现代化建设的重要方针之一，在此决策下，国家把高校当作重要的科研机构，逐年加大了对高校科研工作的支持力度。在此背景下，高校教师在教学之余越加重视科研，以满足时代赋予高校教师的使命及获得更好的专业发展。

高校英语教师的科研同样具有高度重要性。自 20 世纪 60 年代英国课程专家斯腾豪斯提出“教师成为研究者”的理念之后，教师应把教学与科研结合起来的思想逐渐深入人心。教育界普遍认为，科研是教师提高教学能力的重要推手，是教师专业发展的重要途径。在全球化时代，高校英语教师承担着国家和社会重大的教育期望，国家和社会期望高校英语教师培养的大学生具有较高的英语水平，能符合在全球化背景下语言运用的需要，以推动中国在全球化竞争态势下经济社会快速发展。首先，高校英语教师实现这种教育期望的最佳途径及长效机制是教学与科研的深度结合，是以科研推动教改，即高校英语教师在从事语言教学过程中，若能在教学中发现问题，与科研进行紧密结合，就可以用贴近实际的反思和与时俱进的科研成果去不断更新教学内容、教学方法，从而有效地提高教学质量；其次，高校英语教师从事科研能及时丰富自身的专业知识，完善自身的知识体系，为教学水平的不断提高奠定基础；最后，高校英语教师的科研还是一所大学学科建设的重要组成部分，其科研成果的推陈出新能推动所在大学学术声誉的持续提升。因此，高校英语教师的科研能力发展具有重要的研究价值。

（二）提升高校英语教师科研能力的紧迫性

尽管高校英语教师的科研在教学及学科建设中非常重要，但高校英语教师的科研能力却较为薄弱，这不仅制约了高校英语教师的专业发展，更给外语学科建设带来重重障碍。上海外国语大学原校长戴炜栋在回顾我国外语教育事业发展三十年时指出，“在外语教师素质方面，最为突出的问题就是，新设专业教师资源相对缺乏，高学历、高职称的教师较少，学术能力相对较弱”，除了普通外语教师学术能力较弱以外，其科研意识不强以及学科带头人缺乏的现状也引起学者的担忧，“科研似乎是专业英语教师的一个传统弱项”。[1] 对高校英语教师而言，科研不及教学那么重要，科研薄弱乏力是一种普遍的现象。

夏纪梅调查过大学英语教师的科研能力，报告中显示的结果客观地说明了大学英语教师科研能力的薄弱程度——“完全没有撰写过教学研究论文和不知道如何写的人占比53%，完全没有编写过教材和不知道如何编写的人占比99%，完全没有参加过、更没有主持过教学研究项目和不知道如何申请也不会写课题论证的人占比92%以上。”这表明，在科研成果和科研方法等层面，高校英语教师显得较为薄弱。相对薄弱的科研能力显然无法胜任科研任

[1] 李迪迪．英语教育专业的课程设置比较分析及启示［J］．英语教师，2013，20（2）：84-86.

务，以至于高校英语教师在教学工作中难以做到以科研推动教改，更无法以科研成果去推动外语学科建设的发展。因此，如何突破科研发展的瓶颈，使高校英语教师的专业发展及外语学科建设实现质的飞跃，是一个迫切需要解答的时代课题。对这一课题的呼应与解答，说明了提升高校英语教师科研能力的高度紧迫性。

（三）高校英语教师科研能力的培养策略

根据国内外研究者对有关教学中教育技术应用阶段研究的描述，下面将从高校英语教师的教育技术能力水平的发展出发，提出高校英语教师教育技术发展阶段描述框架，包括关注应用期、学习模仿期、迁移融合期和智慧创造期。大学英语教师教育技术能力的发展阶段变化，体现了“教学情意—教学技能—教学实践—教学智慧”的能力提升过程，教师教学智慧的创造将是能力发展的最高境界。王卫军在其博士论文中将教师教育技术能力的发展路径描述为通过“实践—理论—实践—理论”这种螺旋式上升的形式呈现的能力发展模式。这一模式充分体现了教育技术能力提升过程对于大学英语教师的要求。大学英语教师教育技术能力的发展是一个动态发展、持续不断的完善过程，也是促使教师和学生以及教学和学习这两对关系更加和谐的过程，体现了信息化社会教师教学的智慧魅力。

早期研究认为，高校英语教师缺乏科研意识。比如，杨忠、张绍杰、谢江指出，导致大学英语教师科研状况不甚乐观的原因之一就是缺乏科研意识和科研精神。但近些年来的研究成果表明，高校外语教师的科研意识已经有所增强。这显示了高校教师进行科研这一趋势在英语教师群体中逐渐得到体现。高校英语教师具有中度水平的科研意识，说明他们已经认识到科研的重要性。他们进一步努力的方向是如何提高科研能力，从而提升科研成果的数量与质量。

从上述内容中，我们可以思考得出以下几点。

（1）应结合高校自身实际情况，建立和完善高校英语教师教育技术能力培训和进修制度。高校可以制定切实可行的培养方案和相应的激励措施，从政策、人员、设施等方面积极营造参加教育技术相关培训的氛围，营造有利于英语教师教育技术能力提高的环境，促进英语教师主动参与培训。

（2）在培训内容设置上，兼顾技术层面培训以及教育思想、教育技术理论培训，强调方法论的指导，把理论与教学实践进行整合，能够通过实际案例引导教师自主、有意识地把培训与教学研究有机结合在一起，提高高校英语教师教学研究的能力和层次，促进教育创新。

(3) 要采取灵活多样的培训模式和教学方法。高校英语教师教育技术培训工作，首先要满足高校教师成人学习的特点，可以充分发挥教育技术的优势，设定灵活的培训模式，便于受训高校英语教师合理选择适合自己的学习方式，为今后高校英语教学实践做好准备。

(4) 要以教师为主体、以任务为驱动。高校英语教师教育技术培训必须从高校英语教师的教学实际出发，切实充分考虑培训对象的特点与需求，力求解决大学英语教师的实际教学问题。

(5) 应建立以学科教师、教育技术专家和学科专家共同组成的学习共同体。该学习共同体为交流教学工作经验和方法，解决教学中遇到的问题，以及分享教学工作中的心得体会提供了一个有效的平台，进而演化为基于教育技术的合作共同体，有利于进一步提升高校英语教师利用现代教育技术提升教学的能力。

二、高校英语教师自主发展

(一) 高校英语教师自主发展的内涵及理论依据

1. 教师专业化自主发展的概念和内涵

所谓自主，就是凭自己的主观意识，积极地、自觉地、主动地进行学习的一种精神状态、一种态度。它发自于个人的主观意识，而不是被动，不是强迫。“发展”不是指作为生物种群的人的历史发展，是指人作为生命个体从出生开始，随着年龄的增长，知识和社会经验的增加而带来的生理和心理的变化过程。它包括人的生理发展和心理发展两个方面。在人的发展中，发展的内在动力是社会的要求和需要所引起的个体的与原有发展水平之间的矛盾。我们只能通过学习才能把自己原有身心发展水平提高到一个新的高度，去弥补自己的不足，提高自身的能力。

自主是自己的主动性、能动性，有自己的思想和自己的灵魂。发展是人的发展，个体的发展，也就是指教师有内在的发展需要，不断地在教学工作中创新进步。那么，教师的自主发展就要求教师在遵循教学规律的基础上有自己主观的创造改革，不断探索新的教学途径和方法，优化课堂教学结构，使学生在教师自身的不断发展完善中进一步学习和掌握知识，并形成能力，成为全面发展的人。教学有法而无定法，教师对自己的各种教学活动都必须在观察和分析劳动对象的基础上，进行创造性的设计和实施。这就需要教师有自己的主动性，讲课的内容虽说有教科书，但必须进行教学教法的加工，教科书是死的，教师要通过自己的主观意识的整理加工，把它变成活的教材，这样更有利于学生接受和理解。

自主性是主体性的实质性内涵；自主性是人格内在统一性的核心要素；自主性是“理想的动机”——机能自主，是经过学习获得的动机系统；自主性的形成以自我意识的形成为开端，即自主性的生成，是以自我意识为前提条件的，即有了理想的自我和现实的自我的意象。在自主能力的形成过程中，认知、情感、价值观起着很大的作用。

自主性有个性层面和社会层面，二者的关系是：个性是通过社会性的交往学习而完成的，社会性是个性中的真实内容，社会性统一于个性之中。社会性主要是社会价值的体认和形成的一定社会责任感；个性层面主要是自信和自尊。围绕着自主性的问题，我们会进一步认识到自主性还与以下方面相关联：主体性、人格内在统一性、自主意识、自主态度、自主能力、个性（自信、自尊）、社会性（价值、责任感）。

由此，我们就“自主性”的理论意义之间的契合点对教师专业自主发展的含义做如下界定：教师自主发展是教师自觉主动地追求作为教师职业人的人生意义与价值的自我超越方式。

在过去的20年中，教师自主发展这一概念日益受到了教育研究者、教育政策制定者、教育管理者和教育实践者的广泛重视和关注，其研究也在不断增多。根据McGrath，Smith，Benson，Usma-wilches等学者对教师自主的定义，教师专业化自主发展的特征主要体现在如下几个方面：

（1）教师专业化自主发展是教师自主发展的过程。教师专业化自主发展是指教师根据自身和环境条件的特点，采取主动、积极的方式，制订符合自身专业化发展的目标和计划，并努力使之实现的行动或行为。在教师专业化自主发展中应重视教师的内省和自我探索，而不是简单地发现并模仿优秀教师的教学行为，这也是建构主义的专业发展观。

（2）教师专业化自主发展是教师互助合作、融入教育组织的过程。教师专业化自主发展需要教师的相互支持与合作。为此，教师应积极加入相应的教育组织，在寻求合作的同时，获取在教学和相关研究领域前沿的学术动态和信息资源，从而丰富和更新自己的教学理念，实现发展与创新。

（3）教师专业化自主发展是教师终身持续成长的动态过程。教师专业素质和能力的发展是永无穷尽的，加之教师个人、环境和外部条件始终处在不断调整和变化的状态中，其复杂性决定了教师专业化自主发展是教师终身学习、不断进步的动态成长过程。

2. 教师专业化自主发展的特点

（1）发展需求和愿望的内在性。教师的自主发展需求和愿望是内在的，这种需求和愿望是根据自我意识，基于个人的人生价值与意义的追求愿望和目标而产生的，称为自我超越的意识，是自我超越的内在依据和动力。

（2）发展内容的个体性。教师自主发展的内容具有个体性，即发展的是个体的内在潜能。不是为了达到外在的标准，而是为了发展个体内在的潜能，即具有个性特点的兴趣、爱好和才能。这里的个体性并非排斥社会性。我们已经看到自主发展型教师是在最大可能发挥个人潜能以在承担和履行个人作为知识人的社会使命方面达到最优化的人。因此，他们的自主发展是在个性与社会性和谐发展意义上的。

（3）发展个体的自觉主动性。自觉主动性是发展个体的主体地位和主体性的集中体现，与被动消极相对应，也是能动性的体现。教师的自主发展是一种自觉的、主动的发展状态，是基于教师的主观能动性的自我超越活动。自觉主动是一种发展的状态，这种状态形成教师的一种日常的生活样式。表现为行为的方式，但实质上是人性中能动性的表现。自主发展是教职生涯的最高境界。用小原国芳的表达方式就是：“与其做一个完成的大行家，不如永远做一个未完成的学徒！”“完美无缺的人格与学识，没有必要。教师需要的是不断地前进，进步乃是最重要的资格。”

（二）影响高校英语教师自主发展的因素分析

1. 目前大学英语教师的职业现状不客观

目前高校大学英语教师仍然处在教学任务繁重和进修资源紧缺的尴尬境地，他们承担着繁重的教学任务，也面临着来自社会、学校和家庭的各方面压力，尤其是科研挑战带来的压力。此外，目前实现大学英语教师自主发展的保障机制还需进一步完善，还存在教师管理的人事制度不完善，缺乏激励机制和保障制度等现象，对实现教师的自主发展起到了制约作用。

2. 大学英语教师自主发展意识不强，科研意识较弱

由于受长期存在的传统理念影响和教师工作的特殊性，目前多数大学英语教师的自主发展意识仍然较弱，尤其是科研意识普遍比较淡薄。科研能力不强，尤其对于申报国家级、省部级的科研项目更是缺乏信心，甚至根本不敢尝试。有相当多的教师已经意识到寻求自身自主发展的压力，具有一定的自我发展意识和迫切感，但是缺乏努力方向，具体行动不够。

3. 大学英语教师普遍缺乏行之有效并具可持续性的自主发展规划及途径

目前相当多的教师对自主发展的理解还仅局限在参加学校安排的有组织的在职培训上，认为其是专业发展的唯一途径。而且现行的大学英语教师的在职培训模式仍然比较单一，且一般时间较短无法满足教师个性发展的需求，部分培训还存在着内容陈旧、流于形式的弊端，因此对教师教学实践能力及科研能力的培养收效不理想。

《现代外语教学》一书将外语教师的素质归结为：一是较为扎实的专业知识和专业技能；二是教学组织能力和教育实施能力；三是较高的人品修养和令人愉快的个性；四是较为系统的现代语言知识；五是相当的外语习得理论知识；六是一定的外语教学法知识。《中国高校外语教学改革现状与发展策略研究》一书将优秀教师应具有的素质归结成：扎实的语言基本功，尤其是口语流利，发音准确；教学效果好，深受学生欢迎；有较强的科研能力，尤其在外语教学方面有造诣；能理论联系实际，学以致用；有合作精神和责任感。我们可以将上述各种素质的描述概括成合理的知识结构、较高层次的人品修养及教学组织和管理能力。那么，大学英语教师经过自身的发展，就应该达到：

（1）专业理论水平较高。大学英语教师必须掌握一定的现代教育理论和学科理论，具备较为系统的现代语言学理论，以指导教学实践；必须懂得教育心理学方面的知识，以提高教学的组织和实施能力；还应该具备外语教学法方面的知识，熟悉外语教学法的不同流派及其教学模式，结合学生实际情况灵活运用；同时，大学英语教师还应该了解外语学习理论，以指导学生掌握有效的学习策略，提高学习效率。

（2）语言基本功过硬。大学英语课程作为语言实践课，教师的定位应该是课堂教学的引导者、示范者，教学活动的设计者、组织者和管理者，学生实践活动的激励者、合作者，学生问题的分析者、解答者。所以，教师必须具备过硬的语言基本功，在为学生提供语言实践楷模的同时，确保课堂教学在活跃、积极的气氛中顺利进行。

（3）教学组控能力与现代技术的学习、应用能力较强。大学英语教师要具备较强的教学组织能力和课堂控制能力，方能有效地组织、调动学生积极参与英语实践活动。科学技术的发展对大学英语教学产生了深刻影响，多媒体设备、网络技术为英语训练提供了丰富的真实语料，大大提高了课堂教学的效率，拓展了课堂教学的空间。因此，大学英语教师应该具备较强的学习能力，以便尽快掌握先进的教育教学技术，更好地服务于教学活动。

（4）科研与创新能力较强。科学研究是教学的有机组成部分，教师在现代教育理论指导下，通过对教学实践中遇到的问题进行探究，对自己的教学经验教训进行概括总结，才能推陈出新，形成适合本校学生的、行之有效的教学理论和方法。

纵观优秀教师发展的例子，我们可以看出他们的发展虽然具有个性的一面，但也有共性的地方，那就是都具有以下三方面因素：人生的追求与目标；知识资本；教育研究。这三点是他们拥有的共同的特点，在这里把这三点称为教师自主发展影响因子三要素（简称影响因子三要素）。这三个影响因子构成一个完整的系统，每一个因子都作为一个子系统，共同构成一个系统，使教师职业人得以成就一番教育大业，创造出教育职业人的人生意义与价值，如图 2-1 所示。

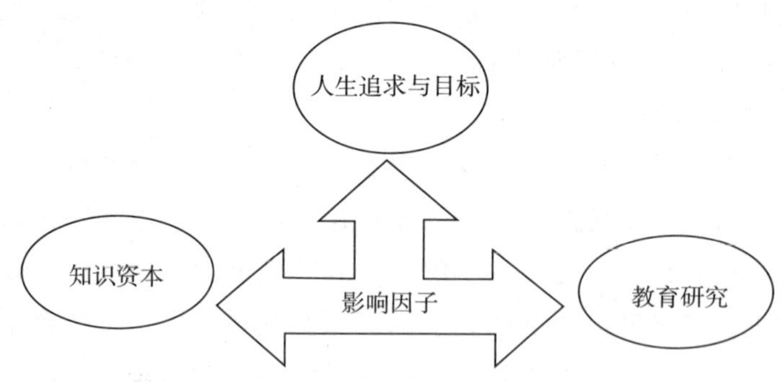

图 2-1　教师自主发展影响因子：三要素

观察优秀英语教师会发现他们的最大特点就是“教育研究”。你如果不是一个进行教育研究的人，不是进行实践与理论的改革探索的人，就不会很快取得实践和理论上的成就。可以说，是教育研究展开了他的教师职业生涯创造性劳动的历史。可见实现大学英语教师自主发展的有效途径可总结为：

（1）建立实现大学英语教师自主发展的整体氛围和保障措施。有利的学校环境可以有效推动教师的自主发展，对教师自主发展起到激励和导向作用。学校建立以人为本、以激励为主的教师发展评价体系，为教师的自主发展提供客观、公正、及时的评价标准，激发教师自主发展的积极性。学校将英语教师的自主发展计划纳入学校发展的总体规划，完善健全各项规章制度，为教师自主发展规划提供有利条件和制度保障。

（2）培养加强大学英语教师的自主发展意识。自主发展意识是教师自主发展的前提，起源于教师对自我角色意识、愿望、需求、实践和追求的再认识。实现大学英语教师的自主发展要把培养自主发展意识，特别是加强自主科研意识放在首要地位。大学英语教师要树立坚定的自主意识并积极进行个人发展规划。在教育活动中充分意识到自己的主观能动性、自觉性、创造性，同时形成不断改造自身教育观念与行为的主观意识与态度，把自主发展转化成自己的内在需求，主动追求自我发展。

（3）努力提升学历水平和积极进行职业培训。首先，大学英语教师要积极深造学习提升学历层次，不断充实自身的知识积累和文化素养。其次，利用多种渠道进行有效的在职培训。采取国内国外相结合、长期短期相结合的方式，利用各种进修培训机会提高实践教学水平和从事科研的能力。包括各地举办的教改教材研讨会、国家留学基金委项目申请、国内访问学者、国内外的教师培训计划并充分利用现代远程教育网络。最后在大学英语教师中选拔骨干组建科学高效的教学团队，教师间竞争与合作和谐共存，互相促进实现共同发展，形成教师发展的良性环境。

（4）培养教学和科研并重的双能力。大学英语教师要在教学实践中不断提升业务水平，用现代教育理念武装自己，科学利用现代教育技术，优化课堂教学模式，创新教学方法，改革教学内容，适应人才培养的要求，培养学生的创新意识和潜能。在教学相长中提高自己的科研能力。创新教育教学方法，促进科研与教学互动并及时把科研成果转化为教学内容。

（5）利用反思性教学与自我评估推动教师的自主发展。实现教师的自主发展必须让教学反思成为一种自觉。大学英语教师把自主发展与教学实践紧密结合，强调在教学相长和反思教学中实现教师的自主发展。教师通过主动参与、不停探究和不断反思，实现教师专业素质的持续发展和个性的全面提升。通过探究问题、解决问题达到更新教学理念、提高教学质量的目的。通过定期反思不断自我调整、自我构建，从而促进自主发展。另外大学英语教师的自主发展呈现阶段性的特点和需求，在不同发展阶段的需求是不同的，因此也应该采用与之相适应的不同阶段的自主发展策略和途径，才能满足自己的发展需求并实现可持续发展。刚入职的新教师（即助教阶段）最重要的是进行中长期发展规划，建立专业发展意识，利用可利用的培训机会积累过硬的专业技能；拥有 5 年以上教龄的教师（即讲师阶段），正处在自主发展的黄金时期，具有较清晰的个体发展需求，应逐步走上专业自主发展的轨道；最后，已进入职业发展成熟阶段的教师（即副教授以上阶段）应更多关注自主发展意识和规划的及时更新，明确主要发展目标，利用系统有效的研究方法进行研究，成为研究型教师。

（6）积极进行科研和自我探寻。要积极投身教学与科研，首先是态度的转变，变消极被动为积极主动；其次是积极地投入，如积极参与课题申报工作，学习相关理论，结合教学实际，通过不断反思，发现问题、分析问题和解决问题。具体做法是在教学中设定研究题目，以科学的研究方法从事数据收集和分析，通过判断、归纳、分析和总结，得出有关结论，形成自己的知识系统，建立自己的个人理论框架。

（三）学习型组织理论在英语教师自主发展中的运用

1965 年，联合国教科文组织在巴黎召开会议，朗格朗（PLengrand）所提出的“终身教育”提案，成为其后联合国推动发展教育的基本理念。1968 年美国学者赫钦斯（R. B. Hutchins）出版《学习型社会》一书，从通才教育的观点说明学习型社会的重要性，学习型社会是实现终身教育的基础。1972 年联合国教育发展委员会主席富尔（E. Faure）撰写的《学会生存》是一部实施终身教育和走向学习化社会的经典著作，成为 20 世纪 70 年代联合国教科文组织教育规划的主题，对世界教育理念的变革产生了深远的影响。此后，联合国教科文组织向各国提出了“向学习型社会前进”的目标，美国、日本等发达国家在 80 年代决定了由学历社会向学习型社会过渡的策略。可以说，“学习”已经成为我们这个时代特色之一，创建“学习型组织”活动是

“学习时代”的集中体现，而“学习型组织”理论则是推动“学习时代”前进方向的指南针。同样，英语教师专业成长过程也是一个不断学习的过程。我们认为，英语教师专业发展也可以通过建立学习型组织的形式更好、更快地实现，用学习型组织的学习理念来构建英语教师教育与专业发展的动力机制，不失为一个可行的有效策略。

1. 学习型组织的内涵

（1）学习型组织产生的背景。当前学术界一般认为学习型组织产生的时代条件为：第一，知识经济的出现；第二，人们价值观的普遍改变。发端于20世纪80年代的新技术革命浪潮，代表着知识经济时代悄然来临。经历了约300年的工业经济、被以不断创新的知识技术为主要基础发展起来的知识经济所取代，社会财富的源泉正逐步从土地、资本、普通劳动力等有形因素向无形资产——知识和人的学习能力转移。生产率的提高不再产生于知识密集型工作流程上的任务分工，而是来自在解决问题过程中寻找解决方案时的知识一体化和综合化以及新观念的开发中。人的学习和学习能力以及由此创造的知识，充当了物质资源变化的强大推进器。人作为无形资产的最重要的创造者和拥有者，被当代管理科学提到了从未有过的历史高度。现代企业管理重心发生根本转移，以人为本的学习型组织应运而生。因此，学习型组织理论是知识经济社会的必然产物，它的出现是管理科学对知识经济社会新的组织管理实践总结完善和发展的结果。人们价值观的改变，即“后物质主义价值观”思潮成为学习型组织产生的社会人文条件。“后物质主义价值观”由英格尔哈特（R. Inglehart）提出，用以描述20世纪60年代首先在西欧、北美等国出现的、而世界范围普遍存在的社会大众价值观变化的现象，即后物质主义价值观正在取代物质主义价值观。后物质主义价值观与物质主义价值观相对立，它主要指在人们的价值判断和行为选择中，倾向于非物质性价值取向，如增加决策的基层民主参与、美化环境、关注个人责任和自我发展等观念。而且，在对一些西方国家的研究中，学者们也提出，在经济和安全得到保障的时期，年轻一代特别倾向于更高意义上的非物质性价值取向。

在后物质主义价值观的影响下，人们的工作观也从物质主义向后物质主义转变。也就是说，人类的工作观因物质的丰足而逐渐改变，从所谓的“工具性”工作观（工作为达到目的之手段），转变为较为注重“精神层面”的工作观（寻求工作的“内在价值”）。这种提高工作满足度体现人的价值的工作观与学习型组织关注人的精神需求的思想相一致。

知识经济和后物质主义价值观是导致学习型组织产生的技术和人文条件，因而，学习型组织是社会生产力和新的人文社会环境相互作用的时代产物，是培育知识经济时代所需要的新人——“终身学习人”的组织新形式。

(2) 学习型组织的概念。“学习型组织”（learning organization）是当代组织理论的重要概念，是现代管理科学研究的核心问题之一。在这个领域中，研究者要解决的基本问题是（企业）组织如何适应竞争激烈、变化莫测的时代环境，增强自身竞争力，以追求组织的生存与成功，延长组织寿命。因此，在传统组织模式和管理理念越来越不适应时代要求的情况下，以美国麻省理工学院教授彼得·圣吉（PM. Senge）为代表的西方管理学者，吸收了东西方管理文化精髓，提出了建立以“五项修炼”为基础的学习型组织理论。

根据彼得·圣吉的观点，学习型组织是一个不断创新、进步的组织。组织的成员发挥其能力创造其渴望的结果，培养新的思想形式，塑造集体氛围。学习型组织的真谛是让每个置身其中的人都活出生命的意义。目前，学习型组织理论的影响也已经超越了管理学界，辐射到社会的方方面面，各种学习型组织形式竞相出现，如“学习型社会”“学习型城市“学习型社区”等。这是因为学习型组织理论本身就是关注每个人如何发展的理论。

(3)“五项修炼”含义。“五项修炼”在管理界也称为建立学习型组织的“圣吉模型”。“五项修炼”是建立学习型组织的学习途径，也是基于人本理念的学习型组织的标准。“五项修炼”已经成为建立学习型组织的五项技术，使得学习型组织演变成一种管理科学模式。“五项修炼”的具体内容为：

①自我超越（Personal Mastery)。“自我超越”是学习型组织成员实现自己理想，不断突破自己的极限，自我实现的动机和行动的技巧。自我超越的修炼是学习型组织的精神基础和支柱。自我超越首先要求学习者不断厘清和加深个人的真正愿望，集中精力，培养耐心；其次要在不断地学习中，客观地观察现实，了解所处环境的真实情况。组织整体的学习愿望与能力，是基于组织个别成员的这种自我超越的学习意愿和能力。所以，对于学习型组织来讲，它要设计出鼓励每个成员不断成长的个人职业生涯计划；对于成员个人来讲，他们需要廓清自己真心向往的理想，并以此为起点，让个人为自己的最高愿望而生活。

②改善心智模式（lmproving Mental Models）。“心智模式”是心理学的常用概念，它指的是存在于人们大脑中的许多设想、信念或图像、图式、认知结构等主观的思维方式。心智模式是人们心中根深蒂固的观念系统和知觉系统，它源于过去的经验和认识过程，又时时刻刻参与我们对现实事物的认识，影响着我们看待世界和对待事物的态度。改善心智模式就是要求组织成员必须学会用“新眼睛”看世界，具体要求为：第一，把镜子转向自己是心智模式修炼的起步，学会发掘内心世界的图像，使这些图像浮于表面，并严加审视；第二，有效地表达自己的想法；第三，以开放的心态容纳创新的观点。

③建立共同愿景（Building Shared Vision）。“共同愿景”是指组织中人们共同愿望的景象。建立共同愿景就是要求组织的全体成员拥有一个衷心向往的共同目标、共同接受的价值观、共同体验的使命感，在这个基础上，使每个人团结在一起，主动学习，为实现大家内心渴望的共同目标而努力。共同愿景有三个层次：个人愿景、团队愿景和组织愿景。它的作用是为组织学习不断提供学习的焦点和强大的动力。所以，“共同愿景”的修炼是组织凝聚组织成员，构造生命共同体（学习型组织）的过程。

④团队学习（Team Learning）。在现代组织中，学习的基本单位是团队而不是个人。因而，团队学习尤为重要。“团队学习”的修炼目的是激发群体智慧，发展团队成员整体搭配能力和提高实现共同目标能力的过程。当团队在真正学习的时候，不仅能整体产生很好的成果，而且成员成长的速度也比其他的学习方式要快。在团队中，可以让每个成员开展自由交流、讨论，以发现远比个人深入的见解，从而克服有碍学习的自我防卫心理。

⑤系统思考（Systems Thinking）。“系统思考”源自系统动力学，圣吉将其作为学习型组织的核心概念。系统思考要求人们运用系统的观点看待组织的发展，即从局部到整体，从事物的表面到洞察其变化背后的结构，从静态的分析到认识各种因素的相互影响，进而寻找一种动态平衡。系统思考处于统摄和整合其他四项修炼的首要地位。系统思考可以强化其他每一项修炼，融合整体能得到大于各部分总和的效力。

以上五项修炼是一个内在关联的整体。“系统思考”需要有“建立共同愿景”“改善心智模式“团队学习”与“自我超越”四项修炼来发挥它的潜力。“建立共同愿景”在于培养成员对团体的长期承诺的坚持。“改善心智模式”在于以开放的方式，反思认知方面的缺点失误。“团队学习”是发挥团体力量，使团体力量超乎个人力量的总和。而“自我超越”则是不断反思个人对周围的影响。因此，我们在运作学习型组织时要采取全方位建设的态度，这样才能真正发挥学习型组织深厚的潜力。

2. 英语教师专业发展的学习型组织理论的解析

以上我们对学习型组织产生背景、学习型组织的意义以及“五项修炼”含义等做了介绍，在此基础上，我们将大学英语教师专业发展的内涵在学习型组织理论意义上的具体解析，以及大学英语教师专业发展学习型组织创建的目标与措施等理论与实践两个层面给出探索性解释意义和行动建议。

在学习型组织理论的理念指引下，大学英语教师专业发展的含义在意义与形式方面将做出怎样相应的解读和表现，具体阐释如下：

（1）专业发展是一个终身学习的过程。同其他学科教师一样，英语教师专业发展一般包括两个连续不断的过程，即职前教育培养阶段和职后培训阶段。即一位中学英语教师要经历良好的职前师范本科教育。在本科教育中，除了要有本科英语专业知识的训练，还要规划进行职业导入训练，即教育实习的辅导，这样才能获得中学英语教师资格证书。但是，这个阶段仅仅是专业发展的初始阶段，为了进一步提高英语教师的专业发展水平，教师还必须持续不断地参与有关部门的在职进修，获得相应职称才能从学历和职称方面实现规定的专业发展要求。

教师专业发展除了上述正规的职前和职后教育外，自我导向学习也是很重要的。因为，自我导向学习是教师在自我意识控制下的专业发展学习，它具有积极、主动的学习风格，能针对自己的专业发展状况，设定符合自己实际的发展目标，利用可以运用的各种资源，选择适当的专业发展学习策略，并能对自己的专业发展学习结果进行评价的自主学习过程。这也是心理学意义上的教师专业发展。

教师在自我学习的专业发展过程中，比培训更需要通过合作的团队学习过程来发展。因为每个人的学习，本质上讲都是一种合作，这也是我们特别看重新型的教师专业发展组织形式——学习型组织在促进中学英语教师专业发展方面所起的巨大作用的原因。所以，无论是通过教育培训体制达成的教师专业发展，还是通过自我导向学习或团队学习或者两者兼而有之的形式而实现的教师专业发展，学习始终都伴随着教师专业发展的全过程。因此，英语教师专业发展是一个贯穿个人职前职后学术生涯的、终身的、个人与团队学习的整个过程。

（2）专业发展是教师“自我超越”的过程。英语教师专业发展的过程是教师不断“自我超越”的过程；是英语教师不断认识自我，为实现自己的理想而不断自我推进的发展过程；是打破传统教学模式，进行教学变革与创新并从中体验自己生命价值的过程。但是在自我超越的过程中，教师也会出现陷入两难境地的现象，前面是身心向往的愿景，但同时又受自我信心不足、能力有限的束缚。教师的这种要求变化的冲动与按照自己熟悉套路做事的吸引力，在教师对教学实践的思考中形成强大的张力。因此，“自我超越”下的教师专业发展是一个战胜现实自我的发展历程。

自我超越的意义在于创新。自我超越的基点是对自我的正确认识。所以，英语教师对自我角色定位的准确与否与其专业发展有着直接联系。因此，下面将语言教学理论界中出现的英语教师角色错位的问题探讨一下，因为对自身职责认识的不合理将会成为阻碍英语教师创造性张力发挥的因素之一。这一问题可从以下两点得到证明，第一，1980 年，美国应用语言学家坎贝尔（Campbell）就语言教学理论发展中的关键问题之——语言学科理论与语言教学的关系，提出了第二语言教育理论与实践关系的模式，得到当时学者们的普遍认同。他认为，应用语言学是连接语言理论家与语言实践者的中介，见图 2-2。后来，该模式又进行了扩充，见图 2-3。

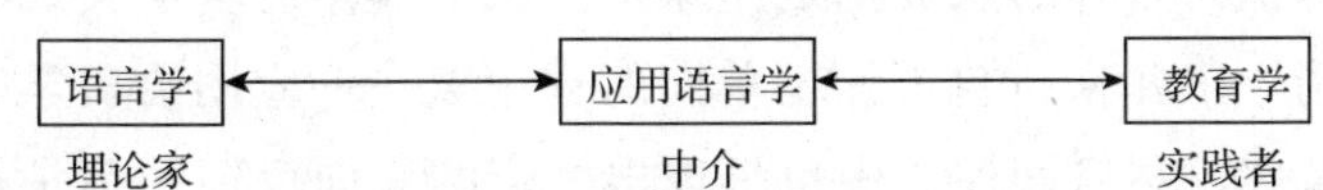

图 2-2　坎贝尔（Campbell）第二语言教育理论与实践关系模式

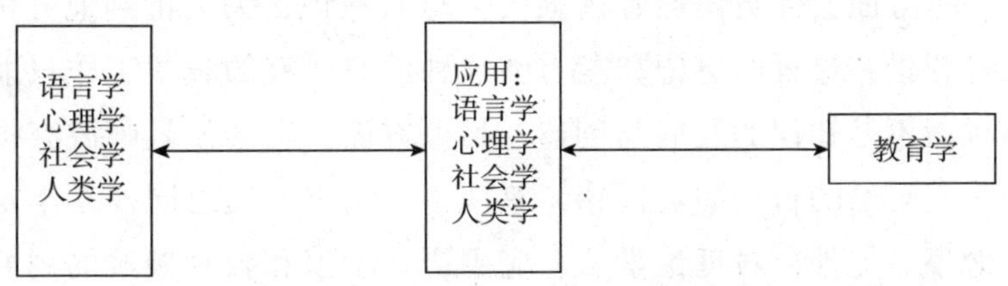

图 2-3　坎贝尔（Campbell）第二语言教育理论与实践关系模式

第二，1980 年，安格兰（Ingrain）也提出了语言教学实践的发展模式。

他与坎贝尔（Campbell）模式相似之处在于列出相似的学科并指明理论家、应用语言学家和实践者各自的任务，不同之处在于该模式更为详尽地说明了应用语言学家的功能以及应用语言学家与课堂教师之间的任务分配。模式见图 2-4。

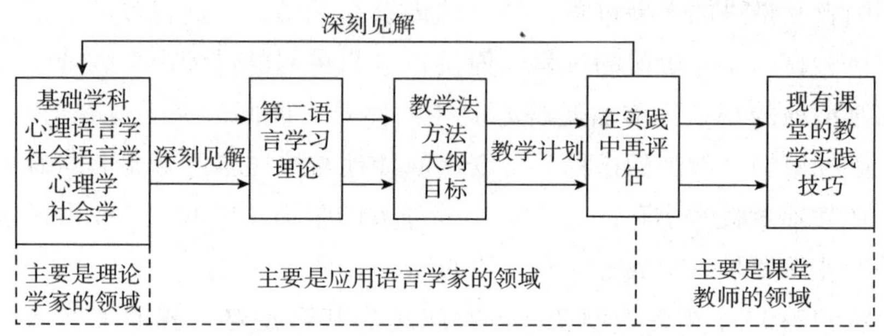

图 2-4　安格兰（Ingrain）语言教学实践的发展模式

上面两个模式的主要目的是说明应用语言学学科架起了沟通语言学科理论发展与语言教学实践的桥梁，铺平了将语言理论能够比较有效地应用于语言教学活动中的道路，从而确立了语言教学真正成为一门拥有雄厚的理论基础，有着丰富的科学方法的具有专门学科性质的学术地位。但是，两位学者不自觉地都将实践者与应用语言学家和理论家在地位、作用和所从事的领域活动截然分开，而教师的作用、活动范围以及研究空间又相对有限。这就必然会造成教师认为教师的职责就是在课堂中从事具体的教学实践和操作，所接受的理论指导主要来自自上而下单向的理论家——应用语言学家——实践者的直线式套路，尽管两模式中也呈现出一定的双向反馈的箭头符号。这种理所应当地认为做理论研究不属人工作范畴而自己只负责课堂教学的心态和自我定位，一方面会使英语教师逐渐失去科研意识，失去批判地分析、思考复杂的教学背景和过程的愿望和能力，这种没有研究的教学工作只能局限在知识的传授而不是知识的发展与创造；另一方面，它会使教师放弃根据自己的思考而决定自己的行动的责任感，忽视了行动中的反思同样是丰富教学理论的又一源泉。另外，对理论学家、应用语言学家和教师领域的划分，势必会影响英语教师在其成长过程中所必需的专业结构尤其是知识结构的合理配置，而这一点对当前英语教师的职前培养和职后培训的目标定位、课程设置以及评估体系等方面都会产生连锁反应。没有科研的教学是肤浅的，不以教学为依托的科研是空洞的。

实现英语教师“自我超越”意义上专业发展的有效途径之一是开展教学科研。我国中学教师由于承担教学与行政的繁重任务以及缺乏一定的研究能力和研究意愿等，真正从事教育教学问题研究的教师为数不多。但是，课堂教师拥有着做研究的机会和对象，如果他们抓住了这个机会，不仅能有力改进教学，而且更重要的是从事研究能够增强教师工作的专业性，使教师工作获得生命力，并且教师在赢得社会地位和学术地位的同时增强教师的自尊心。因此，现代教师不应只被研究，而应该成为自己的研究者。只有教师最能了解自己的教学问题，也只有教师通过由研究自己以及同事的教学实际，才能促进自身的专业发展，提出并落实课程与教学的各项改革。

1975 年，斯腾豪斯（Stenhouse）关于课程研究与开发导论的发表标志着教师——研究（teacher-research）运动的到来。他认为只有当课程研究与开发列入教师——研究者正常的工作议程之中时，教育改革才会出现。20 年后，TESOL 领域开始对此观点有所回应。但是，对教师——研究问题产生兴趣并出现一些实质性进展的标志是努南（Nunan）撰写的《理解语言课堂：教师行动指南》一书的出版。近年来，TESOL 组织为促进教师——研究行动的开展制定了一系列的相关政策，成立特别委员会以确认研究在教师组织中的地位，为 TESOL 教师指明了一个清晰、合理而又具有连贯性的研究方向，而且提出了许多实际的建议，比如设立杰出教师——研究者奖等。

教师应当参与课程研究与开发，而在职教师教育的首要目标应是传授教师探讨自己课堂教学的方法。教师应具备将自己的实践提升为理论原则的能力，应该有做行动研究的意识以及收集数据和分析数据的技能。课堂教学不同于机器生产，不能靠规范的操作、严格的程序去实现“教学产品”的统一标准。教学活动是一种行为科学，每一个教室都是一个特殊的行为场，教师、学生的差异，条件、时间的不同都会影响某种教学方法的运用效果。适合于某一教师的方法并不一定适合于另一个教师。应该鼓励教师对自己的教室、自己的学生、自身的条件、自身的个性以及自己的教学行为进行科学研究，从而做出自己的行为决定。“教师即研究者”是对现代教师的要求，英语教师在研究中采取改革行动，在行动中提取研究方案的行动研究是成为教师不断超越自我、提出并解决一个个研究课题，从而实现自我专业发展的有效手段。

(3) 专业发展是改善“心智模式”形成“系统思考”能力的过程。心智模式始终存在于每个教师的日常行为中。在学习中，一个新的观念，一点新的信息，或者一种新经验，不是被教师现有的心智模式（认知结构）所同化，就是改造这个现有的心智模式，或者产生新的心智模式以接纳新的经验或其他因素。按照认知心理学家的说法，心理的发展就是形成一个在意义上、态度上、动机上和技能上相互关联得越来越复杂抽象的模式体系（索里等，1982）。同理，中学英语教师专业发展心理，也是随着外部专业发展进阶的提升，随着教师自我定向专业学习，逐步形成一个在意义、态度、动机和知识技能上相互关联得越来越复杂的抽象模式体系。从宏观上看，中学英语教师专业发展的每一个阶段，都伴随相应的专业心智模式的转变。教师每次专业发展心理的进步，就是教师形成新的心智模式的时候，也是用新的心智模式看待他的外部教学情境和内部世界的过程。从微观上看，在专业发展的学习型组织中，每次的学习都将是一次心智模式的转变。因此，中学英语教师专业发展的过程就是教师专业“心智模式”不断成熟完善的过程。在学习型组织中，师生团队每个人都在努力学习和发掘自己的“心智模式”，有效地表达自己的教学思想，同时以开放的态度容纳别人（同事和学生）的想法。显然，这种互动的学习方式使得教师“心智模式”的改善和发展（专业发展）比个人封闭的提高更有效、更快捷。

系统思考要求英语教师运用系统的观点看待教学和学生的能力和心理发展。系统思考引导英语教师在教学中无论是授课，还是分析语法；无论是训练学生听说能力，还是读写能力；无论是设计课堂教学方案，还是分析学生学习英语时存在的问题，都要从整体着眼，不被事物的表面现象所迷惑，要善于把握事物变化的本质，从静态的分析到认识各种因素的互动影响，进而寻找一种平衡事物动态发展的思路和办法。

近年来，在英语教师专业发展研究中关于反思性教学的主题成为研究的热点。反思性教学在提高教师专业发展中的作用被人们所重视。从学习型组织关于系统思考的理论来看，反思性教学就是教师在系统思考的背景下专业发展发生质变的标志。教师的反思活动，可以包括三方面内容：一是语言学习者自传，即教师回忆自己作为语言学习者学生时期的亲身经历，从自传中探察过去的历史对现在教师自我教学哲学与实践所产生的潜在影响：自传式反思就是其中一种重要工具。通过系统分析和审视自己以往的经历，逐步将指导自己教学实践活动的教学理论、教学信念、价值观等更为明晰化、更易于理解，使自己专业身份不断得到确认。只有当教师对自己的教学原则有了清楚的认识，教师才能甄别它并根据需要来改变它。这是作为教师的个人责任同时也是专业责任。二是对自己以前语言教师教学行为的有意识思考，对他们做出“好”与“差”的教学判断，并有目的地吸纳优秀教师的教学优点，学会摒弃教师不应该做的一些言行。三是对自己教学活动以及学生反映的自我反思，按照“权利原则”，课堂决策之发言权在于学生。在反思自省的教师发展的过程中，教师必须要采取新的思维角度，即由对他人行为的批判性思考转移到对自己信念与行为的批判性思考上来。

另外，蓝格（Lange）认为，“反思式教师”要懂得教学艺术，这是教师在与学生互动过程之中或之后所要认真思索的问题。其中教学技艺包括教师的具体学科知识、如何教授本学科知识的知识、以及教学的普通知识；教学艺术是指教师在与学生的互动中融自己的知识与经验于一体而做出一系列的决策。反思性教学发生在教学过程之中或之后，是教师对已做出的决策和即将做出的决策进行反思。高尔（Gore，1987）曾对反思性教学进行哲学反思，提出适用于任何教学背景下反思性教学的主要特点。那么，在第二语言教学领域，反思性教学表现在将学科知识与教学实践相整合的彼此间相互作用的五个方面：

①具有第二语言的能力。

A. 所教语言的听读说写能力；

B. 关于语言、语言使用、文化以及它们之间内在联系的知识；

C. 关于如何学习和习得第二语言的知识。

②懂得如何教目的语。

A. 关于教授任何的学科理论与实践基础的知识；

B. 关于在学校中语言教学与学习的理论与实践基础的知识。

③对学科与教学知识的实际应用。

A. 策划如何以整合的方式来教授关于语言、语言使用以及文化的内容；

B. 开发对语言、语言使用、文化以及它们之间内在联系各方面进行教学的选择；

C. 通过同学互教（peer teaching）、教师辅导（tutoring）、微格教学和教学实习（student teaching）等形式实践对语言知识、语言使用、与文化的整合教学。

④实现理解教学艺术与技艺的机会。

A. 观察他人在同学互教、教师辅导、微格教学和教学实习情境下的教学行为；

B. 在一个试验与错误被视为正常、鼓励和期待冒险的环境中讨论观课的结果；

C. 对关于语言、文化、普通教学和语言教学的理论假设与现实情形之间的关系展开讨论；

D. 对教师的个人价值观和假设与他们的教学假设之间的关系展开讨论；

E. 对某一学校的文化氛围与教授个别学生和团体之间的关系展开讨论；

F. 在考试和讨论之后，有机会对课程进行再计划、再教授和再评价。

⑤教学评价。

A. 对某个学校、个别学生和团体所采用教学策略假设的适切性进行考查；

B. 了解并掌握评价学生在语言学习和使用上进步的评价工具；

C. 了解并掌握考查教学效果的几种方法；

D. 了解并会使用在某一学校环境中考查其教学效果的方法。

以上是英语教师在教学反思过程中的五个因素，它为英语教师在现实教学情形下对师生关系、个人价值、自我能力、成败得失等方面提供了思考的机会和空间，同时它也为英语教师成长为专家教师指出了专业发展的路向。

因此，从学习型组织理论看，教师专业发展每前进一步，就是其专业由“心智模式”向“系统思考”水平迈进的过程。教师的专业，“心智模式”遵循着由局部到整体、由认识事物的表面现象到把握事物变化的背后规律，从静态地分析问题到关注事物之间动态的相互作用的规律发展。因此，我们说，教师包括英语教师的专业发展，是形成“系统思考”的过程。

（4）专业发展是“共同愿景”下的“团队学习”过程。“共同愿景”是学习型组织成员共同愿望的景象，也是组织中人们所共同持有的价值观，它是人们心中一股令人深受感召的力量。人们寻求建立共同愿景的理由之一，就是他们内心渴望能够归属于一项重要的任务、事业或使命。它创造出众人一体的感觉，并遍布到组织全面的活动中，使各种不同的活动融会起来。共同愿景的力量源自共同的关切，只有当人们致力于实现某种他们深深关切的事情时，才会产生生成性学习（generative learning）。如果没有共同愿景，就不会有学习型组织。

在共同愿景的感召下的个体学习，才是团队学习。在研究文献中，“合作（cooperation）”与“合作共享（collaboration）”，两词之间细微的意义区别没有被广泛反映出来。“合作”指小组成员为了一个任务在一起工作，他们进行分工以便每个人都能完成各自的任务；而“合作共享式学习”是由学习者通过面对面交流的方式一同工作与学习而组织形成的（Damon & Phelps；F. Bailey）。因此，合作共享同伴式学习（collaborative peer learning）是团队学习的重要组织特征。学习型组织理论研究表明，团体学习可以产生高于个人智力的团体智力。融合整体能得到大于各部分总和的效力，并使个人成长速度更快。圣吉对此强调，“合作学习具有令人吃惊的潜能；集体可以做到比个人更有洞察力、更为聪明。团体的智商可以远大于个人的智商”。

但是，教师职业的特点是什么呢？语言教师教育研究者华莱士（Wallace）认为，在很大程度上，教师属于一种孤独的职业。多数教师基本上是单独面对自己的班级，自己的进步与失败常不为同事所注意，似乎每位教师都是一座孤岛，从而形成了专业隔绝状态（professional isolation）。这样，教师就很容易局限在对自己教学过程的反思上，而与其他教师的专业隔绝。这就是说，教师看不到别人的反思或研究成果，同时别人也看不到这位教师的反思或研究成果。因此，他认为专业隔绝状态是教师专业发展的重大障碍。

利伯曼等（Lieberman & Miller；Brookfield）研究者通过对教师工作的调查也得出相似的结论，“教学实际上是一种孤立的事业。在教学中，如此多的人在如此狭小的空间和紧凑时间内完成如此一致的使命，但它却是在自我迫使和职业认同的孤立之中进行的，这可能是个最大的讽刺——同时也是教学的最大悲剧”。这一职业的自闭性往往会造成教师们“普遍缺乏自信，给人的感觉是感情脆弱，害怕被‘揭穿’。由于这些情感属于个人隐私而使其更加恶化。他们没有一个安全的地方可以公开表示自己的不确定性，不能得到必要的反馈，从而无法减轻自己想做一位好教师、至少是个有能力教师的焦虑”。让教师们仅仅停留在对自我批判性反思的层面上对其自身专业发展来说是不够的。建立一个提供情感温暖、心理安全和相互信任的研习共同体，让成员们明白教师自己的焦虑是大家共同的经历，教师各自的进步也是大家共同的愿望，形成共享的同一话语结构，这才是消除教师顾虑和孤立感，打破教师自闭的职业心态，促进教师专业发展和健康成长的强有力措施。一位教师真切地描述了自己在研习团队中的亲身感受：教师都愿意相互学习，并随时准备扮演别人的角色，从他们的立场来看问题。在这里教师感觉不到竞争，这一点非常重要。由于没有了竞争，在这种地方相互之间已经没有必要去保护自己，因而教师的自我就不再是重要的了。我不再害怕把自己当作傻瓜，我可以承认事情变得很糟糕。在这种小组我感到绝对的安全。我猜想，教师所做的一切说明了这种小组为何重要的原因。我可以完全地开放自己……是不断的交谈和开放帮助我去改变……这可能是我曾经有过的最重要、最具有影响意义的经历了。

因此，教师职业的孤立特点反过来更强调团队学习的必要性。教师专业发展是团队性质的而不仅仅是个人的发展。团队学习修炼的目的是激发教师群体智慧，发展团队教师成员整体搭配能力和提高实现共同目标能力的过程。当团队在真正学习的时候，不仅整体能产生出色的成果，成员成长的速度也比其他的学习方式更快。在团队中进行的讨论可以让每个教师克服有碍团队学习的自我防卫，开展教师之间的自由交流，以发现远比个人深入的见解。在这种学习共同体中，成员们要有开放的思想和包容的态度，这一具有民主性、参与性和交往性特点的对话和协商的组织结构是体现研习团队思想的标志，同时它也是实现研习团队功能的最困难的一个原则。

另外，舒尔曼（Shulman）提出，教师教育者要帮助教师们通过对自己实践经验和理论解释的反思使他们的默会知识（tacit knowledge）得以言明。默会知识与明晰知识（explicit knowledge）相对。前者指的是个人或群体所意会并通过行动和观察来传递的知识，后者是可以编纂并能用正式的系统性语言来传递的知识。离开了反思，教学活动极易受到冲动、直觉或常规的驱使（Richards），并由此而存留在个人的默会知识（tacit knowledge）领域中。因此，教师课内课外的合作共享就可成为启发每个教师思考、阐明并发展教学知识和经验的重要途径。为了使教学活动保持同步，团队的教师成员就必须以单独教师无法实现的方式将自己思想、价值观等在小组中进行协商和讨论，于是，团队中的合作为教师们对各自知识的认识、理解提供了充分的机会。

3. 英语教师专业发展学习型组织的目标与措施

通过以上对英语教师专业发展在学习型组织理论上的意义解析，我们可以发现符合学习型组织理念的教师专业发展诸方面的形成是一个学习和修炼的过程。在学习型组织中，教师专业发展诸方面的修炼过程，比非学习型组织的形成过程要充分、快捷和更符合教师专业发展规律。我们的调查也表明，教龄、年龄较长的教师具有渴望在学习型组织中发展的愿望。按照这种设想，我们按照学习型组织建构原理，展开了下述构想。

（1）建立大学英语教师专业发展学习型组织的目标。一般的组织也在学习，但这种学习与学习型组织的学习不能同日而语。学习型组织是具有一定规定性的组织，自发状态学习的组织是不能达到学习型组织境界的。因此，我们参照了其他行业创建学习型组织的标准，对创建英语教师专业发展学习型组织的目标提出几点建议：

①建立英语教师终身学习的组织机制，使他们拥有终身学习的理念。

②开创多种学习途径，运用各种方法引进新知识、新经验，建成多元反馈和开放的组织学习系统。

③进行学习型组织的组织文化建设，形成学习共享与互动的组织氛围。

④具有实现共同愿景的不断增长的学习动力，并使共同愿景时学时新，与时俱进。

⑤教学工作学习化，使英语教师活化课堂的生命意义，激发潜能，提升人生价值。

⑥学习工作化，使英语教师专业发展的学习型组织不断创新发展，提升应变能力。

（2）建立英语教师专业发展学习型组织的措施。学习型组织的建立没有统一固定的模式。学习型组织活动本身就是一个不断学习、不断变革的过程。由于各种组织原有的初始条件不同，所以，具体选择的创建方案也就不一样。因此，我们以下所提出的创建措施与步骤，只能是一个参考模型。

①评估组织学习的现状。学习型组织是在变革旧组织的过程中建立起来的。创建英语教师专业发展的学习型组织，必须首先评估已有教研组或学习小组的学习情况，从而为创建学校学习型组织活动提供基础。评估组织学习的内容主要包括下列组织学习情况：

1）组织有没有做到鼓舞教师彼此分享学习成果；

2）组织有没有解决教学中存在的实际问题的计划；

3）组织中，教师学习状态是“要我学习”还是“我要学习”；

4）教师头脑中有没有组织愿景，能否主动适应愿景需要；

5）有没有鼓励教师的组织措施并为教师提供学习资源和条件，促使教师实现自我导向的学习。

以上五个方面是具体诊断一个组织学习情况的标准。根据这些现实情况，学校领导者才能有的放矢地开展学习型组织的创建活动。

②建立学习型学校。建立“学习型学校”（learning school）是各种教师学习型组织得以形成的必要外部条件。因为只有在学习型学校里，学校教职员工才能持续不断地学习，才能运用系统思考从事各种不同的教学研究，才能增强教职员工个人的知识和经验，改变整个学校的组织行为，强化学校组织变革和创新的能力。教师专业发展才能在真正意义上得以切实地落实。学校组织变革和创新的能力越强，教师专业发展的意识以及速度就越快，反之亦然。学校和教师这种互托互动的关系形成一股强大的合力以适应变化迅速的现代社会的要求。

在培育学习型教师团队建立学习型学校时，要树立以下三个方面的目标：

1）培养英语教师“终身学习”的习惯。这样才能形成组织良好的学习气氛，促使其成员在工作中不断学习。

2）“全员学习”。学校组织的领导层、管理层、教师层都要全心投入学习，尤其是学校领导层，他们是决定学校发展方向和命运的重要阶层，因而更需要学习。

3）“全程学习”。学习必须贯彻于学校组织系统运行的整个过程之中。不要把学习与各层工作分割开，应边学习边准备、边学习边计划、边学习边推行。学习主要是一个改进、改革原有工作规程、制度、教学模式的积极变革过程，不单是一个知识积累过程，所以，只有工作与学习结合，与变革活动结合，学习和工作才能相互促进。为使创建学习型组织活动能积极有效并持续开展下去，必须遵守的两项原则为：

第一，建立完善的学习体制是使教师学习型组织活动持久有效的保证。制定组织学习制度应该关注以下三方面：

1）制度应该强化教师个人成果。即把学校组织、教研组、教师自发结成的学习团队的变革活动和教师个人努力紧密结合起来，使改革活动和教师个人的成就利益相一致；

2）建立一个由有责任心的教师组成的网络，彼此联系，互相帮助；

3）不断改善学习型组织的业绩。

第二，在学习型组织中建立创新文化是学习型组织持续生存和发展的一大文化要素。创新文化就是鼓励创造、不怕错误、允许错误和允许失败的一种组织文化，学习是变革，变革就有失败。每次失败对组织和个人的进一步学习提出了挑战，产生了危机。如果组织中没有容错性创新文化，那么，每次失败的学习，都会成为发展的障碍；相反，学习型组织则会将每次的危机都视为新的学习机会，视为可使组织与个人获得更多成功的机会。

③建立激励团队学习机制。团队学习不但重视个人学习和个人智力的开发，更强调组织成员的合作学习和群体智力（组织智力）的开发。在学习型组织中，团队是最基本的学习单位，团队本身应理解为彼此需要他人配合。组织的所有目标都是直接或间接地通过团队的努力来达到的。

研究发现，成人的个人学习有自己的特征。在思考、推理和判断方面与儿童和青少年的学习有着本质的差异。有关成人转变学习（transformative learning）的研究指出，成人学习非常显著的特征就是对所学知识和观点进行有意识地批判。成人会积极主动地根据自己先前的经验和认知能力对新信息进行加工、筛选和批判。他们不会盲目地接纳任何观点而完全屈从于外部权威。因此，成人学习的特点就是会形成一种不遵循正统逻辑规则的情境推理，借此对自己的实践进行阐释和指导。通过个人独特的情境化推理，成人表现出一种认知灵活性，他们会根据情境的细微差异来调整自己，随时间和地点的变化而改变自己的行动理论。

鉴于成人学习的上述心理特点，被称为“成人教育之父”的林德曼曾把成人教育界定为“一种没有权威的合作探讨和非正规学习，其主要目的是发现经历的意义，挖掘塑造教师行为的先入之见的根源”。他认为，成人教育“不是从课程问题入手，而是从铸造成人生活的情境和经历入手”，它是“一种方法，借此可以把成人的经历和思想从传统束缚中解脱出来”。所以，从这个意义上讲，成人教育要首先考虑他们以往的经验，尊重他们的经验也就是尊重他们的历史。同时也要认识到，成人在不断积累经历的过程中，会逐渐形成自己的思维习惯、看法和假设，这一较为固定的思维模式不可避免地会对新的思想冲击产生拒绝和抵制的倾向。因此，成人教育不仅要从成人的经历入手，更重要的是还要从成人以往的经历中跳出来，寻找使其思想框架僵化的突破口，来帮助他们审视自己的习惯和偏见，打开接纳新思想的思维之窗，让他们的生活经历和经验成为其继后学习和发展的动力资源。而学习型组织的团队学习就是在日常工作中，充分利用教师个人的经验资源，通过成员互动，打开成人个人学习时存在的僵化、“自智模式”，以开放的心态，采纳他人经验，使学习型组织具有开放性与协调性。所谓开放性，是指进出学习型组织的成员是自愿的，什么时候进入，怎么学习都应该由成员本人选择；协调性是指学习型组织的成员是在自愿结成团队的情况下进行组织学习的。这样，团队学习才能产生应有的效用。

教师之间的团队学习方式很多。一种为草根式的、学校本位式的在职进修（school-basedin-serviceeducation）方式。如：成员针对特定主题书写一篇短文，相互评论，指出优缺点及其启示；成员针对教育时势，共同讨论，达成共识；成员共同阅读一个报道、一篇论文或一本书，并与自己的教学实际联系起来讨论；同伴教学，就一篇论文、文章或一种新的教育理念，由一位学习者教导其他同伴，然后共同讨论。

另一种团队学习方式为“同伴教练”（peer coaching），我们对该模式的步骤以及功能做一个简单介绍。“同伴教练”的理念和形式由约翰斯（1983）和史沃斯（1984）提出，它是一种适合学校组织的团队学习。他们认为“同伴教练”是一种教师同伴工作在一起，形成伙伴关系，通过共同阅读与讨论、示范教学，特别是有系统的观摩教学与反馈等方式，来彼此学习新的教学模式或者改进既有教学策略，进而提升学生学习成效、达成教学目标的过程。“同伴教练”模式包含下列四个连续的步骤：

研习：教师们以小组方式（三至六人一小组，小组成员可以允许跨年级、学科或其他单位）共同研读、讨论某一特定的教学模式或技巧，以熟悉、掌握这种教学模式或技巧的知识基础。

示范教学：由某一担任教练角色的教师进行示范教学，以便让其余教师领悟教学要领和技巧。除此之外，教师们也可以观赏教学录像带作为替代方式。当然，在示范教学之后，除了示范者必须详加讲解之外，学习者也可以发问、讨论、给予反馈。

指导式练习和反馈：每一位教师以小组成员为教学对象，轮流进行微型教学，待教学技巧熟练后，再以程度较好的班级作为教学对象，试验新的教学法或模式。在教学时由那些未进行试教的小组成员们，进行教学观摩并提供教学反馈意见。

独立练习和反馈：每一位教师回到原来的任教班级，正式运用新的教学法或模式于自己日常的教学活动中，但为了确保教学成功，仍需由教师同伴们提供适度的鼓励、协助、教学观摩和反馈。

“同伴教练”作为一种“形成性”（formative）、“发展性”（developmental）的教学视导与评鉴工作，它能发挥四种功能：

1）通过有系统的研习、实作练习以及教学观察与反馈，使得接受同伴教练的教师，不但更能了解新教学策略的观念与技巧，而且更能将之运用于日常教学实务上。

2）有效减少教师的孤立状态，并促进教师彼此之间的沟通、协调和合作。

3）使得教师在民主、平等、温暖的气氛下，进行专业对话，共同分享教学计划、教具教材和教学经验，以及共同讨论学校应兴应革事宜。

4）使得教师使用共同的语言，分享共同的文化，建立学校成员共同努力的目标。

总而言之，学习型组织通过各种措施来保持组织、团队学习的能力，及时铲除发展道路上的障碍，不断突破组织成长的极限，从而保持持续发展的态势。

④发展共同愿景，鼓励自我超越，使教师成为学习的资源。

在建立激励英语教师团队学习的制度的基础上，学校各级领导应该注重的是学习型组织的共同愿景的建立和发展。通过学习，使共同愿景时学时新。需要强调的是学校组织或教研组、教师学习小组的愿景不是领导人制定的，而是由这些组织的成员群策群力制定的，是通过组织和团队学习由大家描绘出来的发展愿景，它一经产生就成为组织成员共同努力的方向与目标。

组织整体学习的愿望与能力基于组织个别成员自我超越的学习意愿和能力。教师自我超越的前提是必须学会“自主管理”，它是教师能边工作边学习并使工作和学习紧密结合的一种方法。通过自主管理，可由组织成员自己在教学工作中发现问题、选择教师伙伴组成团队、选定教学改革和进取的目标，由自己去进行教学等现状调查、分析原因、制定对策、组织实施、检查效果，并自己做出评定总结。团队成员在“自主管理”的过程中，必须通过组织学习，形成共同愿景，并能以开放求实的心态互相切磋，不断相互学习专业教学新知识、新经验、新信息，并把它们融入自己的教学改革中进行不断创新。所以，对于学习型组织来讲，要设计出鼓励教师不断成长的个人专业发展的生涯设计，而个人通过鼓励实现心灵深处渴望的自我超越目标，来达到为自己的最高专业发展理想而活着的生命境界。

近年来，英语教师专业发展研究领域中开展的反思性教学研究，体现了学习型组织自主管理的思想。反思性教学的本质就体现在教师总是处在发展的过程之中。在现实生活中，人们可以发现，一些教师从多年实践经验中形成了对自己工作方式的坚定信念，他们往往固守成规拒绝变化，对反思性教学采取比较冷漠的态度，有着自御性和自闭性的特点，而他们恰恰是最需要对自己的经历进行批判反思的人。如果他们坚定的信念是经过反思不断接受实践验证的话，那么对教师来说它就是推进教师专业发展的力量；反之，它可能就是破坏性的。真正坦诚地承认自己具有犯错误的可能性，说明教师永远把自己作为学习者，总是处在自我塑造的动态过程之中。这种对自己采取不断批判和反思的态度，是对生活和自己专业发展及成长表示有信心和有力量的标志。教师只有对自己的教学行为进行批判性的反思，才能不至于在充满复杂性、不确定性、矛盾甚至有时混乱的教学中迷失自己的方向，才能意识到教学生活并不是完全超乎于自己控制之外的事情，意识到在课堂中自己所拥有的主体性地位和掌握自我发展和价值命运的能力。如果不进行反思，那么教师对过去的经历和工作方式一般会采取正确或无所谓的态度，抱怨外部的压力和教学的复杂性使自己没有时间、精力同时也没有必要对自己的行为进行反思，所做的一切就是顺应和实现专家已经规定好了的政策和教学要求。教师的确也经历了变化，但是这种变化不是教师自己的变化，因为主动反思的缺失造成教师今天的生活与过去的生活在实质上并无二致，这样就无所谓在过去基础上的发展和成长。相反，批判性反思是衔接教师以往经历、教师的现在和未来这一专业发展谱系的关键环节，未来的学生、教学目的、教学行为等要求教师不断检查自己的假定，不断重新思考那些在教学中起作用的因素以及这些因素为什么起作用。因此，教师通过反思在不断改变自我组织结构的同时，也在改变着学生，也在改变着与师生息息相关的周围世界。

鼓励教师自我超越与发展共同愿景并不矛盾，两者是同一个事物的两个互补方面。教师自我超越是在组织学习的条件下进行的，也只有在组织学习的条件下，教师自我超越才是有效和持续的。共同愿景是在每一个自我超越的教师共同努力下产生的，如果没有自我超越性的教师，有远见的共同愿景也不可能制定出来。因此，自我超越与共同心愿是学习型组织并行不悖的两个重要支柱。

英语教师彼此之间的相互学习是教师专业发展的最大资源。虽然学习型组织并不排斥外部资源的引进，但是，它的立足点主要是学习型组织内部资源的充分挖掘。因为学习型组织观念是组织内部每个成员都拥有独特的个人知识经验，这是成员个性差异导致的；同时，组织资源不是组织内个人资源的简单相加，组织资源必须是在相互学习、相互激发中创生的。因此，组织资源具有产生机会的不确定性、产生条件的相互作用性。倘若领导者能善加运用这种资源，善于创设相互作用的条件，确定最佳的时机，组织学习资源往往大于外部资源简单引进的效能，大于静态理解中教师个人资源的总和。利用好这种创生性的组织资源，可以大大提升组织效能，从而增加组织快速应变、创造未来的能量。

为此，大学英语教师专业发展的学习型组织，可先由英语教师进行自我评价，使之深入反思他本人的各项能力与专长，再通过学习小组的资源目录，帮助教师了解彼此的才能。为达到相互学习、共同成长的目的，开展各种创新活动（头脑风暴法、集体深度会谈等）做好准备。

⑤把学习引入日常教学工作中。

向受训教师传授教学方法以及学科知识的校园课程对教师的后续教学行为影响甚微，即使入职培训也是如此。大多数受训教师认为教师教育的知识内容与他们不相干或是很难把握，他们经常抱怨在职培训的许多常规做法很少能帮助他们找到解决实际问题的答案，虽然它们对教师教学技能的提高可以产生些短期效用，但是却很少能促进教师投入对自己教学进行持续审视的过程之中。

令人担忧的现实不得不引起我们深刻的思考，一方面要求职后教育部门应该加强理论研究工作，提高职后培训质量；另一方面，这也使我们认识到，教师专业发展必须遵循“学习工作化”和“工作学习化”的基本原则。而这一原则符合学习型组织关于成功学习的第一个理念，即学习与工作的紧密结合。这是学校学习型组织在促进教师专业发展作用方面的最本质特征。“学习工作化”就是在实践中强化教师自我超越的信念，使教师个人注重每天的课堂教学活动，从课堂中寻找师生学习的潜能，从而活化课堂的生命意义；而“学习工作化”则是从组织层面上强调教师专业发展的学习是组织性学习，这种学习必须指向教师工作中的具体问题，具有不断创新发展的条件和能力，在组织层面上提升整体的应变能力。

学习型组织关于成功学习的第二个理念是，学习是启发心智和发现创新的过程。这是由组织学习及过程的性质确定。这与行为主义学习观的学习定义不同，即学习的本质是刺激与反应的联结，学习是一个尝试——错误的渐进过程。行为主义关注的是环境对个体学习者的重要作用。这反映了行为主义心理学对人的基本假设：学习者的行为是他们对环境所做出的反应。而认知学习规则与此相反，它强调人的学习是主动选择信息和知识的过程。人的认知结构的建立即学习的产生不取决于练习的数量而在于认知结构是否建立。个体学习者在面对一个学习情境时能否产生学习完全依赖两个条件：新情境与旧经验符合的程度；新旧经验的结合并重组。学习并非是零碎经验的增加，而是以旧经验为基础在学习情境中吸收新经验，并将两种经验结合重组成为新经验的过程。这种源自学习者主动地与环境的相互作用，使得学习者的认知结构不断得以变化发展，同时环境也在这种相互作用中得到了改变。认知学习观比较符合人的复杂的学习实际情况。

教师专业发展在很大程度上属于认知学习过程，是教师学习型组织成员之间相互启发心智的过程。这个过程是一个不断重新建立“心智模式”的过程，是伴随着许多“顿悟”的解决问题的学习过程。因此，教师专业发展的组织学习过程充满着创造的激情，充满着智力的挑战。教师在自己的教学改革中与自己所教的学生，共同体验着创造所带来的欢乐；回到教师团队中，从研究问题、寻找解决问题的艰难探索中，与同伴们体验着迷茫困惑，分享着共同发现和找到解决问题办法时的幸福。“把学习引入日常教学工作中”，就是要让创造伴随着教师专业的无限发展。

⑥培育英语教师系统思考的能力。

系统思考是圣吉学习型组织的精华所在，它强调的是如何认识事物的复杂性并用系统思考的方式把握事物的复杂性。彼得·圣吉（1996）认为，人对问题的解决办法可分为三个层次（图 2-5）。

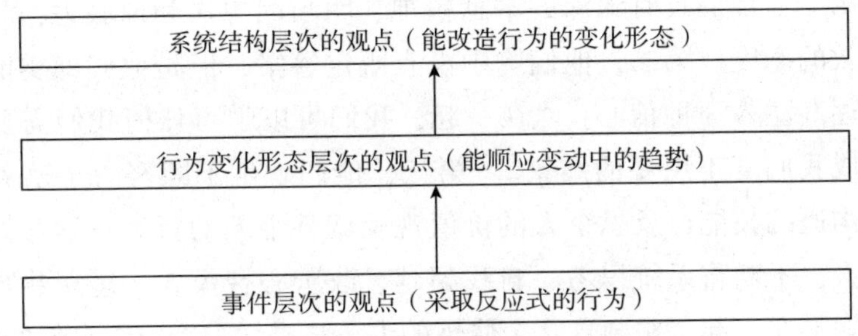

图 2-5 以系统观点解释复杂状况的层次

第一层次是最浅显的“事件层次”。人们关注的仅是事件本身，并不深究事件背后的原因。对问题采取的对策是就事论事的反应式对策。第二层次是较深的“行为变化形态层次”。这个层次上的人们会根据行为变化形态探索和研究事件的趋势，能做出一定的预期评估，开始重视对事件原因的探究。虽然比第一层进了一步，纠正了对事件短期反应的局限，在一段时间里能把握和顺应变动趋势，但终未能达到把握行为变化结构的本质从而驾驭全局的能力。第三层次是最高的“系统结构层次”。它能系统回答很多行为变化形态由系统的深层结构所决定的原因，能准确理清系统结构支配行为的本质。

系统思考是处理组织学习中复杂问题的工具。系统思考要求把教学活动看作一个由教师、学生和教学的其他要素构成的复杂系统，其普遍的特征是：教学中出现的困难，大部分是由教学内部结构引起的，也可能恰恰是教师解决当前困难的各种努力本身引起的。因为这些努力可能是解决局部困难而不是全局困难的办法，甚至会成为新问题的根源，而教师又常常不能正确认识那些已知的局部活动之间复杂的相互作用将会产生怎样的整体组织行为。这样，系统思考就成为解决这些问题的钥匙。

培养系统思考就是要求英语教师学会运用系统的观点，熟练地掌握和运用系统的观点和具体的方法，分析和把握自己英语教学和学生的英语能力和心理的发展，分析和把握课堂教学方案的设计，分析和解决学生英语学习存在的问题，指导自己专业发展与学习型组织内其他教师的发展关系，注意各种关系的整体搭配，以发挥整体效益。

⑦领导者的新角色。

把学校建成学习型组织的学校，学校领导者具有重要作用。按照学习型组织理论，学习型组织中的领导应该具有不同于一般组织领导的特点。具体表现在：第一，他们具有深深的奉献精神、明晰的想法和说服力，具有不断学习和开放的态度。第二，他们胸中没有既定答案，但是他们确实能够对自己周围人逐渐注入一种信心："在一起，我们可以学习任何我们需要学的东西，以达成我们真正想要的结果。"第三，他们一生不断努力于培养系统思考和人际沟通的技能，反思个人的价值观及调整个人的行为，学习如何倾听和理解他人，不断将系统思考、自我超越、改善心智模式、建立共同愿景和团体学习融汇在一起。精熟这几个修炼的人，将是学习型组织自然的领导者。

在学习型组织内，领导者的角色与传统组织中的领导者不同，他们是设计师、仆人和教师。所谓领导者是设计师，是指设计组织的政策、策略和系统；设计学习型组织各个组成部分能够互相搭配，发挥整体的功能。所以，在学习型组织里，领导者的设计工作也是整合各种关系的工作。学习型组织设计的首要工作是设计基本理念，即我们进行所有组织活动时所依据的愿景、核心价值观和最终目的。学校领导者的工作基本上是设计组织学习过程，也就是阐明组织存在的意义、最终目标及理由、如何达到最终目标。

所谓领导者是仆人和教师，是指领导者应积极帮助组织成员成长。好领导就是好教师，首先，他必须学会"忠于真相"，协助人们对于真实情况能有正确、更深入的看法，把真实情况当成一种创造的媒介。只有认清现状，才能增加人们的愿景与现况的差距以产生创造性张力，推动人们不断学习和创新。其次，他必须引导人们从被动反应转变到主动创造，不断帮助人们看清组织的更大的愿景。最后，教会下属如何促进每一个人学习，引导组织成员学会学习。对于教师作为领导者及其领导力会在下章做具体的阐述。

综上所述，加强教师终身学习理念，培养教师终身学习素养，建立学习型的学校组织，不断创造教师（包括英语教师）专业发展的新台阶，是当前教师专业发展的要务之一。教师在步入学习型社会之际，要充当终身学习者、同伴辅导者以及行动研究者等多重角色。为了使教师们更有意愿以及更有效地进行终身学习，圣吉所建议的五项修炼，对学校和教师团体具有重要的参考价值。它们能够使教师通过学习延续自己专业发展生命中的创造力，不断超越自我来实现生命中真正想要达到的目标；它们可以改善自己的专业和人生心智模式，去除自己习惯性的自我防卫机制，以开放的心胸去虚心接纳别人，共同探寻真知，在自己和团队的教学活动中做出最佳决策。学习型学校、学习型教研组、学习型小组等形式是促进21世纪教师专业发展成功的有效组织形式。

第四节　高校英语教师专业化发展影响因素

一、自我效能感

美国心理学家班杜拉于1977年提出自我效能感这一概念。他的社会认知理论指出，自我效能感是指个人对自己在特定的情境中是否有能力去完成某种行为的期望。它包含结果期望和效能期望两部分。

（一）对英语教师自我效能感的相关研究

教师的自我效能感是教师对能否胜任教育工作和能否有效培养学习者学习能力的自我判断，是促进教师自主发展的重要内在动力，是激发教师工作动机的内在原动力，是影响教师教育行为和教育效果的中介因素，是教师身心健康、个人幸福的重要影响源。

1. 国外的研究情况

目前，关于教师自我效能感还没有相关的理论，但对教师的自我效能感已经有一定的研究。阿什顿强调，教师的自我效能感不仅与教师的教育教学行为、学习者的学业成绩和人格形成之间存在着密切联系，也与教师对学习者的控制信念、对职业的满意程度以及上级主管对教师能力的评价等因素有关。❶ 他总结了具有不同自我效能的教师的特征，见表2-1。

表2-1　不同自我效能教师所具有的特征

项目	高效能教师	低效能教师
个人成就感	认为和学习者一起活动是重要的	对教学感到沮丧
对学习者行为和成就的正向期望	期望学习者进步，并促使学习者达成期望	预期学习者失败，且对教学努力有负面影响
对学习者学习的个人责任	认为教师应对学习者的学习负责；学习者学习失败时，会检讨自己的教学行为	认为学习者对学习负责；学习者学习失败时，会从学习者方面找原因

❶ 黄翠英．大学英语教师自我效能研究[J]．农家参谋，2019（23）：286.

续表

项目	高效能教师	低效能教师
达成目标的策略	为学习者制订学习计划；设定师生目标；确立达成目标的有效教学策略	缺乏特定目标；充满不确定性；缺乏计划教学策略
正向的影响	对教学、自身、学习者感到愉快	对教学有挫折感；对工作和学习者有负面情感
控制感	相信能够影响学习者学习	教学具有无力感
师生共同的目标感	师生共同参与、达成目标	师生目标对立，而且关注焦点不同
民主式的决定	允许学习者参与有关达成目标和学习策略的决定	教师自行决定达成目标和学习策略，不让学习者参与

查孔对委内瑞拉中学英语教师的自我效能感进行了调查研究。结果显示，教师在听、说、读、写、译等方面的语言技能水平越高，其自我教学效能感越高。换句话说，教学效能感与英语教师的语言水平之间呈一种正相关关系。高格研究了 32 名英语职前教师的自我效能感，发现通过同伴互助可以显著提高职前教师的自我效能感，教师自我效能感的高低受到其所处社会文化背景的影响，不同国家的教师自我效能感不同。

伊斯拉米和法塔赫发现自我效能感更高的英语教师倾向于使用以交际为目的的语言教学方法，更关注语言的意义而非语言的形式。

耶尔马兹研究了土耳其 54 名中小学英语教师的自我效能感，指出英语教师对教学策略与技巧的自我效能感高于对课堂管理和学习者参与的自我效能感，自我效能感与语言基本技能呈正相关关系。

2. 国内的研究情况

对我国绝大部分英语教师来说，英语既是教学内容，又是教学工具，我国对教师自我效能感最早的研究是对国外教师自我效能感研究的评价。

刘雅雯发现自我效能感高的教师在课堂上提问较多，多用参考性、开放性问题，并善于反思和协商。李玉升在分析了影响英语教师教学效能感的相关因素的理论基础上，提出了可以分别从学校层面和教师层面来提高教师的自我效能感的策略。夏莉等对英语教师的自我效能感进行了探索，论述了英语教师自我效能感对全社会英语教学水平的提高、学习者的进步、教师的身心健康及其专业化发展的影响。目前，英语教师的自我效能感和专业化水平较低，必须通过教师个人、学校、社会等多方面的努力切实提高教师的自我效能感，促进教师专业发展。

由此可见，我国英语教师自我效能感的研究内容大部分为英语教师自我效能感与语言技能的关系，并且研究者普遍认为英语教师语言技能与教师自我效能感呈正相关关系。我国英语教师自我效能感研究的小部分内容是英语教师自我效能感与课堂教学行为之间的关系，研究者肯定高自我效能感对教师教学行为的积极作用。

概括来说，我国关于英语教师自我效能感的研究仍存在一些不足之处，主要体现在以下几个方面：

（1）从研究方法来看，多采用量化研究，通过问卷调查来收集数据，数据采集方法局限化，阻碍了教师发展领域的深度研究。

（2）大部分研究的问卷几乎都是直接采用吉布森和登博于 1984 年编制的教师效能感量表（teacher efficacy scale，TES），很少考虑到我国的社会文化背景及不同国家的英语教学实际情况。

（3）大部分学者过于关注英语教师的自我效能感与语言水平之间的关系，并未深入探讨教师自我效能感的构建过程，因而无法得出全面的结论。

（二）英语教师自我效能感的影响因素

国内研究者认为，影响教师自我效能感的因素包括教师的主观因素（价值观和自我概念等）和外部客观环境（社会文化环境、学校环境、人际关系、师生关系、教师教育者学历与个人特征等）。其中，教师的主观因素是影响教师效能感的关键。英语教师作为教师群体的一个重要组成部分，其自我效能感同样受上述因素的影响。

1. 学校环境

作为教师发展的大本营，学校的整体氛围是影响教师态度和行为的重要因素之一。学校的文化氛围、师生关系、校领导的风格以及相关的促进教师职业发展的条件规章制度等，都影响着教师的自我效能感。例如，学校教学设备的不足及教师工作压力过大都可能对教师的自我效能感产生消极影响，而班级人数少、师生互动好的课堂则能大大提升教师的自我效能感。

2. 社会文化

较多的社会支持和鼓励可以使教师安心教学并更加从容自信，使其自我效能感更高。近年来，随着改革开放、国际化进程的加快，英语的地位日益提高，英语教师的社会价值、个人价值不断体现，自我效能感也在不断提升。

3. 自我能力和自我经验

教学能力强的教师可以自我肯定，授课驾轻就熟，自我效能感较高；而教学能力较弱的教师则充满各种恐慌，效能感较低。同样，各种成功的经验能够让教师更加自信，自我效能感增强；与自己水平相仿的同事的成功也可以作为间接经验，增加教师的信心，提高自我效能感。此外，教师教育者若善于将失败归因于自己的努力不足而非其他客观原因，也会在一定程度上提高自我效能感。

（三）提高英语教师自我效能感的策略

近年来，随着扩招在校生人数迅猛增长，英语除了作为专业必修课，又是各专业学习者必修的公共基础课程，需求量激增，英语教师资源紧缺，队伍呈现年轻化的趋势。鉴于教师的自我效能感会直接影响教师的教学行为，进而影响学习者的学习成绩和个人成长，因而尽快帮助英语教师提升自我效能感，提高教学的有效性、高效性，已成为广大教师管理者和相关专家学者关注的一个重要课题。

1. 促进英语教师的合作学习与经验交流

教师的合作学习和经验交流不仅能拓宽教师教育者的视野、丰富教学经验，而且能帮助教师教育者解决教学中的困惑，提高教师教育者解决问题的能力。学校应积极为英语教师创设可观察同伴或专家教学的学习环境，使英语教师通过观察、模仿和交流有机会向专家学习、向优秀教师学习、与同伴分享交流经验，从而提高其自我效能感。此外，学校也可以通过组织优秀教师教育者现场展示或者录制课堂教学视频激励所有的观摩教师，为他们的自我效能感提升提供间接的经验。

2. 完善英语教师的进修、培训制度

英语教师的学历、职称以及教学科研能力等参差不齐，英语教师队伍中出现了教师知识匮乏或知识老化、教学理念落后以及科研能力不强等问题。如今，英语教师教育者更需要及时与国际接轨，更快、更好地了解相关专业学术领域的理论研究前沿。在教师教育者自我努力的同时，应制定切实可行的英语教师教育者进修和培训制度，给予英语老师足够的时间和经费，为教师教育者提供诸如国内外访学、进修、寒暑假培训、学术研讨会、讲座、校际合作、录像课、示范课等机会，鼓励教师教育者投入精力去进行科研创新活动，全面培养教师教育者的英语教学和科研能力。在职教师教育者的进修可以帮助强化教师教育者认知、情感和技能三方面的综合能力：在认知方面提高其教学能力；在情感方面激发教师教育者的教学热情和教学动机；在技能方面强化教师教育者专业教学方法和策略。

3. 健全英语教师的评价反馈系统

学习者的喜欢、同行及领导的肯定会提升教师教育者的自我效能感。如今，我国英语教师教育者评价标准不统一、过于笼统和不明确的评价模式给教师教育者的自我效能感带来了消极影响。一个完整的教学科研评价系统应至少包括以下四点：

（1）观察教师的教学过程。参与课堂的观察者既可以是同行教师教育者，亦可以是教学经验丰富的专家教授，他们以公正、真诚、不批判的态度走进课堂，帮助教师发现课堂问题并进行积极的课后反思。

（2）建立教学评价标准。把教师评价标准细化、具体化，对不同教龄、不同职称的英语教师应实施分层的评价模式。对自我效能感相对较低的新教师，应以帮助鼓励为主，适当降低评价标准；对自我效能感相对较高的教师教育者，应在其顺利完成教学目标的前提下给予新的任务，进一步提升教师的自我效能感。

（3）教学效果的评价、反馈及改进建议。对教师教学效果的评价应尽可能采用自我、同行、学习者、领导、专家等多层次的评价标准，多给教师以鼓励，对教师的课堂表现多提出善意且有建设性的意见，同时可以将教师的自我效能感等纳入评价中，形成一套更为完整的反馈系统。

值得特别说明的是，完整的教师专业发展评价内容应涵盖教师专业素质评价、教师工作过程评价和教师工作绩效评价三个方面。其中，教师工作绩效是教师工作水平和状态的最终体现，应成为评价教师工作的核心。

（4）教师科研能力的提升。科研与教学占据着现代使命的两个重要方面。提升教师的科研能力，使教师能够运用恰当的方式进行教研科研，有效地探索教育教学规律，有助于教师更新教育理念、完善知识结构、提高创新能力，从而提升自我效能感。

4. 建构支持英语教师的外部环境系统

如今英语教师面临着巨大压力，如社会对教师的期望过高、信息化时代对英语教师地位的挑战、繁重的教学任务、学历职称的压力、复杂的人际关系、竞争应聘上岗等，以至于产生心理危机，滋生各种负面情绪。因此，社会和学校等外部环境应共同努力，为英语教师营造一个支持其获得职业威望的社会氛围，提高英语教师的社会地位。学校应建立促进教师发展的档案制度，进一步完善教师的职称、职务聘任制度，督促教师保持自身专业发展的主动性和持续性。校领导和学校管理体制也应不断优化，允许教师参与学校的决策与管理，为教师提供融洽的工作环境，减轻教师过重的工作与心理负荷，促进英语教学质量提升及英语教师的专业化发展。

二、群体效能感

英语教学改革和课程的深化使教师教育者的专业发展从个人层面向职业群体专业化的方向发展。班杜拉最早开始研究教师的群体效能感，他研究了79 所小学教师，发现学习者家庭的社会经济背景、教师的教学资历以及教师的群体效能感可以较好地预测学习者的在校学习成绩。对于教师来说，个人在其所处团队中也会逐渐形成共同的思维方式、价值取向和行为模式。因此，为促进教师的专业发展，必须重视教师的群体效能感。

（一）英语教师群体效能感的研究意义

1. 有助于英语教师教育者的自身专业发展

我国英语教学改革的深入发展使高素质英语教师的需求日益增大。英语教师的专业素质是教育改革成功与否的关键。在进行职前教师培训时，英语教师已掌握了英语类显性知识，而课堂教学的实践经验则需要教师在长期的课堂情境中逐步积累。获取实践性知识最有效的途径是教师之间的交流。可见，基于同伴互助合作交流的教师群体效能感是促进教师自身专业化发展的重要途径之一。吴康宁指出，国外研究表明教师在执教数月后，其态度与同事的相似性大大提升，学校的管理者、同事及学习者都是教师职业社会化的重要影响因素。

2. 有助于英语教师群体的成长

同事是合作的伙伴，教师之间应是相互学习并共同提高的伙伴关系。英语教师的群体合作为教师教育者之间的相互交流提供了平台。具有不同智慧水平、知识结构、思维方式、认知风格的英语教师们通过表达、分享、协作等方式，把自己的教学和科研知识、体验与其他教师分享，既能使其他教师受到启发，又能弥补自己的不足，实现经验利用的最大化。

当教师群体在整体上搭配合理时，就汇聚成了共同的方向，显示出不断优化的趋势。教师个体在群体中取长补短，同时其不断碰撞出的新知识又带动着整个群体的更新。这使教师群体始终处于动态平衡发展的状态中，最终实现共同发展。

3. 有助于学校的持续发展

高等教育是一个以知识活动为主要特征的社会系统，在高等教育系统内部，知识被发现、保存、完善、传递和应用、围绕知识运行是高等教育系统的主要特征。积极的教师群体效能感和卓越的教师群体是发展的决定性因素，构建良好的教师发展群体对其建设和发展至关重要。

（二）提高英语教师群体效能感的策略

鉴于教师群体效能感的重要性，如何更好地发挥教师的群体优势，营造群体氛围，实现教师群体对教师教育者个体专业发展的促进功能，已成为研究的重点。

1. 创造合作环境

学校管理者应转变为教师群体文化的构建者，实施人文化的教师管理，营造民主、开放的交流环境，帮助协调教师和各部门之间的关系，为教师间的合作交流创造机会，从而有效提高教师的群体效能感。

在科研方面，英语教师很难凭一己之力承担某一项科学研究。通过合作完成课题研究促进发展是增加教师群体效能的重要途径之一。以课题研究为依托，组织教师集体备课、学习、讨论，既能帮助教师潜移默化地提高自身的专业知识和素养，又能使教师增强对群体的信赖感、认同感和责任感，从而形成群体凝聚力，更高效地提高学校的教学质量和促进教师自身的职业发展。此外，学校应建立一个集专业知识收集、分类、检索、分享和交流等各个环节为一体的完整的校园网络系统，从而既满足教师个人不限时地在线学习，又为教师提供共享平台。

2. 建立教师专业学习共同体

在信息化时代，鉴于教师队伍内部人员的水平参差不齐，若能充分发挥老教师和青年骨干教师在团队中的指导作用，形成默契的合作小组，建立起教师专业发展的学习共同体，就能实现教师在合作中的自我超越，最终实现教师群体的共同发展。

以教师个体的自身成长为关注焦点的专业学习发展共同体的核心是教师之间基于平等的合作，共同体内部成员之间交流思想、经验、教训、情感以及各种学习资料和成果等，共同进步。在以“自发”和“自愿”为基础的教师群体合作文化的规范下，教师能在一个互信的环境中相互激发、共同探究、共同讨论教育教学上的失败和不确定性。在此群体效能下，教师能够从同事那里获得更多专业发展所需要的工具性支持和社会情感支持，从而更加自信。因此，无论是现实中的共同体，还是虚拟共同体，都能促进教师之间的合作；而教师间积极正面的群体效能，又反过来使团队中的成员之间联系得更加紧密。

3. 更新理念，实施发展性教师评价

要提高教师的群体效能感必须要提倡发展性教师评价，即在宽松的环境下让评价对象自觉主动地发展，从而体现评价对象的主体价值。在关注结果的同时要更加关注过程，充分挖掘教师的潜在价值，最大限度地调动教师的工作积极性。

从教师间的相互听课来说，教师在自愿的基础上与他人合作、相互观摩彼此的课堂教学、随后交换信息并进行客观分析，不仅能提高自己的教学能力，还能加强彼此间的理解和认同，带来职业上的愉悦和满足。在教师人际关系评价方面，强化相互欣赏，淡化挑刺；在教师工作质量的评价方面，强化敬业精神，淡化分数；在教师工作方式的评价方面，强化团队合作，淡化个人竞争。只有这样，才能减轻教师的心理压力，促进健康和谐人际关系的形成，从而营造一种取长补短、集思广益、切磋研究、密切配合的良好工作氛围，提高教师在群体文化中的满意度，加强教师的群体效能感。

三、职业幸福感

教师的职业幸福感是教师基于对幸福的正确认识，为了实现职业理想，在教学岗位上产生的一种满足、愉悦的生存状态。

（一）对英语教师职业幸福感的相关研究

1. 国外的相关研究

下面主要介绍学者们对教师职业幸福感的研究情况。

关于幸福感的研究兴起于 20 世纪 50 年代的美国。1967 年，威尔逊在《自称幸福的相关因素》中首次评述了对幸福感的研究，也拉开了对幸福感理论及实证研究的序幕。根据马秀敏的综述，国外关于教师幸福感的研究进行得较早，成果也较为丰富。国外学者把影响教师职业幸福感的主要因素归纳如下：

（1）教师的自身特征和外部环境的相互作用。

（2）教师的可控因素，如教研过程中的成就感、学习者的进步、教师在课堂上的角色和责任等。

（3）不受教师控制的因素，如学校的管理制度和风格、教师的工作量和工作条件以及薪酬待遇等。

2. 国内的相关研究

在国内，叶澜教授的《让课堂焕发生命的活力》开启了对我国教师职业幸福感的研究进程。蒋业梅分析了影响女教师职业幸福感的因素，提出了促进女教师职业幸福感发展的有效途径，并指出在自身和外界的压力下英语女教师的职业幸福感不断流失。胡春琴以 138 名英语教师为研究对象，探讨了英语教师的专业发展和幸福感的相关性，发现英语教师的专业发展情况整体良好，英语教师专业发展水平与幸福感之间呈显著正相关关系。

陈学金、邓艳红对我国近年来发表的 48 篇有关教师幸福的量化研究文献进行了分析，指出现有研究中存在对教师幸福感的认识缺乏完整性、研究内容及方式存在诸多局限性等问题，建议应编制出适合中国国情的教师幸福感测量量表，明确不能以偏概全地研究教师全体的幸福感。

（二）英语教师职业幸福感的影响因素

教师这一职业崇高而神圣，但不少相关研究发现许多教师在从教多年以后职业幸福感逐渐消失，甚至产生了职业倦怠感。

1. 个人因素

自扩招以来师资一直短缺，大量的新手教师加入了英语教师队伍。因此，在以青年教师为主的英语教师队伍中，存在平均年龄、学历、资历和职称较低的现实问题，在专业发展方面受到诸多限制，如进修机会少、课题申请困难、科研经费不足等。

另外，新手教师所具备的理论知识大都缺乏具体经验作为支撑，因而在教学理论、教学实践、师德培养等方面都与成熟教师存在差距。但过于繁重的教学任务、不断改革的教学观念和课题模式，以及职称、家庭和健康等方面的压力又使新手英语教师无暇顾及自身专业的发展。他们把教学工作作为“谋生手段”，消极地、无创造性地重复每天的教学工作，身体和心理一直处于疲倦和压力之中，工作满意度和职业幸福感较低。

马斯洛的需求层次理论指出，人在满足物质需要后，才会寻求高级需要的满足。因此，教师的职业幸福感也要有充分的物质条件做保障。虽然国家已经出台了一系列旨在提高教师待遇的政策法规，但从总体上看，教师的薪酬与付出远不成比例，这打击了教师的工作积极性，降低了教师的职业幸福感。

2. 学校管理因素

在学校管理方面，学校的规章制度复杂，教师除了要完成常规的课堂教学外，还要应对各种比赛、考核和评比。原本旨在激励教师的考核成为束缚教师发展的桎梏，使教师难以专心地追求工作的内在价值。

在职称评比、绩效评估、奖金分发等方面的不平等，导致教师缺乏工作动力。在教师评价方面，评价标准比较单一、评价体系不完善；在教学氛围方面，有些学校的领导、教师和学习者之间的人际关系较为复杂，致使教师每天都生活在紧张的工作环境中，感受不到人与人之间的友谊以及教育事业所带来的快乐。

学校对英语教师的期望值高，但却没有为其提供更好的发展平台，在缺乏资源的氛围下，教师的消极情绪得不到合理的宣泄，职业倦怠感滋生，职业幸福感逐渐减退。

3. 社会因素

在“科教兴国”的背景下，教师的社会地位和职业声望不断提升，职业身份有一种自觉的认可度，但同时社会对英语教学的过高期望给教师带来了巨大的精神压力，这在很大程度上影响了教师的职业幸福感。

（三）提高英语教师职业幸福感的策略

教育的理想是培养幸福的人，幸福是现代教育的终极价值。在提倡教师专业发展的今天，如何让教师在专业发展的过程中体验职业的幸福感显得尤为重要。

1. 提高英语教师的专业化水平

教师的专业发展是提升教师教育者职业幸福感的重要途径。教师专业发展水平直接决定着教师的教学方式、师生互动以及教师在教学中获得的幸福体验。教师的专业发展越充分，构建幸福课堂的能力越强，教学效果越明显，教师的职业幸福感就越强烈。

（1）英语教师要调整自己的角色，不断接受各种在职培训和继续教育学习，永葆对知识的渴求之心，同时通过反思日记、专业成长等活动，对自己的过去及现在的教学科研工作进行批判反思，逐渐提高对自身专业发展的认识，积极规划自身的专业发展方向。

（2）应健全科学、客观、公正的教师职业绩效评价机制，从物质与精神两个角度积极营造适合教师专业发展的环境，使教师专业发展从个体走向群体，从被动走向主动，自觉提升自己的专业化水平能力。

2. 提升英语教师的职业认同感

教师的职业认同感是教师在内心对其所从事的教育职业的价值与意义的肯定，并能体验教书育人的幸福感。教师的职业认同感强调教师从自身的教学经历中逐渐发展，确认自己的教师角色。教师这一职业既是谋生手段，也是实现自我价值的生活方式。对教师这一职业的认同感是教师享受职业幸福感的心理基础。使“生活方式”成为教师的职业观是教师职业幸福感的真正来源，教师职业幸福感是内化于教师生活方式中的。教师职业理想的实现带给教师的幸福体验是物质刺激无法代替的。

林丹认为，教师职业幸福感缺失的根本原因在于教师将职业作为一种“谋生手段”。因此，要想使教师真正获得职业幸福感，应使“生活方式”成为教师的职业观，即使教师的职业幸福感内化于教师的生活方式之中。刘熠发现英语教师职业认同研究作为一个较新的研究课题，在定义的清晰化、研究框架的理论化以及研究方法的系统化等方面有着较大的发展空间。因此，探索英语教师的职业发展认同感，对教师的个人专业发展以及全国英语教学发展都具有重大的理论意义和现实意义。

3. 改善英语教师的生活状况

幸福是精神、物质双重满足的状态。要想改善英语教师的生活状况，可从以下两个方面入手。

（1）一定的物质保证是英语教师职业幸福感的根基所在。英语教师只是通过从事学校的公共英语教学工作获得基本收入，这降低了他们的专业发展动力。因此，政府应该加大英语教学经费的投入力度，一部分用于补贴英语教师的工资，另一部分作为培训英语教师师资的专项经费。社会各方面都应不断改善英语教师的生活条件，满足教师的合理需求。只有建立一个内具公平性、外具竞争力的教师薪酬管理体系，才能稳定教师队伍，调动教师工作积极性，使教师将教学职业升华为生活方式。因此，稳定的经济收入是提升英语教师职业幸福感的必备条件之一。

（2）除了使教师获得稳定的经济收入外，高雅的生活情趣与和谐的家庭关系也是教师幸福感的重要来源，能够为教师的职业幸福感提供有力的保障。总之，英语教师的职业幸福感直接关系着英语教学质量的提升和整体师资队伍的稳定，对社会教育事业的健康发展具有重大意义。因此，分析教师职业幸福感的特征，探寻教师职业幸福感的来源，提升教师职业幸福感的体验能力，对于教师的个人专业发展和教师队伍的建设均具有重要意义。

第三章　高校英语教师的语言意识探讨

高校英语教师语言意识的定义是“教师所掌握的能够保证其有效开展教学的关于语言隐性系统的知识”。按照这个定义，高校英语教师语言意识主要是指教师的专业知识（subject-matter knowledge）及其对教学的作用，换言之，这种知识就是能够使二语教师有效地分析语言、理解语言的工作机制，并且能够判断言语的可接受性。

第一节　国内外英语教师话语研究概述

一、国外教师话语现状研究

最早对教师话语进行关注和研究是在国外。20 世纪五六十年代，话语研究在国外开始了，美国的哈里斯（Harris Z S）和米切尔（Mitchel）两人于 1952 年在《语言》（*Language*）杂志上发表论文，哈里斯提出了“语言不是在零散的词或句子中发生的，而是在连贯的话语中的”的观点，从此打开了话语分析的大门，之后越来越多的人开始关注话语的研究。20 世纪 60 年代，贝拉克等人将话语分析推向了另外一个领域，即对课堂话语的关注和研究，他指出，课堂话语可以分为“建构—引发—应答—回应”四个步骤，这个观点给了广大教师和研究者新的启发和灵感。

20 世纪 70 年代，西方学者开始关注教师话语在课堂的重要性，于是先后涌现出很多优秀的专家，对教师话语的研究作出了卓越的贡献。如 1975 年辛克莱（Sinclair）和库塔（Coulthard）提出了“IRF”三话步模式，可以说这个观点影响了全世界的教师话语研究，对今天的课堂话语描述依然有着深刻的影响和指导意义。

之后在跨学科和学科细化发展的背景下，话语分析研究呈现出学科交叉的特征，涌现出大量多学科视角的教师话语研究，比如语言心理学、语言文化学、语用学等，跨领域专家也开始从自己的视角对教师话语进行研究。这期间还出现了大量专业杂志、教材以及专著，如《话语过程》（*Discourse Process*/Van Dyck & RoyO. Freedle）成为各大高校的教材；1975 年 Sinclair and Coulthard 在其著作 *Towards an Analysis of Discourse*: *The English Used by Teachers and Pupils* 中提出了“教育话语分析层面应考虑语言层面的句子分析和社会层面的程序和过程”，为后来的教师话语反思研究奠定了基础。

20 世纪八九十年代，学者对于教师话语的研究更加深入和系统。如 Chaudron（1988）从语言学的角度对教师话语从语速、话语停顿、发音调整、词汇调整、语法调整、话语调整等方面研究了教师话语的特点。同时期，克拉申（Krashen）提出的输入假设理论（$i+1$）也为教师话语研究注入了新鲜的力量。Ellis（1994）归纳了教师话语的研究成果，为教师话语研究提供了大量梳理的材料，勾勒了教师话语研究的历史和现状。

2006 年，英国纽卡斯尔大学学者 Steve Walsh 出版专著《课堂话语研究》（*Inesligaing Olusroom Discourse*），在专著中，他做到了教师话语研究的两个突破：课堂互动能力（CLC）的概念和教师话语自评框架。这个概念和框架的提出解决了课堂互动中教师话语的研究难题，在随后不到六年的时间里，他和他的团队又分别从不同的视角开展了一系列实证研究，《课堂语言探究——行动中的语言（*Expelring Classroom Dianguae Action*）成功地将话语分析法与教学反思实践结合起来。

二、国内教师话语现状研究

（一）国内教师话语研究述评（1997—2010 年）

国内教师话语研究相对来说起步较晚，直到 20 世纪 90 年代交际教学法从西方传入我国，才开始有学者对教师话语研究进行关注，如刘云杉[1]在《教师话语权力探析》中通过对我国现行小学语文课本人物形象所承载的意识形态的分析，指出了我国中小学教师的规范性话语内容具有浓厚的政治性

[1] 刘云杉．教师话语权力探析［J］．南京师大学报：社会科学版，1997（3）：5.

和大众性，而超越性和理想性、时代性和包容性颇显淡薄；赵晓红[1]在《大学英语阅读课教师话语的调查与分析》中提出教师话语量和反馈方式对大学英语阅读课堂的影响；随后梅艳、罗颖、王银泉等分别从教师话语量与质、教师提问技巧等角度对教师话语作了研究。

进入21世纪，我国学者对于教师话语的研究日渐丰富，研究的视角渐渐扩大，包括教师话语量、教师话语与学生动机研究、克拉申输入理论对课堂的反思等；研究范围涵盖了小学语文、中学语文以及大学英语等不同的学科模式。如杨慧琴在《论TT对ELT的影响——（新编大学英语）》课堂教学探索中从教材的角度出发，在教学个案中探讨了教师话语对学生学习兴趣的影响。张敏在《在从自然言语与教师话语的风格差异谈教师话语的效能》中研究了教师话语的风格和特征对英语教学的影响；李家霞在《外语教师话语的修辞特点与使用原则》中，分析了外语教师话语在言语环境主客观因素的制约下所呈现的修辞特点，并探讨了其使用原则，旨在提高外语教师话语的效能[2]。2005年起我国学者对教师话语的研究更加深入，开始探讨教师话语的功能。

2010年，教师话语研究吸引了更多学者的研究和关注，同时对于教师话语的实证研究也开始增加。如：刘学惠研究了师范生课堂话语建库、分析和应用；裴学梅对高中课堂互动进行了抽样研究；赵丹丹探讨了“输入假设理论在英语教学中的应用”，提出了教师话语应是可理解性的。

（二）国内英语课堂教师话语研究述评（2010—2020年）

通过CNKI查阅发现，2010年起国内对于教师话语的研究掀起了另一个高潮，发表文章的数量增加到250篇，2011—2016年文献数量连续六年在310篇左右，由此我们可以发现，国内越来越多的学者和教师关注和参与教师话语研究，并取得了大量的成果。由此可知中国学者对于教师话语研究的广度和深度。

---

[1] 赵晓红．大学英语阅读课教师话语的调查与分析［J］．外语界，1998（2）．

[2] 李家霞，东野圣时．外语教师话语的修辞特点与使用原则［J］．基础外语教育，2003（3）：83-85.

（三）有的研究者从教师话语量与课堂活动的关系进行研究

如马美兰❶在《大学英语课堂师生话语量与课堂互动的调查与分析》中提到，使用一堂课进行的实证研究发现“教师话语大部分执行的是指示、解释、下定义、提问、更正、催促、命令和要求等言语行为，同时，其次序又与日常对话不太一样，还包括课堂训练、听写、小组讨论等。可以说，教师控制课堂话语的主题、决定学生的回答是否相关或是否正确，甚至学生何时和表达多少等，这也是为什么学生讲话时间较少（29.8%）的原因”❷。张晓蕾、李柳英等从二语习得的角度研究了输入理论对教师话语的启示，其中张晓蕾提到“教师语言输入应该是可理解的、应该是非常有帮助的、应该是非常有意义的、否定输入是必要的”。

王小净、朱雪艳❸在《从礼貌原则看大学英语教师的课堂用语——以课堂展示（Presentation）教学活动为例》一文中分析了教师的上课问候、课堂指令、教师提问和反馈等方面的课堂用语中所体现的礼貌原则，发现“教师的上课问候、课堂指令、教师提问和反馈等方面的课堂用语中所体现的礼貌原则，指出英语教师遵循了礼貌原则并将其运用于教师课堂用语中，更能使课堂气氛欢快，消除学生胆怯心理，使学生发挥到最佳状态，从而达到理想的教学效果”。徐玉红、张华❹依托研究项目 JJWYZD2012028，发表论文《教育生态学视角下的大学英语教师话语探析》，从教育生态学的视角出发，对大学英语课堂中教师话语的现状及特征进行调查和分析；至此，国内对于教师话语的研究出现了多视角、多学科、多模式的丰富研究。如从生态学角度对于教师话语的研究，范春香❺在《教师教学的生态话语分析》一文中提出“就教师教学生态话语的构件而言，身体是话语的物质前提，情感是话语的基本操作领域，文化是话语蕴含的意识内容。教师教学生态话语的表达方式包括开放式提问、随机性对话、模糊性表达、幽默式语言等形式”。另外随

❶ 马美兰．大学英语课堂师生话语量与课堂互动的调查与分析［J］．南昌教育学院学报，2010（4）：127.

❷ 马美兰．大学英语课堂师生话语量与课堂互动的调查与分析［J］．南昌教育学院学报，2010（4）：127.

❸ 王小净，朱雪艳．从礼貌原则看大学英语教师的课堂用语——以课堂展示（Presentation）教学活动为例［J］．英语教师，2011（12）：13.

❹ 徐玉红，张华．教育生态学视角下的大学英语教师话语探析［J］．大庆社会科学，2013（6）：3.

❺ 范春香．教师教学的生态话语分析［J］．大学教育科学，2013（6）：69.

着教学改革的推进，在创新的课堂模式背景下，教师话语研究也更丰富和多样化。翻转课堂下的教师话语研究方面，唐小毅❶在《翻转课堂模式下的英语教师话语研究》中指出“研究发现：①翻转课堂的教师话语量少于传统课堂；②翻转课堂的教师提问参考性问题多于传统课堂；③翻转课堂的教师反馈与传统课堂差异不大”等研究结论，促进教师话语研究在新时代的发展。随着微课在英语教学中的发展和应用，不少学者也着手于多模态视角下微课中教师话语的特征和作用。例如李明、王燕❷在《多模态微课课堂话语的语用分析》分析了微课中课堂话语的特征，并指出“教师适当地出现在微课视频中，运用非语言和伴语言形式，通过生动的语气、表情、音调来强化和凸显其他模态，有利于拉近与学生的距离，让微课显得更具人情味，顺应社交语境”。此外，很多研究者还对微课中教师话语特征以及教师角色构建、多模态课堂中教师话语等进行研究。因此国内对于教师话语的研究愈加深入。同时也出现了很多基金项目，并通过知网搜索“教师话语”发现，国家社会科学基金 15 项，研究涵盖了大学英语、中小学以及思政课堂；国家自然科学基金 3 项，包括刘净然《人际功能视角下大学英语课堂教师话语分析》等；全国教育科学规划课题 8 项，包括卓晓孟《课堂场域内师生话语冲突及其调适——基于 A. L. 科塞功能冲突理论》。此外还有很多省级基金项目也都涵盖了该话题，如江苏省、湖南省、陕西省、浙江省，河南省、四川省等共有 32 项基金项目，涵盖了对教师话语不同层次不同角度的研究。

第二节　高校英语课堂教师话语分析

一、高校英语课堂教师话语的目的性

英语课堂教师话语只有与教学活动的目的相吻合，且有效促成教学目的的达成才是有效的，即意味着课堂中教师说的每一句话语都应该有一定的目的。Cazden 总结了课堂话语的三种状态，即个体话语、课程话语和控制话语，并

❶ 唐小毅．翻转课堂模式下的英语教师话语分析［J］科教文汇，2020（3）：166.

❷ 李明，王燕．多模态微课课堂话语的语用分析［J］．湖北经济学院学报（人文社会科学版），2016，13（7）：191.

设定了三种话语功能：表达性功能、命题性功能和社会性功能[1]。在这个意义上，作为特殊话语场合的英语课堂教师话语主要有以下三种目的。[2]

（一）人际交往

课堂环境是师生共同生活的场域。作为话语主体的教师需要发起话语与学生进行日常交际，包括问候、寒暄、感谢、致歉、请求、告别等；也包括个人资源交流，如询问、质疑和分享等信息的交流与情感的沟通；还有针对课堂行为的话语反馈，如同意、赞同、建议或评价等。教师通过自我称谓指称的个体性话语参与到情境活动中，在语境现场与学生真实地进行积极而得体的人际交往，真实地表达情感、态度和思考等，不仅维系了师生关系，也为学生提供了良好的话语榜样。

（二）教学目的

课堂环境也是学生学习知识和提高技能的主要场所。教师结合教学目标与学生语言基础，通过命题性功能的话语教授语言知识、传递话题信息，或通过重复目标语言来强调关键特征，或通过重述输入多种语言形式等。教师也通过提问来检测学生对知识的理解和希望获得的信息，或通过意义协商激励学生进行可理解的语言输出，也通过反馈话语支持、监控、修正和评价学生话语等。教师话语应以多种有效的话语策略，为学生提供丰富可理解的语言输入，进行有意义的互动交流，推动学生输入、吸收和输出语言知识，帮助学生建构语言知识和提高语言技能。

（三）组织活动

以教师为主导的课堂教学环境，是一种特殊的社会活动场所，有特定的社会组织与独特的情境场所，如不同风格的班级群体、多元的学生差异和特定语境下的任务活动等，这些课堂的社会性特征都需要教师话语来维持语言学习的话语秩序，如规范、反馈、制约或促进课堂师生和学生间互动交流的行为，建立课堂话轮分配规则和积极的课堂话语环境等。教师应选用简约的多种形式的指令性话语向学生清晰地传递明确的课堂规则，或选用建议性、请求性话语与学生进行协商，来保证课堂活动的顺利完成。

---

[1] Courtney B. Cazden 教师言谈：教与学的语言［M］. 蔡敏玲，译 . 台湾：心理出版社，2001.

[2] 程晓堂 . 英语教师课堂话语分析［M］. 上海：上海外语教育出版社，2009.

二、高校英语课堂教师话语的主题性

教师教授知识的同时，也在师生互动中不断地表达思想和传递信息，即教师通过话语和学生共同建构一种基于话题信息交流的课堂文化，而学生的语言学习就是课堂文化的产物。为了保证课堂互动中信息交流的连贯性，师生要围绕一个话题或主题进行交流。如此，即互动过程中交流的是彼此有关联的信息。教师话语的主题性主要对学生有以下两个作用。

（一）储存与积累语言资源

教师结合现实话题激活学生已有的话题背景知识，提炼具有主题（theme）或话题（topic）意义的话语主线创建语境意义，将话题信息融合到自己的话语中，对学生进行语言输入和互动交流。如此，不仅能引导学生感知和理解话题语言所表达的意义和传递的信息，还能领悟话题信息发生的语境特征，即话题信息的交流是在什么语境下发生的、怎么发生的、交流的什么内容等，引发学生模仿和学习该话题语境下教师话语的语言表达方式，理解该话题信息的语用特征，帮助学生将关于话题的语言信息储存、积累成交际表达的语言资源。

（二）输入与建构语言知识

教师将目标语言，包括话题词块和语法知识，以话题信息的形式精心加工和处理让学生可注意到、可理解的和凸显的话语内容，有效地循环出现在话题语境中与学生互动交流，引发学生在语境中注意、感知、理解、吸收与特定话题语义场相关的语言知识，让语言知识通过话题意义得以整体输入与储存，并转化为可利用的输出语言，引导学生感知与理解特定的语言知识在什么语境下使用、为什么使用和怎样使用的语用特征，有助于学生在以后的相关语境中，一旦话题线索被激活，就能自如地整体提取相关话题的语言知识，将所学语言知识转化为交际输出技能。因为学生与教师通过话语进行的互动过程就是他们学习使用语言的过程，学生使用的语言也是他们学习的内容。

三、高校英语课堂教师话语的支持性

在教学过程中，教师话语要辅助学生学习语言知识、完成语言任务和提高语言技能，即教师话语是否有效取决于是否支持学生自主建构语言知识。教师话语对学生主要有以下三种支持作用。

（一）示范作用

英语课堂中有大量教师讲解语言知识、解释语言内容、示范文本对话、发送活动指令或互动交流的话语，要礼貌、得体，符合话语具体语境的需要，即在什么场合说什么样的话语；要明确、清楚和简洁，让学生容易理解、明白教师的意图；还要真实、规范、逻辑连贯，便于学生直接模仿与学习运用。

（二）支架作用

课堂中学生说话的机会直接关系到学生在课堂上的参与程度，而且学生说话的质量和思维也直接关系到学生建构知识的能力，关系到学生语言学习的效果。教师话语要为学生搭建语言建构的支架，包括情感、认知和思维上的语言支架，给予学生必要的提示和引导，引导学生说出正确的语言，还要鼓励学生说出自己想要表达的语言。

教师话语要创设一种安全、民主的话语氛围，帮助学生减少语言表达中的焦虑和无力情绪；还要适时输入话题语言形式，为学生提供语言表达的形式和内容支架。教师可理解的输入话语和意义互动话语要为学生奠定一定的思维起点，还要在学生现有水平和教学目标所需水平之间搭设思维支架，帮助学生提升语言能力和思维能力。一旦学生获得并掌握这些语言知识和技能后，教师就撤去旧的话语支架再搭建下一个新的话语支架，支持学生分层次、分阶段获得更高层次的语言技能。

（三）纠错作用

教师有效的纠错话语可以帮助学生在不中断信息交流和意义协商的过程中，获得感悟思考和自主修正的机会，还能减少学生语言学习过程中的焦虑与紧张情绪。对于学生一时紧张或疏忽出现的语误，也称作语言行为错误，教师可以不必当堂纠正，只需关注信息交流的意义。但如学生的语言错误严重影响了理解、表达和交际，教师要采用不同的话语方式即时指出与纠正。如教师可以通过用声调重复学生错误，以强调关键内容来引起学生注意，进行自我纠正；或重新措辞，用正确的语言形式重述学生话语，既对学生话语内容表示肯定，又反馈语言的正确形式；或通过澄清请求、确认核实等方式进行话题交流中的意义协商，引导学生自行纠错；或采用同伴纠错等多种话语策略。

四、高校英语课堂教师话语的协商性

教师是课堂的行为主体和话语主导者，也是复杂多层 IRF 混合话语结构的发起者。IRF，即教师提问——学生回答—后续提问（Initiation－Response－Feedback/Follow-up）的课堂交际模式。话语主体（师生或生生）之间基于话题进行意义交流和信息传递，是一种师生互动的会话式交流模式。但当互动交流出现问题时，教师应通过意义协商的话语策略，及时调整自己的话语，推动下一话轮。教师话语在师生互动中的协商性多体现在以下二个环节。

（一）输入语言环节

课堂环境是依据师生交际活动而不断变化的话语环境，教师话语也将不断地进行现场调整，如通过提问调整、转换话轮与话题等，在与学生进行意见协商和互动交流的过程中输入语言，增加语言知识有意义复现和运用的频率，引发学生在获得输入时就注意到语言的形式和意义，注意到不断变化的语言现象，包括语言特征与语用语境，并把自己注意到的语言知识与已有的语言经验联系起来，从而注意到自己语言和目标语的差异，将学到的语言知识通过外在的话语交流得到内化，并且能够监控和修正自己的语言形式，有助于正确输出语言。

（二）组织和参与活动环节

除了简洁、清晰的单向指令性话语表明活动目的和方式，教师通过互动交流来指导和组织活动，如教师可以通过介绍或解释性话语、标记语、控制话轮与话题等多种话语策略，不仅让学生明确任务活动的要求，还有自然衔接师生互动上下话域的逻辑；或教师可以通过确认核实、澄清请求、提问调整、重新措辞等话语方式参与活动，鼓励学生重新组织自己的语言，也激励学生主动插话和提问，在话轮的自然转换中延续语言意义的交流；或教师以自我参与活动的互动式或协商式话语，即教师先与个别学生进行双向的话语互动参与活动，示范给其他学生，让其他学生明白要做什么和怎么做，还能明白为什么做和怎么做更好。通过协商性话语理解活动意图的学生，在参与活动中也会自动进行意义协商与同伴互动，而当学生在意义协商的过程中，为了让对方听懂和理解自己的话语意义，需要进行确认、澄清、调整、重复、重述或修正自己的语言，包括真实的停顿、犹豫、打断、结巴和辅助手势、母语等。当学生能够有效说出自己想说的内容，交流自己想要表达的意义时，就是自己建构语言知识的过程，也是将语言形式、意义和语用有效融合的学习过程。

一节英语课能否促进学生学习，最大程度上取决于教师话语是否有效。综上分析，以目的性、主题性、支持性和协商性为特征的教师话语，可以创建学生语言学习的语境，提高学生的活动参与程度，提升学生的语言技能，促进学生的语言学习。

第三节　高校英语教师语言意识的培养

一、高校英语教师语言意识

Hales 强调教师的专业知识构成了其语言意识："语言意识可以被定义为对语法、词汇和语音特征，以及不同语言形式在构建语言意义过程中的作用的敏感度。"

我们分析一下课前和课中教学活动的实质，很明显，教师的专业知识和语言能力的紧密关系显得格外突出。在备语法课的时候，具有语言意识的教师既要考虑与语法点相关的显性知识，也要考虑自己本身对该语法点的交际运用能力，这样在教学中关于该语法点的任何讲解不仅要利用专业知识，还要运用自己的语言能力进行有效的讲解，也就是说，讲授的内容和讲授语言（课堂用语）交织在一起。

导致高校英语教师语言意识复杂性的另一个因素是教师的学生意识，即对学生目标语能力发展水平（即中介语）的意识，这是保证教师量体裁衣式地解决语言问题的基础。"一个具有良好语言意识的教师不仅懂得语言的工作机理，而且知晓学生是怎样处理语言学习过程，并且对学生的语误和中介语特征高度敏感。"按照二语习得理论，每个学生都有自己处于不同阶段的中介语，这也是每位教师面临的巨大挑战。

根据上述讨论，高校英语教师语言意识的界定包括以下四个方面：

(1) 教师的语言意识/知识包括专业知识和语言能力，它涉及对专业知识和语言能力两者的反思，并且语言能力是反思的桥梁。

(2) 教师所需的语言意识/知识与受过良好教育的语言使用者的语言知识/意识有质的不同。相比之下，英语教师需要较高层次的隐性和显性语法知识来促进有效的课堂交流。“作为教师，他们应该是高效的交际者，这样才能作为学生学习的样板，同时，有效的二语教学需要教师拥有这样的知识和运用这些知识实现交际目的。二语教师也需要对这些知识、能力以及语言的隐性系统进行反思，以保证学生获得最大化的学习输入”。

(3) 教师的语言意识/知识具有元认知性质，它涉及对认知的认知。换言之，高校英语教师语言意识不只是通过教师运用自己的语言水平来实现专业知识的传播，它还包括对专业知识和语言水平反思的认知维度，这是教学策划和教学实施的基础。Andrews 曾经用“教师元语言意识”突出强调了这种元认知维度的重要性。

(4) 教师的语言意识/知识还包括学生视角下的语言意识，主要是对学生中介语的意识，此种意识包括对学生中介语现状及其发展过程的赏识以及母语和英语语际差异与互动过程的意识。对学生和学生视角的意识还包括对教材语言内容难易程度的意识。

因此，教师的语言意识可以定义为“教师的专业知识、语言能力、学生中介语意识与明显的隐性和显性语法知识的总和，以及对这些能力和知识的反思和元认知能力”。

二、高校英语教师语言意识与学科教学知识

高校英语教师语言意识与 PCK 紧密相关。PCK 是“教师特有的一种职业素养、它把教学内容与学生现有的有关知识，以及如何运用列举、类比等方法来讲授教学内容紧密结合起来，采用多种方法帮助学生有效完成既定的教学任务”。最初提出 PCK 概念的初衷是要求教学研究人员应该研究教师对学科内容的认知及其与教师课堂教学之间的关系。他列出了几种教学知识基础的类型，但其中学科知识和教学知识之间的关系处于最重要的地位、“区分各种教学知识基础的关键在于学科知识和教学知识的交叉点，在于教师能在多大程度上把自己的学科知识转化为能够适应不同能力和不同背景学生可以

接受的知识形式”。

近年来的研究认为，PCK 是一个包含所有达成有效教学的知识基础，除了最为重要的学科知识和教学知识的关系外，关于学生的知识、主题知识、主题信念、课程知识、教学信念以及语境知识等都混合在一起，共同成为专家型教师的知识基础。在语言教学中，教师的语言知识、学生的母语背景以及他们对英语形成的概念，再加上课堂里母语和英语交织在一起，多种因素相互冲突，甚至有人因此认为 PCK 的概念不适合英语教学，我们需要具有语言意识的教师来解决和处理这些冲突，通过分析 PCK 和上述关于高校英语教师语言意识的特征，通过模型说明了 PCK 和高校英语教师语言意识之间的关系。本模型表明，高校英语教师语言意识正好在语言水平和专业知识之间构建起一座桥梁，它既是教学过程中对语言能力的一个反思维度，又是英语教师 PCK 的一个组成部分，而且与其他组成部分相互作用。“了解学生”是高校英语教师语言意识不可或缺的组成部分，而“专业认知”却说明了知识与信念相互之间的密切关系。

高校英语教师语言意识的概念用的是“意识（awareness）”一词，而不是“知识（knowledge）”，其中的区别在于“拥有知识”和“对这些知识的运用”，也就是所谓的陈述性和程序性维度。高校英语教师语言意识既包含陈述性维度，也包含程序性维度、其中陈述性维度是以专业知识（即对于语言系统的知识基础）为核心的。传统上关于语言意识的研究一直和语言教师培养紧密相连，使用“意识”一词也是为了强调拥有专业知识和运用专业知识（即意识）的不同。如前面章节的讨论，知识和意识密切相关，英语教师需要深入、广泛的目标语知识才能促成其意识，专业知识是教师语言意识概念的核心；反过来，没有意识相应的支撑，教师只能满足于展示自己关于语言的知识，而不能真正有选择地运用这些知识促进学生的语言习得。

三、高校英语教师语言意识与教学理论

教学理论的分类归纳为三大类：语法教学法（Focus on Forms）、语言形式教学法（Focus on form）和意义教学法（Focus on meaning）。

语法教学法一直是国内外英语教学中长期采用的教学方法，这种方法把目标语分解成各种语言点，通过分门别类的教学，最终使学生掌握该语言的

"全部"规则。语言形式教学法强调在课堂教学过程中关注意义和交际的同时，及时引导学生关注其中的语言要素，这些语言要素的教学并非是提前设定的，代表性的教学理论而是任务型教学法。意义教学法常常称作"自然教学法"，其典型特征是所谓的"零介入"，这类方法不涉及语法规则的教学，而完全依照学生母语发展的过程，其理念是如果允许学生"自然地"构建自己的中介语，那么课堂教学便会更加有效。

如果采用语法教学法、培养学生对于语言的显性知识，那么，无论是传统的"PPP（讲解—练习—使用）教学"模式，还是"意识提升"模式，或者是"输入强化"模式，只要是以语言本身为主线的教学大纲，高校英语教师语言意识必然会从备课到给出修正反馈的各个环节中起到至关重要的作用。

形式教学法的典型方法"任务型教学法"有"强式"和"弱式"之分，强式任务型教学中由学生自己习得语言形式，而教师很少介入；弱式任务型就需要教师在任务的前后根据学生在任务完成过程中的表现进行规则讲解。不论是"强式"任务型教学还是"弱式"任务型教学，都要求教师遴选恰当的学习"任务"、该任务的语言要求、学生的现有语言水平，更为重要的是，与语言相关的问题是在学生进行"任务"的过程中反映出来的，而不是预先计划和设定的，这就需要高校英语教师语言意识帮助教师判断是否需要介入、何时介入、如何有效介入。

如果课堂教学强调"零介入"，高校英语教师语言意识的作用似乎不很明显。但是即使不考虑一个有效课堂的多种因素，按照克拉申的输入假设理论，教师也必须考虑如何营建一个富有输入的课堂环境，使课堂成为一个主要的可理解性输入的来源，因此他们也必须对学生现有的习得水平做出准确的判断，然后遴选能够提供可理解性输入的语料、设计恰当的挑战性任务，并把自己的课堂用语控制到稍高于学生现有的语言水平，这样才能保证习得的发生。这些任务要求很高的高校英语教师语言意识水平。

由此可以看出，不论采取何种教学模式或者教学理论，高校英语教师语言意识都是有效实施课堂教学的保证，还构成了语言教师的知识和教学技能的基础。

四、高校英语教师语言意识对教师行为的影响

近年来，关于高校英语教师语言意识对教师教学行为影响的研究业已产

生了不少成果。高校英语教师语言意识弱会导致下列后果：

“教师不能够预见学生在学习中需要解决的问题，从而不能够有针对性地备课；不能够对教学大纲和教材进行解读并做出适应学生特殊需求的调整；不能够有效地处理语言错误和解答学生的疑问；整体上缺乏有效讲解语言现象的话语能力，从而失去学生的信任”。

高校英语教师语言意识对教学过程多个方面的影响，包括备课过程：撰写、评估和修正教材；理解、解释和设计大纲；评价学生的学习表现；等等。他们认为缺乏语言意识主要表现在课堂教学层面：“例如教师不能够找出并弥补教材的不足，或者被学生的问题问倒”，而且无论是母语还是英语教师，都会面临同样的问题。

高校英语教师语言意识在教师教学行为如何体现的问题对语言教师培训者进行了调查，总结出高校英语教师语言意识在课堂层面上体现为：

（1）对于语法术语的知识；

（2）能够准确理解术语相关的概念；

（3）对交际过程中意义/语言的意识；

（4）反思语言和分析语言形式的能力；

（5）能够选择和划分语言层次，进行语法点的分解教学；

（6）能够从学生角度分析语法；

（7）能够从学生角度预见语法学习的难点；

（8）能够自信地临场回应学生关于语言的问题

（9）能够独立思考应对语言问题；

（10）能够用简单的元语言解释语言问题；

（11）具有“语言正确性”的意识，并能够就语言用法的可接受性观点说明理由；

（12）具有对语言作用机理的敏感性/意识。

与上述两种对于高校英语教师语言意识作用的观点具有相似特点的研究还有 Leech 所谓教师的“交际型成熟语法知识”的讨论，他认为理想的语言教师应该：

（1）能够表述出语法和词汇相互作用形成交际体系的概念；

（2）能够分析学生遇到的语法问题；

（3）有能力也有自信按照准确性、恰当性和表达力的标准评估学生对语法的运用；

（4）能够意识到母语和英语之间的异同关系；

（5）了解并能够应用简化程序向不同语言学习阶段的学生讲解显性语法知识。

上述关于高校英语教师语言意识内涵的研究还有许多值得斟酌的地方，例如：如何界定“简单的元语言”；“语法词汇的相互作用”只是局限于短语、句子和结构的层面，而完整的连贯语篇中形式与意义相互关系没有讨论；“简化程序”中教师应该如何控制自身的语言运用以满足教学的需求；高校英语教师语言意识是否还应该包括教师对口语语法特征的意识；等等。但是上述研究人员列举出来的特征均关注了提供“输入”（即学生学习需要的目标语案例）的过程中教师应具有的知识、意识和能力。虽然二语习得理论关于语言习得过程的观点不尽相同，但是必须为学生提供有效的输入这一语言习得的先决条件是所有研究人员一致的观点，即任何成功语言教学均需要大量的目标语输入。因此，高校英语教师语言意识的意义就在于其对课堂环境下形成有效的语言输入的方法产生的影响。

对于我国学生来说，英语学习主要在课堂里进行，这种情况下，语言输入主要有三个来源：教材、同学和教师本人共同提供了语言输出。学生可能从教材和同学那里直接获得目标语输入，但是来源于这两个方面的输入也可能经过教师的协调或者“重构”的影响。比如，在使用教材的过程中，教师可能对教材中某些语法点的表达和练习进行适当的调整，或者在讲解阅读理解的时候要求学生关注某个语法点的课文意义和作用；同样，教师也可能对其他同学输出的语言进行隐性的修正、评价，并进而形成新的语言输入。

教师也是目标语输入的重要来源，其发生的方式可能是讲解新的语言点、运用课堂用语进行课堂管理或者布置课堂任务和作业等。对自己的语言可能成为目标语输入的意识会使教师仔细构建自己的言语，这也体现了高校英语教师语言意识的“过滤”作用。在一堂课中，教师会输入大量未经有意识监控的目标语，这些言语都会形成“未经过滤的语言输入”。高校英语教师语言意识“过滤”无疑会影响到教师协调或者重构目标语输入的种种选择和决策，包括教材中的语言、同学输出的语言以及教师输出的语言。

五、高校英语教师语言意识对教学过程的影响

前面的论述说明了语言的两个因素对高校英语教师语言意识“过滤”作用至关重要，其中之一的专业知识对高校英语教师语言意识的教学实践尤为关键，它构成了高校英语教师语言意识的陈述性维度。比如，在语法教学的备课、施教以及课后反思等所有环节中，教师的思维、行为和反应明显要依赖于其扎实的内隐语言系统知识储备；但是，教师的显性语法知识虽然是高校英语教师语言意识不可或缺的组成部分，却不能够完全保证所有教师都能以最利于教学的方式解决语法相关的问题。

另一个重要的语言因素就是教师的语言水平，它不仅影响到教师对语言的反思，它还会直接影响到教师协调所有三个方面语言输入的语言结构准确性和语用的恰当性。这两个因素共同影响着教师的语言输出和协调另外两种输出的方式。第三个关键因素就是教师的学生意识和对学生中介语水平的意识。这三种因素与教师关于语法教学的信念、先前语法教学的经验等形成了教师的“职业因素”，这些因素和教师对语境的认知、对语言的自信程度等共同对高校英语教师语言意识的教学实践构成巨大的影响。除了职业因素外，态度因素也会受到环境因素诸如课程进度、时间压力等的影响。

上述各种影响因素对教师解决语言相关问题的主动性、对教学行为积极反思的能力以及反思的深度等都有很大影响。高校英语教师语言意识的程序性维度描述了各因素对高校英语教师语言意识的教学实践产生的主要影响。

教师的主要课堂任务是指导和促进学生的语言习得，而课堂各个环节的进展质量都会受到高校英语教师语言意识水平的影响。备课阶段高校英语教师语言意识的体现首先是能够确认语法点的关键特征，并使这些特征能够在语言输入材料里得到凸显。其次，教师要设立最恰当的教学目标、选择能够实现这些目标的教学材料和课堂任务，保证这些材料和任务适合学生的年龄、与先前学习内容的衔接、现有的语言发展水平，而且有助于取得预计的学习成果。

在备课的过程中，按照上述三种因素在高校英语教师语言意识实践中的作用，我们可以归纳出下列高校英语教师语言意识对备课的影响。

（1）环境因素方面：教师是否感觉有足够的时间备课、对教学内容是否

具有足够的自由掌控力、是否认为学生积极配合课堂教学。

(2) 态度因素方面：教师是否对语言相关的问题感兴趣，并认识到自己直接处理这些问题的重要性；教师对自己的显性语法知识和语言交际能力有信心；教师是否很自信地规划本节课的语言学习内容。

(3) 职业因素方面：教师是否掌握扎实的显性与反知识、良好的交际语言能力，并且具有从学生的角度理解语言问题的意识；教师是否具有积极的语法教学经验。这些因素共同对教师课前能够反思语言问题具有很大的作用，影响着备课过程中选择教学要点、在输入材料中凸显这些要点，并使学习任务与学生水平和教学目标相一致。

同时，高校英语教师语言意识对教师在课堂上的一系列活动都产生了影响，如：协调输入的来源、在教学材料中凸显语言点、提供范例和反馈、监控学生和自身的语言输出、协助学生依据输入材料构建假设、控制输入材料中可能的混乱、不断反思所有输入协调工作对学生理解的影响等。认真地备课在一定程度上有助于教师应对这些教学挑战，但是在课堂上，许多挑战需要实时解决，也就是说，高校英语教师语言意识的程序性维度任务执行需要涉及很多个人素质，如想象力、洞察力、敏感度、反思力、快速反应能力、迅捷调用专业知识储备的能力、良好的个人交际语言能力以及长期的学生意识等。

课堂教学中，高校英语教师语言意识的影响力可以归纳为：

(1) 教师是否在教材的语言内容和学生之间起到了桥梁的作用，能够突出语言点的特征；

(2) 教师是否对正式的教学材料做到了“过滤”，能够注意到并避免其中的误区；

(3) 教师是否对自身的言语输出进行了“过滤”，以保证其结构准确、用法恰当、表述清晰、适合学生水平并有助于学生进行概括；

(4) 教师是否对学生的输出进行了“过滤”，对各因素的协调能够站在学生的角度，而且准确、具体、明确；

(5) 教师是否能够“实时过滤”，及时应对课堂上语言方面的问题；

(6) 教师是否能够运用元语言恰当、正确地支撑学生的学习。

第四章　高校英语教师专业化发展的理论依据

20世纪50年代后期，西方著名学者富勒（Fuller）提出了自己在教师专业发展方面的研究结论，即教师教育工作开展的不同阶段往往呈现出不同的特征，简言之，教师教育呈现出明显的阶段性特征。随后，学者们对这方面的研究逐步深入，形成了一个全新的研究领域。

第一节　心理发展理论

从心理发展理论角度来看，教师显然是成年的学习者，其认知与学习的原理是建立在皮亚杰（Piaget）的认知发展理论、佩里（Perry）的认知发展理论、亨特（Hunt）的概念发展理论等基础之上的。这些理论都将心理结构的改变与发展作为研究的核心，认为人的心理结构往往会随着年龄的改变而发生变化，这一过程存在着一定的层次与顺序。

大量研究都证明这样一个事实，即教师自身的心理发展情况与其专业素质与能力拓展之间具有十分密切的关系，教师的心理发展程度不同，在专业素质与能力方面的表现自然也就不同。也就是说，如果可以通过一定的教育与培养工作提高教师的心理素质，那么这对于教师的专业能力发展而言也是大有裨益的。

例如，学者格拉斯伯格（Grassberg）通过自己的研究提出了针对教师教育的具体计划，从而在一定程度上提升了教师的心理素质以及认知发展水平。在实际的研究过程中，这位学者得出的结论是教师教育计划确实可以帮助教师提升自己的心理发展水平，并有效提高他们的专业技能。

一、皮亚杰提出的观点

皮亚杰的发展阶段理论认为，心理发展过程是一个内在结构组织和再组织的过程，过程的进行是连续的，但由于各种发展因素的相互作用，心理发展具有阶段性。各个阶段有其独特的结构，标志着一定的年龄特征。由于各种因素，如环境、教育、文化以及主体的动机等的不同，阶段可以提前或推迟，但阶段的先后次序不变。各个阶段的出现，从低到高有一定的次序，且有一定的交叉。每个阶段都是形成下一个阶段的必要条件，前一阶段的结构是构成后一阶段的结构和基础，但前后两个阶段之间有质的差异，这种观点把发展看作一个一维线性的发展过程。

二、埃里克森提出的观点

埃里克森（Erikson）认为，每个人在生长过程中都普遍地沿着生物的、生理的、社会的和事件的发展顺序，按一定成熟程度分阶段地向前发展。他把人的一生按照成长中遇到的冲突与危机划分为八个发展阶段，每个阶段都有各自的发展任务。一是婴儿期（0~2 岁），发展信任感和克服不信任感。二是童年早期（2~4 岁），获得自主性而克服羞怯或怀疑。三是游戏期或学前期（4~7 岁），获得主动感和克服内疚感。四是学龄期（7~12 岁），获得勤奋感而克服自卑感。五是青年期（12~18 岁），建立同一感和防止同一感混乱。六是成年早期（18~25 岁），获得亲密感以避免孤独感。七是成年中期（25~50 岁），获得繁殖感而避免停滞感。八是老年期（50 岁以后），获得完善感而避免失望和厌倦感。

埃里克森把人的一生划分为上述几个阶段，但是这些阶段不是一维线性的，并不是一个阶段不发展下个阶段就不能发展，而是多维的，每个阶段实际上不存在发展不发展的问题，而是发展的方向问题，即发展有好有坏，发展是在好坏之间进行的。

三、金斯伯格提出的观点

金斯伯格（Ginzberg）研究的重点是从童年到青少年阶段的职业心理发展过程。他认为，职业在个人生活中是一个连续的、长期的发展过程。我们从童年时期就开始孕育职业选择的萌芽，随着年龄、资历和教育等因素的变化，每一个人的职业选择也会表现出不同的特征。一个人的职业发展如同其身心发展一样，可以分为三个阶段，每个阶段都有不同的特点和任务，如果能够顺利完成，就能达到各个阶段相应的目标；如果前一阶段的任务不能很好地完成，就会影响下一阶段的职业发展目标，最后导致职业选择时发生障碍。金斯伯格的上述划分可通过表 4-1 表示。

表 4-1 金斯伯格的职业选择阶段

阶段划分	各阶段任务或选择特征	
幻想阶段（0 ~ 11 岁）	想象将来会成为什么样的人，并且在游戏群体中扮演所喜欢的角色，职业期望由兴趣决定，不会也不可能考虑能力和社会条件	
尝试阶段（11 ~ 17 岁）	兴趣期	与幻想期相联系，兴趣是职业选择的主要基础
	能力期	开始将自己的能力与兴趣进行比较，以考察其一致性
	价值观期	将职业选择与价值观相匹配，进行尝试性职业选择
现实阶段（ 17 岁以后）	探索期	将兴趣、能力、社会价值和个人价值进行调和并规划职业
	成型期	在探索其成败的基础上产生明显的职业模式
	明确期	个人选择了特定的职业和专业

资料来源：朱旭东，2011。

四、莱文森提出的观点

莱文森（Levinson）的研究重点是成年人。他在 20 世纪 70 年代对成年人进行访谈，探讨成年人生涯发展与年龄之间的关系，将成年人的发展归纳为三个发展时期，每个时期又分为两个小的阶段。具体的划分如表 4-2 所示。

表 4-2 成年人生涯发展与年龄之间的关系

阶段划分		各阶段任务
成年转折期（17~22 岁）		此时期为进入成年早期的转折期，协调个体与家庭之间的关系，由依赖到独立
成年期（22~40 岁）	进入成年人世界（22~28 岁）	个人在此时已逐渐成熟为一个完全独立的个体，进入社会工作谋生，学习社会技巧，创造新的生涯模式
	适应（28~33 岁）	重新反思自己的生命结构，并考虑是否调整或改变
	稳定（33~40 岁）	个人已形成某种固定的与统整的工作形态和生命结构
中年转折期（40~45 岁）		这一时期是个人生涯发展的一个重要危机时期，个体在检视自己的生活中，可能因为认知到理想与现实的不符与冲突，容易出现焦虑，不安恐慌的情绪，若能顺利解决或统合这一时期的所有问题，将更能产生完美的人生

续表

阶段划分		各阶段任务
中年期（45~60 岁）	进入中年期（45~50 岁）	由于中年期转折的危机解除，所以个人会表现得成熟睿智、深思熟虑而呈现继续成长与进步的现象；反之，有些人则呈现退缩与发展迟滞的现象
	50 岁转折期（50~55 岁）	由于生理的老化、工作压力与心理的倦怠，面临角色转变、地位丧失的危机
	高峰期（55~60 岁）	这一时期是个人成就的巅峰时期，其一生的事业至此达到最高点，此后便逐渐衰退，直到退休而撤离工作岗位
晚年转折期（60~65 岁）		这一时期是进入晚年期（老化期）的转折期，面临退休及角色转变的问题，同时逐渐规划建立自己的退休生活
晚年期（65 岁以后）		（对这一时期，莱文森的研究样本中缺乏实证数据，所以这一时期的特征未知）

莱文森的研究样本主要取自 35~40 岁的男性成年人，因此样本的代表性不足。但是，他认为每个时期都具有转折期，且这一时期的主要任务是对原有生活的重新怀疑与评价，以便做出生涯选择与决定而创造出新的生活模式。同时，每个时期的发展由许多因素构成，包括生理、社会关系和职业地位等各个层面的变化，这为后续的研究奠定了基础。

综上所述，心理发展理论主要是从心理学的维度对教师的专业素质发展以及能力拓展展开理论层面的研究，探讨二者之间所具有的各种密切关系。这种理论研究摆脱了教师教育发展过程中所受到的生理年龄因素的制约与束缚，而是从心理阶段入手，分析其与教师专业素质与能力发展之间的各种复杂关系。如此一来，所获取的理论将有助于不同年龄阶段的教师达到同等的业务发展水平，当然这一目标实现的前提是这些教师需要具有大致相同的心理发展水平。

第二节　综合研究理论

虽然国内外众多学者从不同角度与层面对教师专业发展理论展开了细致、深入的研究，也取得了一定的成效，但是，有的学者仍然认为这些理论并不能从整体上来影响教师的专业发展。为此，相关学者提出了综合研究理论。

一、提出综合研究理论的原因

教师专业发展阶段的心理发展理论、职业周期理论、社会化理论从不同侧面向我们展示了教师专业发展的过程，但是如果从前面认定的教师专业发展结构来看，这其中的任何一种仍然难以给我们提供关于教师专业发展较为清晰的、综合的纵向发展轮廓，这可能主要有以下两大原因。

首先，教师本身是一个统一、完整的人，如果仅从职业周期、心理发展、社会化等其中的一种角度来分析，就难以反映教师专业发展的全部。从横向上说，受特定视角的局限，以上几种理论中的任何一种都难以反映专业发展结构的各个因素的变化。

在上述理论研究中，心理发展体系侧重描述人处理抽象关系的思维方式的改变过程，在特定阶段，人要具备相应有效的判断和解决问题的能力，以便更清楚地认识自己生活的方向和意义；职业周期理论是以人生需经历的重大事件及解决来描述人的发展变化过程的，它要求人在特定的年龄，解决特定的人生问题；社会化体系实际上是研究教师的角色适应和角色冲突的解决过程，这些理论体系下的研究只是与教师专业发展的某些方面而并非全部相关联。从纵向发展来看，这些理论在分析教师专业发展中的某一阶段可能较适合，但难以适应各个阶段的分析。

其次，以上这些理论似乎并没有从正面回答教师专业发展到底是怎样一个过程。有了这些研究结果之后，人们对于教师专业发展仍然是“雾里看花”，因为这些研究对教师作为专业人员最为重要的专业技能体系和个人对教学专业内部自主的获得过程缺少研究。

二、综合研究理论的代表人物

为了更如实地反映教师专业发展的复杂过程，为今后的研究提供更加合理的理论体系，许多学者做出了努力。利思伍德（Leithwood）以及贝尔和格里布里特（Bell & Gillbreyt）便是突出代表。

（一）利思伍德

学者利思伍德没有沿着以往人们单一的思维模式来研究教师的专业发展，他在总结自己阶段研究理论的基础上，提出应该从不同的角度、层次来研究与探索教师发展的不同阶段，即采用一种综合的观点。这位学者指出，教师专业发展的过程中不仅涉及个人的心理发展，而且涉及其职业周期发展、专业技能发展，这三个方面是相互独立、相互依赖的，三者之间的关系是十分密切的。

利思伍德对教师的各个发展阶段进行了综合研究，通过对教师自我方面的发展、道德方面的发展、概念方面的发展的研究之后，他将教师的专业发展具体分为以下几个阶段：

第一个阶段：处于这一阶段的教师拥有简单、单纯的世界观与价值观，在判断自己面对的事物时，出发点往往是非黑即白。他们非常坚持原则，所奉行的最高准则就是将权威作为善良的代表，他们眼中所有的问题只存在一种答案。这一时期的教师通常鼓励学习者持有顺从心理，进行一些机械的学习行为，不提倡学习者持有求异思维，在课堂上也是主导者，对学生具有绝对的权威。

第二个阶段：教师主要表现为“墨守成规”，他们特别容易接受他人的期望。教师的课堂有着传统的特征，课堂规则十分明确，无论学生之间有什么差异，或者有什么特殊情况，学生都必须严格遵守规则。

第三个阶段：这一阶段的教师完成自己职责的出发点通常是凭自己的良心，此时教师的自我意识是比较强烈的，他们已经可以看出一些情况下可能出现的各种可能性。教师可以依据各种不同的、具体的情况采用不同的规则，他们已经将各种规则内化，做到灵活运用。在这一时期，教师对学生的成绩以及未来发展十分关注，他们会认真设计、教授每一节课，同时注重教师与教师、教师与学生之间良好关系的建立。

第四个阶段：教师较有主见，同时尊重课堂等社会情境中人际关系的相互依赖性。处于这一阶段的教师，已经能够较好地协调提高成绩和建立良好人际关系之间的关系，能够从多角度分析遇到的课堂情境并予以恰当处理。因为这一阶段的教师对指定课堂规则的原理已经有所理解，所以他们在应用规则时显得更加灵活、明智。这些教师的课堂，师生之间密切合作，强调学习的意义、创造性和灵活性。这时，教师自身的认知加工复杂程度提高，所以也鼓励学生有相应的表现。

通过上述分析可以得知，教师本身的心理素质有高有低，这往往导致他们表现出不同的工作效能：心理认知水平较高的教师与心理认知水平较低的教师相比，在教学中所发挥的作用更加充分，表现更加灵活多变，也可以承受更大的工作压力，而且具备较强的环境适应能力，可以采用更加多维的角度来看待问题且采取相应的对策与方法。

处于不同认知阶段的初任教师，在如何看待和处理课堂问题上也有差异。低认知水平的教师不能有效地激发学生的动机，认为课堂中的纪律问题应该由学校负责；而高认知水平的教师强调尊重学生，认为对学生应采取理解和宽容的态度，要理解学生的个别差异，强调要促进学生学业和个人成长。从初任教师的陈述中可以看出，教师所处的认知阶段是决定教师如何看待课堂事件的重要因素。

教师这一专业发展的过程自然与教学、教育知识和技能掌握相关，不过它们是教师专业发展的必要条件，而不是充分条件。

（1）教师在课堂教学中应该多尝试和使用新的教学策略，同时尽量放弃控制课堂，对学生充分信任，让他们通过自主学习的方式或者小组学习的方式掌握知识。对此，实现这一目标的前提是教师的心理发展至少需要在第三阶段，也就是说，教师教学应该尽职尽责，凭良心教学，更要具有很强的自我意识，对多种情况下出现的各种可能事件有一个心理上的预期和准备。

（2）教师的专业技能发展依赖于教师对多种可能性、人机互动关系的综合处理能力，依赖于解决个人需要与个人责任之间矛盾的能力，以及其他高级心理能力。如果忽视教师专业技能发展与教师心理发展之间相互依赖的关系，促进教师专业发展的教师培训计划就难以取得预期效果。

同样，教师的专业技能以及职业周期的发展过程也是相互交织的，存在着密切的关系。对于教师的职业周期发展过程而言，前三个阶段与教师职业技能的前四个阶段之间关系密切，在一定程度上可以认为，教师专业技能的提升将有助于教师职业周期的顺利完成。

（二）贝尔和格里布里特

利思伍德对已有的描述教师专业发展体系的突破是从横向上强调教师专业发展职业周期、心理发展和专业技能发展之间的相互依赖，而贝尔和格里布里特则试图在纵向上通过模糊教师专业发展明晰的阶段界限划分来更如实地反映每一位教师专业发展的实际经历。

贝尔和格里布里特通过自己的研究提出了新的教师专业发展模式，即演进模式，他们二人都十分反对人们通过刻板的专业发展阶段模式来研究教师的发展。严格意义上而言，贝尔和格里布里特所提出的演进模式主要是从宏观层面上来看的，指的是教师整个职业生涯所经历的宏观发展过程；而前面所探讨的阶段发展模式则主要是从微观层面来分析的，用来说明教师何以取得自己的专业发展。

贝尔和格里布里特指出，阶段模式虽然承认教师按照阶段的发展过程可以加速或滞后，但认为发展的顺序是不变的。而实际上，在很多情况下教师可能会跳过其中的某一个或几个阶段，呈现跃进式发展状态。从已有的对个别教师专业发展的追踪研究结果来看，所谓阶段，只不过是一种概念，而不是每一位教师的发展过程的真实写照。

贝尔和格里布里特认为，教师专业发展的阶段模式存在的一个最大的不足之处就是不能如实地反映不同教师处于不同情境中所具有的各种差异，因而他们提出了教师专业素质与能力发展的演进模式。在对这一理论进行表述时，两位学者并没有使用阶段，而是对教师的专业发展情景进行了区分，分为如下三种情景。

（1）确认与渴望变革。

（2）重新构建。

（3）获得能力。

第三节　职业周期理论

职业周期理论研究的是以人的生命自然的老化过程与周期来看待教师职业发展过程和周期。尽管这类研究并非简单地把生命的自然成长周期直接用于解释教师的职业发展，但其阶段的划分以生命变化周期为标准，所以最终结果是在人的生命周期体系下对教师职业成长过程进行描述。

一、相关学者提出的观点

20 世纪 60 年代，对教师职业生涯的研究还寥寥无几，20 世纪 70 年代之后，这类研究在美国、英国、法国、荷兰、澳大利亚、加拿大等国家迅速增加。伯顿（Burton）、富勒、休伯曼（Huberman）等提出的教师职业生命周期阶段论以人的生命的自然衰老过程与周期来看待教师的职业发展过程与周期，其阶段的划分以生命变化周期为标准。划分的发展阶段具体如表 4-3 所示。

表 4-3　教师职业发展阶段研究

名称及研究者	阶段划分
教师发展阶段（伯顿，1979）	求生阶段、调整阶段、成熟阶段
教师职业周期动态模式（富勒，1985）	职前教育阶段、入职阶段、能力形成阶段、热心和成长阶段、职业受挫阶段、稳定和停滞阶段、职业低落阶段、职业退出阶段
教师生涯发展模式（司德菲，1989）	预备阶段、专家阶段、退缩阶段、更新阶段、退出阶段
教师职业周期主题模式（休柏，1993）	入职期、稳定期、实验和歧变期、重新估价期、平静和关系疏远期、保守和抱怨期、退休期

（一）富勒的观点

富勒在这方面的研究体现出鲜明的特色，他将教师的职业周期发展结合教师所在环境以及教师个人环境等因素来考察，也就是说，教师的职业周期发展并不是一种纯粹的行为，而是受各种因素影响的一种综合结果，其中比较关键的因素就是教师所在环境以及教师个人环境。富勒认为，教师职业周期是一种灵活、动态的发展过程，并不是线性、静止的发展过程。他将这一发展过程分为如下几个主要阶段。

第一阶段是职前阶段，这一阶段是教师特定角色的准备期。一般说来，是在师范学院或大学的初始培养阶段，也包括教师担任新角色或工作时的再培训阶段。

第二阶段指的是教师工作的最初几年时间，这也被认为是教师刚入职的界定。此时，教师需要从社会角度来认识教育系统，熟悉和学习平时的教学教务工作。作为一名新教师，他需要努力获取同事、学生、学校等方面的认可，所以在处理自己遇到的各种问题时往往会十分卖力，力求实现令人最满意的效果。

第三阶段是形成能力阶段，教师努力提高教学技能和综合能力，积极寻找新资料、新方法和新策略。这时的教师渴望形成自己的技能，易于接受新观念，经常参加各种交流会和教师培训活动。

第四阶段的教师处于成长以及热心的状态中，虽然他们的教学能力已经很高，但作为一种专业人员，时刻也不能停止进取的脚步。在这一时期，教师的表现是十分热爱自己的职业，每天都按时到校，争取在工作中再次创新，热衷于研究各种不同的教学模式，总结自己的教学经验，改进不足之处。可见，这一阶段所体现出的核心内容就是热心和较高的职业满意度。

第五阶段是职业受挫阶段。教师在教学中遭受挫折，职业满意度下降，是这一阶段的突出特征。这种挫折多数发生在教师职业生涯的中期。

第六阶段是稳定和停滞阶段，教师除了分内的事外，不想做任何事情，虽然可以接受工作，但不再追求优秀和成长，只是满足于现状，满足于做到对教师的基本要求。

第七阶段的教师对自己的工作已经丧失了以往的热情，处于泄劲时期。在这一阶段，教师所呈现的状态可能是比较轻松、愉悦的，因为他们就快要离开这一教学岗位了。他们会经常回忆自己曾经的教学成绩，对他们而言这是一个十分美好的往事。然而，有的教师也可能处于心情苦涩的状态中，原因有可能是他们是被迫离职的，或者是十分急切地想要离开教师岗位。

第八阶段是职业退休阶段。这是教师退出教学岗位之后的时期，可能是年事已高，正式退休，可能是自愿退职，还有可能是为了寻找自己更为满意的职业。

富勒对这一模式以四个场景为例做了特别说明，强调了这一模式的动态性质。分析说明以上八个阶段并非一定是某个教师职业周期的真实写照，而是在个人和组织环境作用下，教师不断进入或者退出的动态变化过程。

第一个场景：

假如有这样一位教师，他正处于“成长以及热心”的教师发展阶段，对自己的工作非常积极、热爱，而且在工作中可以通过努力找到多种不同的教学方法，为课堂教学带来十分浓厚的课堂氛围。然而，就是在这样一个工作的巅峰时期，学校通知他不能再继续给学生上课了。对他而言，这显然是一次重大的职业受挫事件，很有可能导致他直接进入“泄劲阶段”或者“职业退出”的特殊阶段。

第二个场景：

假设有一位处于“热心和成长”阶段的教师，发现自己的孩子犯罪了。这一精神打击使他的所有精力丧失殆尽，他可能会停留于“稳定和停滞”阶段，以便把更多的精力放在解决家庭问题上。

第三个场景：

假如有一位教师正处于教师发展的第六阶段：工作稳定、停止发展，每天都是混日子，虽然头脑比较聪明，然而对教学的态度不端正，仅要求自己完成工作任务，并没有精益求精的追求。在这时候，有一位善于识人的领导看到了这位教师的状态，对他进行工作上的鼓励，于是就让这位教师重新回到了“热心和成长”的重要阶段。

第四个场景：

一位教师处于即将离职的“泄劲阶段”，这时发生了一件意外的事情，她的丈夫突然去世。面对个人生活的骤然变化，她可能会对“职业泄劲”的决策重新估价，在不同性质的个人和组织环境的作用下，她可能树立教学志向进入“热心和成长”阶段，也可能退回到“稳定和停滞”阶段。

从上述场景可以看出，就教师职业周期的动态性、灵活性而言，富勒的模式的确有独特之处，但也有欠缺的地方。

首先，富勒的教师发展模式具有灵活性、动态性，然而在具体的表现方式上呈现出循环性特点，这好像意味着教师的专业发展的具体路线仅仅是一种重复或者循环，完全忽视了其他发展形势、方式、路径的可能性。

其次，与其他教师阶段发展研究体系类似，影响教师专业发展的因素和关键事件多限于偶然、突发因素，而那些相对稳定、具有持久作用的事件和因素则几乎没有涉及。

最后，富勒在勾勒教师职业周期的发展轨迹时，太过关注教师整个职业生涯所遇到的各种转折点，对于处于稳定阶段的职业教师在完善自己的专业结构时所经历的情况并没有展开详细的论述与研究。

（二）休伯曼的观点

20 世纪 70 年代，休伯曼等学者开始对人生的不同阶段展开研究，并取得了显著的成果。20 世纪 70 年代末期，这些学者开始对教师专业发展方面进行研究，他们在研究过程中所采用的研究方法不再局限于心理学领域的方法，而是将心理学、社会心理学等领域的方法结合起来进行合理运用。他们在这方面的研究所体现出的一个突出特点就是，对教师职业周期中各个时期的主题进行了研究与探索，进而根据教师对不同阶段、不同主题所给出的不同表现，区分出多种发展的有效路径。这一研究与之前的研究相比，可以更加真实、有效地反映教师的职业发展路径。休伯曼等学者认为，教师的职业发展周期具体可以分为以下几个阶段。

第一阶段是入职期，时间在工作后的第 1~3 年，这一阶段可以概括为“求生和发现期”。“求生”主题与“现实的冲击”相联系，课堂环境的复杂性和不稳定性、连续失误等，使得教师对自己能否胜任教学产生怀疑；同时，教师由于有了属于自己的班级、学生、教学方案，又表现出积极、热情的一面。

第二阶段是稳定期，时间在工作后的第 4~6 年。这一时期，教师决定投身于教学工作，初步掌握了教学法，由关注自己转向关注活动，不断改进教学基本技能，形成了自己的教学风格，表现出自信、愉悦和幽默。

第三阶段指的是教师职业工作的第 7~25 年，这是一个歧变的时期。从这一时期开始，教师的发展路线有了很大的变化，而出现这种变化的原因就在于教师自身知识的积累以及教学经验的丰富。在潜意识中，这些会引导教师增加对学生、课堂的影响，即教师会针对不同的教学材料、不同的评价方法来实施个性化的教学实验。教师改革的愿望是很强烈的，这种强烈的想法使教师克服了改革过程中的阻碍因素，对教师尝试改革给予了极大的鼓励与激发，这也在很大程度上体现出教师强烈的职业动机。另外，这一时期，教师对课堂以及学生的职业责任感也是十分强烈的，往往会主动寻找一些更加新颖的教学理念与思想。

第四阶段是重新估价期。在许多情况下，教师并不经过实验和歧变阶段，而是代之以自我怀疑和重新评估，严重者可能表现为职业生涯道路中的一场危机。年复一年单调的课堂生活，或者是连续不断的改革后令人失望的结果，都会引发危机。

第五阶段是平静和关系疏远期，时间在工作后的第 26~33 年。这一阶段在教师职业生涯中表现得并不明显，主要是四五十岁教师的一种“心理状态”。许多教师在经历了怀疑和危机之后开始平静下来，能够较为轻松地完成课堂教学任务，也更有自信心。随着职业预期目标的逐渐实现，志向水平开始下降，专业投入日趋减少。这一阶段的另一个表现是与学生的关系更加疏远，对学生的行为和作业要求更加严格。

第六阶段的教师主要呈现出抱怨、保守的状态。在这一时期，教师的年龄为50~60岁，他们在经历了职业的高峰与低谷之后往往变得十分平静，而且思想相对保守。学者认为这一阶段是由第四阶段的对自我怀疑进一步发展的结果，还有可能是因为教育改革没有取得理想的结果，因而他们会经常抱怨学生没有纪律性，没有学习的动机，对年轻教师的工作态度往往不满，对社会公众不能给教育提供支持存在更多的抱怨。

第七阶段是退休期，时间是工作后的第34~40年。其他专业人员在这一时期可能会逐渐退缩，为退休做准备。而教师迫于社会压力，其专业行为没有太大改变，只是更加关注自己喜欢的班级，做喜欢做的工作。

二、职业周期理论的启示

各种教师专业发展阶段理论同中有异，异中有同，但均能完整地看待教师专业发展历程，将职前师资培育与在职教师的发展视为一个连续的过程，且凸显了教师在不同发展阶段具有不同的专业发展水平、需求、心态和信念等。教师专业发展阶段研究的启示主要体现为以下几个方面。

（一）自主性

自主性是教师专业素质与能力发展的基础，这种特性要求教师在开展教学工作的过程中充分发挥自身的主观能动性，将外在的各种影响因素转变为自身发展的一种动力。自主性还要求教师需要具备充分的自我专业发展意识，只有具备这种意识，教师专业发展才会取得令人瞩目的成效。这种意识可有效增加教师在工作过程中的责任心，促使教师积极寻找发展自我的途径与机会，进而提升自身的发展能力。

需要明确的一点是，教师专业发展的自主性特点需要受到各种具体制度的约束，也就是在一定的范围内进行对自我的控制、引导、成长，而不是那种毫无节制的发展。

（二）多面性

每个发展阶段的内涵是多层面、多领域的，教师的专业发展是一个螺旋式上升的持续过程。在教师专业化成长的不同阶段，教师教育的起点、问题以及需求不同，培养培训的内容和形式也有所不同。教师素质的提高需要根据教师专业发展不同生长阶段所面临的问题和需要来进行。因此，高校应由只重视职前培养转向强调教师教育一体化的培养模式，促进师范生的专业发展与在职教师的专业发展，促使教师专业不断成熟。

（三）阶段性

教师的专业发展呈现出明显的阶段性特征。从教师步入这一行业开始，一直到他发展成为一名优秀的教师、教育专家，其中需要经历不同的发展过程，有的学者将这一过程分为如下三个时期。

（1）师范生到入门教师时期。

（2）入门教师到合格教师时期。

（3）合格教师到优秀教师时期。

上述三个时期又可以表述为三个连续的阶段，如下所述。

（1）职前专业化阶段。

（2）入门专业化阶段。

（3）在职专业化阶段。

可见，只有将上述各个时期、阶段看作连续不断的发展过程，确保教师可以在前一个阶段的基础上顺利步入下一个阶段，也就是前一个阶段为下一个阶段做好铺垫，才能逐步得到提升与发展。

（四）终生性

教师专业发展的空间是无限的。成熟只是相对的，发展是绝对的。教师要经历一个由不成熟到相对成熟的专业人员的发展历程，这种历程是终生性的。教师专业发展是终生性的个体专业社会化过程。教师教育并不局限于职前的教师院校教育，职前的教师院校教育只是为教师专业的全过程提供基础，教师教育的外延一直延伸到教师专业生涯的最后阶段。

（五）特殊性

这里的特殊性主要是指教师专业发展所处环境的特殊性。教师职业理念实现的主要场所是课堂，学校不仅是教师自身能力发展的领地，也是学生获取知识的场所。因此，教师自身的专业发展应该与学校的环境保持一个同步变化的状态。教师的专业发展是一个长期的、缓慢的过程，其中教师的知识积累主要就是通过教学这一活动实现的。

在教学改革的大环境中，教师通过教学过程实现自己专业能力的逐步增长，巩固自己的教学实践岗位。也就是说，教师专业成长的环境就是其所在的学校环境，因而教师素质的提高必然会受到所在学校环境的深刻影响。简而言之，学校不仅是培养学生的基地，也是提升教师专业能力的基地。学校教育不仅促进了学生知识的获取，同样实现了教师专业素质与能力的增长。

第四节　自我更新理论

受特定社会背景因素的影响，国外学者多数关心教师职业变化过程的关键点的研究，对在从事教师职业时间范围内教师的专业技能如何发展并不关心。究其原因，在国外一些国家，教师职业不是铁饭碗，教师一旦表现不佳，随时有可能被解雇，所以缺少职业安全感。他们一生之中可能要从事多种职业，教师职业可能只是他们经历的职业之一。所以国外学者的研究也主要限于职业发展阶段的关键点的确定，离职、留置成了他们热衷的研究课题，而对教师内在专业结构的改进和专业技能的成长本身关注较少。

一、自我更新标准及其体系

教师的心理、社会和专业发展诸方面之间是交互作用的，教师与所处各种环境之间也有着内在联系，这使得教师专业发展路径和阶段呈现动态的、多样化的态势。为了反映这一特征，教师专业发展过程的研究与分析，必须从教师心理、社会化水平和周围环境等诸方面统一的角度予以考虑，而能够反映这一综合角度的，即是教师的专业活动及其自我专业发展意识水平。恰恰是在这一点上，已有的诸多教师专业发展的体系没有涉及。

很多人都认为，对教师进行专业考查的综合标准是教师是否具有自我发展的意识，这有助于更加系统、完善、有效地描述教师的具体发展。可见，教师的自我发展意识是影响教师专业发展过程的重要因素，具有强烈意识的教师将会更加关注自身的专业发展，对自己的职业也具有更加负责的态度，这些教师往往更容易成为“自我更新”理论的履行者。

所谓“自我更新”，即教师具有比较强烈的自我发展意识以及发展动力，能够主动、积极地承担职业范围内所应该承担的责任，可以通过对自我的反思、剖析来自我激励，通过拟定、实施专业的发展计划，调控专业的发展方向等实现自我发展与更新的目的。对于“自我更新”取向的教师专业发展，我们可以从三种意义上来分析。

首先，它是以自我专业发展意识为标准，考查教师专业发展过程的一种分析、研究体系。它以自我专业发展意识的发展为基本线索，把教师内在专业结构更新与改进的规律性作为考查的核心。

其次，“自我更新”往往被认为是教师自我发展的一种现实化过程。在自我更新理论的指导下，教师的自我发展意识比较强烈，他们会时刻关注教师的最新发展动态，将一些新的教学发展理论与自身的具体现状相结合，依据自己的发展规划以及当前的发展轨迹来实施计划。在具体的实施过程中，这些教师可以监控与调整自我的发展意识，自觉利用、创造有利的机会与条件来争取发展。

最后，“自我更新”取向的教师专业发展还可以作为一种教师专业发展新的取向和理念。与以往教师教育中的教师相比，这一取向强调教师真正成为自我专业发展的主人，教师将自觉地发掘专业生活中的有利因素，使自己的内在专业结构不断更新。

二、自我更新专业发展新理论

“自我更新”教师专业发展理论相对于以往教师专业发展理论的认识和分析，除了强调自我专业发展意识在专业发展中的重要意义，以及在教师专业发展核心——专业发展阶段划分标准和研究体系上发生的变化外，在立足点和立场等方面也有着新的变化。可以说，这是更接近教师专业发展实际而具有普遍性特质的理论，具有很强的实践指导意义。

（一）“自我更新”专业发展的价值

教师专业发展理论不仅是教师专业发展促进者、教师教育者促进教师专业发展的理论依据，更对教师自身的专业发展有着重要启发意义。而只有那些善于实行“自我更新”取向专业发展、具有较强自我专业发展意识的教师，才会较多地关注自己的专业发展，关注教师专业发展阶段理论，并自觉地利用这些理论引导自己的专业发展。提出“自我更新”取向的教师专业发展是为了提示教师关注专业发展的阶段理论，发挥阶段理论在专业发展中的作用。教师专业发展理论对教师自身发展的意义表现为以下几点。

第一，教师发展的阶段理论可以让教师对自我的发展情况进行反思与反省，这也有助于教师对自我有一个充分、全面的了解与认识。所谓反省认知，指的是对自己的学习、思维进行了解与认识的过程。对于一般人而言，自身的学习能力往往会受到学习观念的制约与限制。一些人认为，有的内容对自己而言太高深，完全不能理解，这些内容只有专家才能理解与学习，自己只要了解其中的导论内容就可以了。也有一些人认为，自己只有通过别人特别设定的环境和意境才能获取丰富的知识，因而学习的最终效果往往与学习者具体的学习过程、理解程度有很大的关系。教师作为一名学习者，对自己的教学过程到底可以理解多少、理解到什么程度等都会影响其专业发展的深度与程度。那些具有很强的自我发展意识的教师，往往在学习教师专业发展阶段理论方面比较自觉，通过学习和深入了解这些理论可以进一步巩固与强化他们的专业发展能力与意识。

第二，教师了解了教师专业发展的一般阶段之后，可以以此为基础来制订自己的专业发展计划。教师专业发展阶段的知识，为与其他教师的专业发展阶段进行比较提供了一个参照系。职前师范教育的师范生，在得到有关教师专业发展的知识后，甚至可以直接做出职业选择。如果决定做一名教师，那么其专业投入感会增强；如果决定不做教师，那么也减少了初任教师的离职率。

第三，通过描述教师专业发展的各个阶段，教师可以自发地形成一种团队与团体意识，大大减少他们心理上经常出现的孤独感。例如，任教第一年，教师在设计教学案例、教学活动、管理课堂等的过程中往往会遇到各种各样的困难，而当他们了解了这些状况是任何一名新教师都会遭遇的过程时，他们在心理上就会感到相对放松，进而通过与同伴交流、学习他人的教学经验等方式改变自己的教学状况，有效提升自己的教学技能，从而克服自己在教学过程中所遇到的问题。

第四，有了教师专业发展阶段知识之后，教师还可以意识并预计到自己的变化。菲尔德（Field）就曾把教师专业发展阶段看作一种谱系，依照此谱系，教师就可以确认自己现在所在的发展位置，并可以设定自己将往何处发展。格雷戈克（Gregore）则更进一步地把教师专业发展阶段用来设定教师专业发展的目标。对于初任教师来说，他们在了解教师专业发展的详细信息后，就会对教师专业发展过程和教学工作的方方面面采取更为现实的态度，进而降低初任教师一般遇到的不平衡程度。

第五，教师专业发展阶段的概念不仅使教师更清楚地知道在目前发展水平下，自己应当怎么做，还使教师知道为了将来的进一步发展应当怎么做。

（二）由断续走向持续的专业发展理论

“自我更新”取向的教师专业发展模式的提出，也与我们再次认识到教师专业发展的复杂性有关。影响教师专业发展的因素的范围非常广泛，既有正式因素，也有非正式因素，从时间上甚至可以追溯至中小学时期的学习经历。师范生在进入师范学校时，头脑中并非一片空白，他们对教学、学习、教师和学生等已经形成自己的观念；传统的“知识传授+学习+个人综合运用知识”的教师教育模式所隐含的学到知识等于专业发展、个人能够在初任教师阶段自行将所学知识恰当地运用于课堂教学实际场景的假设难以成立，短期的教师教育的效果十分有限。从教师工作的性质来看，传统的教师教育也存在不足。教师在学校的教学工作十分复杂，有短暂、不确定、快速变换等特点，要求教师有高度多样化的认识、情感和能力。而这样多方面的要求，难以一一具体地罗列出来，也难以体现在教师的课程之中。即在职前教师教育以后，教师所达到的专业发展水平与所要求的水平之间仍有一定差距。所以，在教师的专业发展过程中，继续保持连续的专业发展，显得尤为必要。而“自我更新”取向的教师专业发展模式不仅转变了教师从被动学习者到主动学习者的身份，而且也从局限于特定时空的、断断续续、不连贯的、缺乏内在逻辑与发展关联的教师教育转到了不受时空限制的、持续的教师专业发展。

（三）教师是成人学习者

为促使教师获得更好的专业发展，教师教育必须符合教师作为成人学习者的需要和特点。诺尔斯（Knowles）通过研究认为，以下几个原则奠定了成人学习的基础。

（1）成年人只有自己在具有兴趣或对某物有需要时才能产生较强烈的学习动机，所以兴趣、动机、需要是成年人学习的根本出发点。

（2）成年人的学习定向以生活为中心，所以合理的成年人学习应以生活场景为基本单位。

（3）成年人学习的过程中，经验是十分重要且关键的资源。从这一角度而言，经验分析就是成年人最核心的学习方法。

（4）成年人有强烈的自我引导学习的需要，所以成人教育者的作用应是让教师也参与到探究过程中来，而不是向他们传递知识而后再评价他们运用的程度。

（5）对于成年人而言，个人与个人之间的差异往往会随着年龄的增加而增大，所以就需要针对不同的成年人所具有的时间、地点、风格、速度等来提供教育。

诺尔斯所提到的成年人的学习动机、自我引导学习需要等在教师中间也是存在很大差异的，不能一概而论。不过总体而言，所列的几个方面基本符合教师专业发展的情况。

三、实现“自我更新”的影响因素

影响高校英语教师自我更新的因素主要包括内部因素和外部因素这两大方面。

（一）内部因素

内部因素对事物的发展具有关键性的决定作用。高校英语教师的发展也是如此，在很大程度上取决于教师自身的发展。这也是一些教育专家、学者基于对几所高校的英语专业课堂走访和试听后所得出的结论。具体表现为高校英语教师在英语课堂教学中重理论、轻实践，虽然对教学理论阐释得头头是道，但是具体的课堂教学实践依然采取传统的教学模式。这主要是因为教师本人对教学理论缺乏灵活运用的能力，因而教师就需要快速改变这种传统的教学模式，采取当代学生比较容易接受的教学模式，解放教师与学生在传统教学模式中的角色定位。

与此同时，教师自身的自主意识也在其专业发展过程中起着关键性的影响作用。教师自身的自主意识具体指的就是教师在具体的教学过程中有意识地对教学过程中所遇到的问题加以改进，并采取相应的自我提升、改进并发展的能力。教师的这种自主提升其个人专业知识和渴望更新个人专业知识等的能力，对教师个人的专业发展前景起着决定性作用。

（二）外部因素

高校英语教师的发展还在某种程度上受到外部因素的制约，主要表现为受外部社会环境因素的制约和影响。就目前国内的众多高校英语教师而言，一些教师的学历普遍不高，在工作之后进行出国交流和接受培训的机会也相对比较少，进而导致教师的专业发展受到阻碍。众所周知，英语是一种交流工具，这门语言需要放到具体的语境中才能更好地被学习者理解和接受，教师作为学生的引导者，其知识水平对学生的知识水平和能力起着决定性的作用。因而，英语教师的专业发展也需要高校和社会结构等外部客体提供相应的优势资源和机会。同时，英语教师的专业发展还受到外在人们对其职业认同感较差、教师周课时量较大、科研时间少等外部因素的制约。

第五节　教师社会化理论

相关学者从社会化理论角度入手，对教师的发展情况进行研究。教师作为社会中的一名成员，在其从普通人转变为专业教师的这一过程中，必然会通过自己的能力、需求、意向等与学校机构进行交涉，而这些行为就是教师作为个体所实行的多种社会化的一种表现。具体而言，教师专业社会化即社会个体作为一名专业的教学成员，通过自己的不懈努力逐渐在教学过程中承担其相应的职责，实现角色的成熟，进而实现较高的专业地位的一种渐变过程。从时间层面来看，教师专业社会化的过程不是瞬间完成的，而是贯穿于教师整个职业生涯的全部过程。

一、相关学者提出的观点

（一）盖茨尔斯和古博提出的观点

盖茨尔斯和古博（Getzels & Guba）认为，社会系统是由规范层面和个人层面这两个理念上彼此独立、实际上相互作用的层面所组成的。规范层面是机构对其中各个组成角色的期待，以达成团体的目标为原则。个人层面是个人与其人格需要的层面。两个层面相互影响而产生社会行为，如图 4-1 所示。

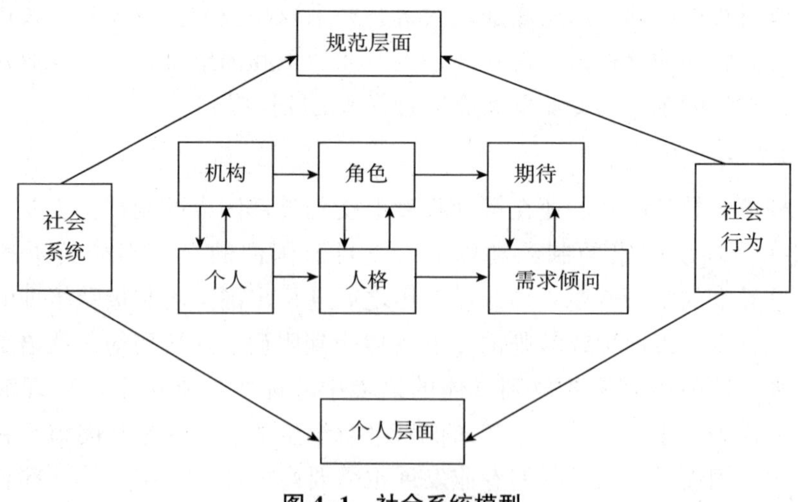

图 4-1　社会系统模型

规范层面的探讨是以社会学的观点来分析组织行为的，由于社会分工的不同而有不同的机构，不同的机构有既定的功能与运作方式。每个机构中有不同的职位与身份，每个人所扮演的角色也不同，而这种不同由期待来界定，期待即机构中的规章制度之类。

在整个规范层面中，重点要讨论的是角色。角色之间是相互联系的，一个角色的权力也许就是另一个角色的义务，如校长的角色，如果没有教师就无所谓校长，而校长监督教师的权力对于教师来说就意味着必须要尽教学的责任。因此，当我们分析一个人的角色期望时，除了其本身外，也要考虑其与相关的其他角色的关系，才能获得比较完整的信息。

角色扮演的不同主要由机构来制订，但在程度上却有弹性。对于一个角色的期待，依其需求程度不同，可从“绝对要做”到“绝对不可做”两点连成一线。线之间为规章中所制定的命令，其间的行为由团体共识来决定，有的鼓励去做，有的则不鼓励。执行与否，视个人而定，如教师根据规定要工作 7 小时，但对在课后是否需要做课后辅导则没有限制。虽然按照常理，这种行为是被鼓励的，但是教师没有做辅导，也不会违反规定。所以，一个组织对于角色的期待与个人面对的原则都有弹性。这种弹性使个体在团队中的效能发生了变化。以教师为例，教师在完成教学任务之后，校长期望有些教师做一些科研活动，而对有些教师则不再抱任何期望。这种对角色的期待不同，个体的效能也发生了变化。

个人层面的探讨来心理学的观点来分析个人行为。同一角色，同样的期望，但个人扮演方式不同，行为就不同。造成这种差异的原因除了外力因素外，还有个人人格的差异。人格的差异主要是个人需要倾向不同而致。个人的需求倾向代表着一股发自内心的动机的力量，这股力量配合着行动，目的在于完成他人对其扮演角色的期待。基本上，目标导向的需求倾向依情境不同而有等级之别，而个人的需求倾向处于动态状况。一个人在十年前与十年后所扮演的同一角色也不同。

需求目标还对个人对其环境与角色的认定起重要作用。如前所述，角色期望在“绝对要做”和“绝对不要做”之间的部分是因人而异的。一个为生理状况而忙碌的教师，将会很少花时间与学生相处，其生涯发展可能也走到了尽头。而对于一个自我实现的教师而言，在完成教学计划的同时，还会与学生相处，更好地改善自己的教学，其生涯还会向前发展。

根据盖茨尔斯和古博的理论，个人在社会系统中的行为，是由其扮演的角色和人格的交互作用而决定的，而角色和人格在其中所占的比重不同，对行为结果也会产生影响，所以整个社会行为的产生是动态而灵活的，这为教师生涯发展的研究提供了新的视角。

（二）莱西提出的观点

莱西（Lacey）在针对实习教师的研究过程中，把教师专业化过程分为四个阶段。

第一阶段为“蜜月”阶段，实习教师体会到做教师的乐趣，同时从繁重的学习中解脱出来，因而乐于从教。

第二阶段的教师对教学材料、教学方法非常重视，他们往往会积极查找和学习各种新的教学材料与教学方法来改善自己应对课堂授课的局面，提高自己控制课堂的能力。

第三阶段的教师往往处于各种“危机”中，课堂中会出现各种意料不到的问题，给新教师的心理带来极大的压力，新教师仅仅通过新的教学材料、新的教学方法往往无法应对这些危机。这一阶段虽然为每一位教师所带来的心理影响是不同的，然而大多数教师在这一阶段都会产生离开这一职业的想法。

第四阶段是“设法应付过去或失败”的阶段，这时有的教师对不得不做出妥协和改变不再感到内疚，能够坦然地用教师的姿态出现在课堂上，而不能做到这一点的教师可能会离开教师岗位。

二、社会化理论指导下的教师专业发展阶段研究

（一）无人关注的教师发展阶段

原始社会，在分工尚未出现前，教师还不是一个独立的职业。此时，家庭和氏族中的长者将生产劳动和社会生活的经验传递给幼小氏族成员，包括长者为师、能者为师、以僧为师、以吏为师等。专门的“教师”和专门的教师培养机构都没有出现，教师的发展也无从谈起。

随着生产的不断发展以及社会分工的出现，教师逐渐变成一种职业。但是，在相当长的时期内，教师没有接受专门的培训，主要由并没有多少知识的男性担任教师。这时，教师主要是作为社会的一种特殊职业而存在的。所

以，该阶段是表现为教师发展的集体无意识、教育科学研究多处于只言片语的圣人之说阶段，无法为教师的发展提供理论层面的支撑。再加上此时的教育主要为少数人享用的奢侈品，所以也没有出现专门培养教师的机构。

（二）实施职前培养的教师发展阶段

专门训练和培养教师的师范教育是现代国民教育的产物。随着公立学校的涌现，社会对受过良好训练的教师的需求越来越大。在此背景下，师范教育开始萌芽。师范教育的发展可以追溯到 17 世纪，但直到 18 世纪末，师范教育才开始在世界各国得到发展，并逐渐壮大起来。

1681 年，法国创立了世界上第一所师范培训学校，人类教师教育历史由此开始。之后，师范教育在西方国家得到快速的发展。到第二次世界大战前，西方发达国家基本建立起了系统的教师教育体系。在这一阶段，最显著的变化是由专门的机构承担教师的训练和培养。为了确保师资培养的质量，国家陆续颁发了教师教育的法规，对教师培养机构的设置、教师资格证书的颁发、教师地位等进行了规范，促使教师教育走向系统化和制度化。该阶段教师发展的任务主要由师范院校来承担，关注和实施教师的职前培养，但是忽视了对教师的在职教育。

（三）重视在职教育的教师发展阶段

高素质的教师对于提升教育质量至关重要。从 20 世纪 60 年代到 90 年代，全世界教师数量的增长超过了学生入学人数的增长，相应地，社会对教师素质也有了更高的要求，主要表现为教师的高学历化、证书化、专业化和学习的终身化。在这一背景下，教师的在职教育受到了广泛的关注，教师的继续教育机构也逐渐建立起来。

为了提升在职教师的学历层次和继续教育的质量，我国建立了系统的教师进修机构和制度。长期的格局是：师范院校主要负责教师的职前培养，教师进修机构负责教师的在职进修。这一教师教育的体制有利于满足教师发展的基本要求，同时有利于提升教师的整体素质。但是，目前师范院校和教师进修机构相互封闭、各司其职，这一格局难以满足当前社会发展和教育改革对教师发展的要求，也造成了大量培训资源的浪费，达不到预期的培训效果。

随着教师教育体系的逐渐开放，综合性大学开始进入师范院校的领地，并承担教师教育的任务。终身教育理念的引入要求对教师职前培训与职后培训的资源进行全面整合，对教师的在职教育给予关注，使教师的职前培养与职后培训实现一体化。

（四）走向教师专业发展的教师发展阶段

通过对教师发展的历史进行分析可知，整个发展历程是由无人关注到有组织的促进、从外界推进到自我驱动，教师专业发展的理念和实践是这一趋势的现实反映。

从17世纪师范教育诞生至今，促进教师发展的培养机构、培养内容、培养体系和培养制度在不断向专业化迈进。1966年，联合国教科文组织发表的《关于教师地位的建议》中就强调教师的专业性质，认为“教学应被视为专业”。1996年，联合国教科文组织第45届国际教育大会再次强调教师专业化是一种改善教师地位和工作条件的重要策略。在我国，倡导教师专业化已成为教育理论和实践探索的重点，并且取得了大量的研究成果。

教师专业化是教师发展的未来趋势，所以要研究未来教师需要具备的素养，促进教师的专业发展就显得非常必要。未来社会充满着竞争与变化，这对教师的素质提出了更高的要求。从普遍意义上讲，未来的教师应注重培养以下素质：高尚的职业道德、先进的教育理念、合理的知识结构、全面的教育教学能力、健康的身体和心理等。[1]

如今，教师专业发展备受关注，教师专业发展在不同动力推动下所呈现的状况也有所不同。政府推动下的教师专业发展，主要是为了提升教育教学质量。教育研究人员推动下的教师专业发展，主要是为高校和专门的教师进修机构的人员提供专业发展的指导，注重理论与方法的构建。教师推动下的教师专业发展，目的主要是增加教师权利、提升教师社会地位、促使其获取专业自主权。

总之，推进教师专业发展是一项十分复杂的工程，教师专业发展应立足于教师和学校的发展，对校内外资源进行合理的开发与利用，充分发挥政府、教育研究人员、学校和教师的作用。

---

[1] 魏会廷．教师学习共同体：促进教师专业发展的新途径［M］．武汉：武汉大学出版社，2014.

第五章　高校英语教师专业化发展的路径研究

目前，整个教师队伍对教师专业发展的问题存在着一些模糊的认识。有的教师认为，工作经验就是资本，不需要什么专业化；有的教师认为，教书就是把书本上的知识点讲解清楚，完成教学任务就行了，谈不上什么专业化；还有的教师认为，获得高学历就是专业化。这都说明他们对教师专业化的内涵理解不够，存在着片面性理解。因此专注英语教师专业化的发展路径成了重中之重。

第一节　高校英语教师专业化发展路径之学习共同体

一、高校英语教师学习共同体概述

（一）英语教师学习共同体的内涵

通常而言，可以从“共同体”“学习共同体”“专业学习共同体”“教学学术共同体”几个方面了解英语教师学习共同体的内涵。

1. 共同体

对共同体的概念进行纵向分析不难发现，其内涵与外延始终都处在动态的变化中。有一些学者指出，人们对共同体缺乏深入的认识，对其并没有非常明确的概念，还有些人在认识共同体时掺杂着个人的主观想法。例如，一些观点认为，社会上的每一个个体都能决定其自身共同体的构成形式，如可基于邻里关系、民族群体以及工作同事等形成共同体，并且一个人还可以同时属于多个共同体，但是，每个人对这些共同体的依附程度可能存在着一些不同，这样一来，也就使人们对共同体概念的理解趋向于更加复杂化。

“共同体”的英文表述是“community”，该词存在着多种译法，如社群、社区以及共同体等。1981 年，德国著名的社会学家滕尼斯在他所著的《共同体与社会》这本书中第一次提出了“共同体”这一概念。在这一著述中，他对两种比较常见的社会生活群体“community”与“society”进行了明确的区分，其中“community”具体指的是同质的、自然形成的，如家族、村庄和家庭等；“society”具体指的是后期形成的，属于有目的的人工制品和联合体。以滕尼斯的观点来看，共同体是建立在相关人员的本能的中意或者习惯制约的适应或者与思想有关的共同记忆基础上的。与之相反，社会是产生于诸多个人思想以及行为的有目的、有计划的协调，个人预计共同实现某一种特定的目的会于己有利，因而聚合在一起共同行动。

与共同体类似，社会其实也属于一种“人的群体”。这些群体中的人以和平方式相互共处，但是他们的这种共处不是结合在一起的，而是基本上处于分离的状态。共同体具有古老的特点，但是社会却是不断发展的。以萨乔万尼的观点来看，社会往往会受理性的引导，是建立在规则基础之上的，但是共同体属于共享的观念和价值，是建立在规范基础之上的。换句话说，共同体属于自然社会，它是以血缘、地缘和地理等因素为基础的，但是社会属于人为的联合，是以分工与合作、理性与规则为基础的。然而，步入现代社会之后，伴随着都市化、工业化以及社会流动等的加剧，所谓的自然的、同质的、原始的共同体开始逐渐走向衰落。就像涂尔干所说的那样，异质的、强调分工与合作的、团结起来的“有机关联”（社会）得到了迅速发展，并将“机械关联”（共同体）取代了。这种建立在情绪、情感以及传统习惯基础上的共同体开始慢慢地被利益驱动，被理性主导的社会所取代。韦伯认为，“本质意志”被“选择意志”所取代已经成为社会发展的大势所趋。

鲍曼也曾经指出，对于现代社会中的人们而言，共同体虽然是好的，但往往也夹杂着些怀旧的情感成分，主要是因为共同体这一成分所传递出的含义通常都预示着快乐，并且这种快乐通常是需要我们去经历并体验的。

2. 学习共同体

学习共同体的概念是以共同体为基础形成的，指在班级教育活动中，以共同愿景、价值和情感为基础，以真实任务为核心，师生、生生之间持续的、深层的合作和互动，共同成长、共同进步的学习组织与精神追求。[1] 这一界定不仅将学习共同体看成了一种组织与实体，还将其看成了一种意识和精神。

[1] 潘洪建．教学知识论［M］．兰州：甘肃教育出版社，2004.

我国学者卢强从课堂教学的视角对学习共同体的内涵进行了重新审视，并从有形场和无形场这两个层面建构了学习共同体。[1] 具体如图 5-1 所示。

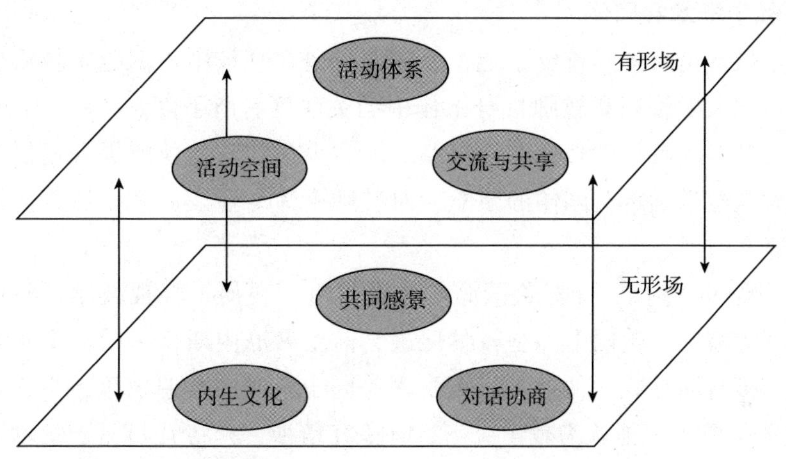

图 5-1　课程教学视域下的学习共同体概念模型

3. 专业学习共同体

20 世纪 90 年代，“专业学习共同体”这一概念开始受到广泛关注。赫德指出，专业学习共同体是由有共同愿景的教师和教育管理者共同建构的团队，他们在学习中共同探究、相互分享、注重实践，以此促进教师和学习者的共同发展。

贝克认为，高校中的学习共同体是由学习者、教师、管理者以及其他有着明确的团队归属感、共同愿景和广泛交流机会的人组成的团队，通过协作学习活动项目来实现促进教育学习的目标。

迈阿密大学教学促进中心主任米尔顿·克斯教授把教师专业学习共同体定义为“一个由跨学科的教师和学校职员组成的学习项目团队”。

纽曼认为，教师专业学习共同体具有以下要素：一是共享的价值和愿景；二是关注学习者；三是反思性交流；四是活动公共化；五是注重合作。

希普和霍夫曼则认为教师专业学习共同体包含以下内容：一是支持和共享的领导权；二是共享的价值和愿景；三是集体学习和学习的应用；四是支

[1] 李焱．大学英语课堂教学的理论与实践探索［M］．北京：光明日报出版社，2018.

持条件；五是共享的个人实践。

杰瑟琳认为，教师专业学习共同体是一个从目标到过程的双循环学习过程，包含共同探究、合作文化和行动试验等相互影响的诸多要素。

4. 教学学术共同体

教学虽然是大学的首要职能，但随着科研在高校中占据越来越重要的地位，教学在大学管理和教师自身工作中的关注度有所下降。“教学学术”的提出，打开了理解大学教学的新思路，并为大学教学地位的提升提供了理论依据。大学教学学术共同体的建立，对教师个体专业发展和整体素质提高具有重要意义。

20 世纪 90 年代，针对美国高等教育界重视科研、轻视教学，整体教学质量下降等情况，美国卡内基教学促进会前主席厄内斯特·博耶主张高校教学发展要推行新范式。他批判当今学术等同于科研的普遍现象，主张重新定义“学术”概念。他认为教学应当富有探究精神，并将其归属于学术这个范畴，由此提出“教的学术”。他指出：“一个学者的工作还意味着把自己的知识有效地传给学习者。”他认为，给予“学术”更加广泛、更有内涵的解释，能够给高校教师的全部工作以合理性。大学的任务就是探究学术，并将学术分为四类，其中一类是“通过咨询或教学来传授知识的学术”，即“教学学术”概念。[1]

李·舒尔曼将“教的学术”拓展至“教学学术”。他认为学术应该具备以下三个特征，同时这三个特征也应是教学学术所具备的。

（1）成果公开。

（2）由学术学习共同体成员共同批判、审视。

（3）提高成员们的学术思维和创造能力，为同行所用。

这三个特征勾勒出了李·舒尔曼的“共同体学习”理念，促进了学术内涵的进一步探讨。

在继承博耶的“探究学习”和李·舒尔曼的“共同体学习”理念的前提下，胡博和何钦提出了“教学学术之四环节”理论，为教学学术活动的开展提供了一个实践指导框架。这个框架以卡内基教学学术协会的学者们的教学学术实践为实证蓝本，归纳了教学学术四个环节的实践内容。

---

[1] 杨维嘉．论“教学学术共同体”的构建［J］．江苏高教，2015（5）：23-26.

（1）探寻教学问题。

（2）研究教学问题。

（3）改变教学方法并重新认识教学。

（4）公开教学研究成果，供同行借鉴。

（二）英语教师学习共同体的历史演变

20 世纪 80 年代，学校教育与教师教育成为美国教育界改革的主题。1983 年，美国教师在报告中提出设立“专业实践学校”；古德莱德也分别于 1990 年和 1994 年发表“我国学校的教师”和“教育革新：更好的教师、更好的学校”，倡导大学和中小学构建“共生伙伴关系”，以图“共变”。“标准本位”教师教育模式产生。由此，“教师专业学习共同体”得以产生，促进了大学与中小学的协作一体化。

20 世纪 70 年代后，校本培训逐渐受到人们的关注。因为由大学师训机构或某行政机构组织的培训，常常不利于解决学校细小而棘手的问题，培训与实际工作脱节，同一学校的受训教师与未受训教师之间缺乏及时的交流沟通，使受训者在学校失去分享经验的可能性，未受训者失去与外界交流的机会，因而“校本”研究的兴起，使“教师专业学习共同体”产生了另一种形式——在学校内教师之间的协作。

（三）英语教师学习共同体的理论基础

1. 社会互依理论

积极的合作既是英语教师学习共同体的基础，也是社会互依理论的精髓与要义。英语教师学习共同体成员的积极互依，成为构建英语教师学习共同体的关键。

20 世纪初，格式塔心理学派创始人之一科特 · 考夫卡首先创立了社会互依理论。科特 · 考夫卡提出团体是一个互动的整体，团体成员之间具有动态变化的相互依存关系。

20 世纪 40 年代，考夫卡的同事科特 · 勒温发展了社会依存理论。他认为，团体成员因共同的目标而具有相互依存的关系，这种关系是团体的本质所在。团体作为一个互动的整体，其任何成员或者子团体的变化都会引起其

他成员或者子团体的相应变化。❶

美国明尼苏达大学戴维·约翰逊教授在其《社会互依性：在理论、研究和实践间的联系》一书中将社会互依结构分为积极的社会互依与消极的社会互依两种类型，并从行动、心理过程、互动形式和结果四个方面对这两种互依结构进行了相关阐述。

社会互依理论至少包含以下两个方面的内涵：

一是积极的社会互依，即合作，积极的互动，个体之间相互鼓励，关系融洽，相互促进；消极的社会互依，即单纯的竞争，个体成员之间关系淡漠，甚至阻挠他人取得成功。

二是个体要想获得成功，必须借助他人的力量，单纯依靠个人的努力难以实现。消极社会互依状态下的英语教师孤军作战，从单薄、孤立的经验学习中学会教研，不愿意去求助同行或者专家。同时，对同行的教育、教研和教学工作也不愿做深刻的实质性评判与指导，长期处于自我封闭的消极保守状态，不利于高校教师专业发展。

英语教师应该梳理好个人发展和群体发展间的关系，认清个体的成长不应是通过孤独个体的单纯自我成熟实现的，要善于在英语教师学习共同体中，通过与其他人的对话交流、互动协作和分享，在一个积极的社会互依氛围中不断进步。

2. 终身教育理论

终身教育的思想产生于20世纪60年代。1965年，法国著名成人教育学者保罗·朗格朗在联合国教科文组织的第三届促进成人教育国际委员会上，以“Education Permamente”为题发表了演讲，后联合国教科文组织将“education permanente”译为“lifelong permanente”，即“终身教育”。❷ 终身教育理论认为，教育应该贯穿于人生的各个阶段，不受年龄、性别、地域的影响，每个人都应不断学习、不断进步。终身教育的目标是使人不断充实自己，吸收一切有益的东西，不断扩充新知识和新才能，使生活更和谐。具体体现在两个方面。

❶ 魏会延．社会互依理论视阈下的高校教师学习共同体研究［J］．软件导刊（教育技术），2013（8）：46-47.

❷ 陈捷，颜良举．终身教育思想与高等教育自学考试制度［J］．徐州工程学院学报，2010（4）：8.

（1）完善自我。终身教育使人不断学习，在接受教育和训练的过程中适应各种人生中的变化，塑造新的自己。

（2）实现教育民主化。终身教育要实现教育的民主化，即做到教育机会人人均等。

实际上，终身学习的过程即体现了教育机会的均等，因为人人都可以进行自主的学习，在事事学习、时时学习、处处学习中提升人生价值。

终身教育理论对英语教师的专业发展产生了重要的启迪。英语教师在完成基本教学任务的基础上，还要不断充实自己，实现终身学习，长远发展。

3. 建构主义学习理论

建构主义学习理论来源于20世纪60年代瑞士心理学家皮亚杰提出的建构主义理论。这一理论很好地阐释了人们智力的来源、学习行为的产生、意义建构的过程以及理想的学习环境应该包含的要素等。皮亚杰还提出了同化和顺化两个基本概念。正是因为同化作用与顺化作用才形成了个体的认知结构。学习者的学习过程同样也存在着外界环境的刺激、个体的主动发现、以原有知识为基础的新认知结构的建构等。建构主义的基本观点便是学习者对客观存在的外界的认知是以自身的经验为基础进行理解并赋予意义的。随着实践的发展和研究的深入，不少学者又从多种角度、多个方面发展了建构主义理论。

建构主义学习理论注重培养学习者对各种知识间内在联系的理解能力和对知识的灵活运用能力。该理论发展了早期认知学习理论中关于“建构”的思想，认为学习者的学习过程是一种根据自己已有的经验和知识积累对外部信息进行主动的选择、加工处理和建构的活动。学习者新认知图式的建立是主动选择的结果。因此，教学活动要以学习者为中心，学习者是信息加工的主体和意义的主动建构者。教师起着指导、引领的作用，是促进者和帮助者，而不是知识的灌输者。

概括来说，建构主义学习理论的基本观点可以分为以下几点。

（1）学习者的学习过程是在原有的认知结构与新接受的感觉信息相互作用的基础上，通过新旧知识经验间反复的相互作用，对外部信息主动加工和处理的过程。

（2）学习过程中的建构包含两个方面：一是运用已有经验进行新知识意义的建构，二是对原有经验的改造和重组。

（3）提倡合作式学习。因为每个个体意义建构的方式或角度等都是独特的，只有彼此间相互合作才能弥补个人对知识理解的不足，减少理解的偏差。

建构主义学习环境的四大要素分别是情境、协作、会话和意义建构。情境是学习者进行学习活动的社会文化环境；协作是学习者与学习者之间、学习者与教师之间或与网络交流者之间进行合作学习；会话是在协作过程中，通过多种方式的信息交流，实现信息共享；意义建构是学习过程的最终目标。

4. 人本主义学习理论

人本主义学习理论兴起于20世纪50年代。人本主义重视态度、情感等非理性因素在教育中的作用，强调学习者的自我发展。人本主义学习理论依据经验原则，主张从人的直接经验和内部感受中了解人的心理，强调人的本性、尊严、兴趣和理想。此外，该理论还认为决定人行为的因素是为了实现自我而进行的创造。人本主义学习理论的主要代表人物有马斯洛和罗杰斯等人。

马斯洛认为，学习活动只能依靠学习者的主动，要让学习者自主选择和决定学习活动，不能强迫学习者，教师只是指导者，两者在教学活动中的角色是不同的。

罗杰斯的主要理论是“以学习者为中心的教学模式论”。他认为传统的教育模式十分单调乏味，会损害学习者参与学习的积极性，教师的绝对权威也会使学习者处于恐惧和缺乏安全感的学习环境中。因此，他主张培养学习者的独立性和创造性，强调学习者的主体地位。在教学中，教师与学习者共同承担教学责任。教师的任务不是传授知识，也不是教会学习者如何学习，而是为学习者提供学习的手段，使学习者在自主学习的过程中实现个人意义。其中，个人意义有四个方面的含义：[1]

（1）学习者在学习中全身心地投入，包括情感投入和认知投入。

（2）学习者在学习中具有主观能动性，包括自我发现、自我获得、自我掌握、自我领会。

（3）学习能够影响学习者的行为、态度，甚至个性。

（4）学习者对学习过程具有最深刻的认识，包括需求是否被满足、疑问

[1] 严明．大学英语自主学习能力培养教程［M］．哈尔滨：黑龙江大学出版社，2007.

是否被解答。

概括来说，人本主义学习理论的基本观点可以分为以下几点：一是学习者能够自己教育自己，学习者是学习的主体；二是学习是人自我实现的一种方式，能够形成丰满的人性；三是强调人的价值，人具有主观能动性；四是良好的人际关系也是有效学习的重要条件。

（四）英语教师学习共同体的发展现状

近年来，我国许多高校也纷纷开展基于学习共同体的教育教学实践改革，对学习共同体的研究与运用如火如荼。

1. 学术共同体是学校改革的哲学

钟启泉引入佐藤学的观点，认为学习共同体是学校改革的哲学，能使教师成为反思性实践家，同时也是学习者学习成长、教师专业发展、家长和社区的居民参与学习的场所。“公共性”“民主主义”“卓越性”三个基本原理是构成这一哲学的基础。

（1）公共性。“公共性”是为了实现每一个学习者的学习权利、完成建设民主主义社会的公共使命而组织起来的。它具有宽容他人和尊重多样性的精神，要求师生、生生之间，家长和学习者之间要相互倾听，相互理解。

（2）民主主义。“公共性”原理是由“民主主义”原理所支撑的。这里的“民主主义”意味着“各式各样的人合作生活的方式”。学习者、教师、校长、监护人都必须是“主人翁”，每一个人的学习权利、尊严、多样化的思考方式和生活方式必须受到尊重，从而使学习共同体成为不同个性得以交响的场所。

（3）卓越性。学校是教师和学习者追求其活动和理念“卓越性”的场所。“卓越性”是指学习共同体在任何困难条件下都尽其所能，实现最初既定的目标。

这三个原理形成了建构学习共同体的哲学基础。教师教育者要实现成为反思性实践家的专业成长，就必须投身于学习共同体这一生态化的情境中，与学习者建立平等关系，在学习共同体中寻求文化的建构；与学习者、同事和家长形成良性合作，进行自我实践，分享实践经验，增长实践中的智慧。

总之，教师借助反思性教学的实践，在学习共同体中成为有效的构建者和辅助者，有效推动学习共同体的发展。

2. 建构新型学习共同体课堂

要建构新型的学习共同体课堂，具体如下：

首先，在课堂教学价值取向上，课堂教学要从“知识世界”回归“人的世界”，倡导多元和全面评价。

其次，在课堂教学模式的建设上，日常生活世界中的经验、体验和交往是教学生活世界中教师从事教学工作和学习者进行学习活动的基础。学习共同体课堂在教材内容、教学方法上注重人的直接经验与间接经验的结合，共同体成员的互动也要彰显人性化、生命化的特点。

最后，在课堂教学过程中，还教师与学习者专业生活世界之外的日常生活世界的时间与空间。

3. 多维度构建学习型课堂

学习型组织理论的三部分架构，即指导观念，基础设施创新、理论、方法和工具，并提出从以下三个维度来构建学习型课堂。

（1）信念，即课堂中师生的共同愿景。

（2）结构，即学习共同体。

（3）能力，即课堂中学习者的学习能力与研究能力。

此外，纪德奎还提出重建学习共同体要做到以下三点：

第一、创设良好的互动情境。

第二、选择适当的研究性课程内容和多元的课堂策略。

第三、保证课堂的开放性和资源开发的持续性。

4. 学习共同体是一种社会交往

将学习共同体的内涵概括为“一种关于学习和学习者的社会性安排，并提供机会供学习者在其中进行社会交往，这种社会交往是以共同建构知识为目标的；这种社会交往是以活动为载体的，其中蕴含着多种层次的参与，包括边缘的和核心的、在场的和虚拟的，等等。每个成员都能获得同伴的帮助以及人工制品的协助，并从各自的水平和角度介入合作、争论和评价以形成共识性知识，在这个过程中确立自己的身份感”。[1]

---

[1] 杨延从．英语课堂学习共同体：新型的师生交互学习场［M］．南京：江苏教育出版社，2015.

5. 其他观点

有效教学理论和观点，构建了大学学习共同体课堂的基本原则，包括和而不同、对话协商、活动体验和合作共享；以及基本机制，包括大班分解、建立学习共同体群、拟定目标、创设问题与情境活动交流、意义建构和评价共享。这推动了基于课堂场域的学习共同体的可持续发展。

学习共同体是学习者以相互学习和共同成长为目标，同时在其中相互倾听和回应、相互切磋和激励的学习型群体。

学习共同体课堂最本质的特征是师生具有共同的学习目标，将外在学习要求转变为内在的自觉行为和主动探索，并借助于学习共同体。学习共同体，顾名思义，就是将学习置于“共同体”环境中形成的团体，那么学习共同体的特征一定是来源于作为其支架的“共同体”的本质属性。因此，也有学者将学习共同体的特征概括为共识性、异质性、脱域性和角色互嵌。

（五）大学英语教师关注的问题

国内高校学者均把课堂理解为学习共同体，旨在建构一种新型的、以学习者为本位的课堂教学世界。以上观点基于不同的理论，有助于我们从不同方面理解学习共同体课堂的构成与运行机制。然而，当前的研究也存在着一定的缺陷与不足。

1. 定位模糊

（1）对学习共同体课堂的概念、标准、构成要素及其内在关系的界定不尽相同，使研究结果表面化、零散化。

（2）对如何深入提升学习共同体的内在凝聚力、如何充分发挥学习共同体的行为约束力、如何保持个体目标与群体目标一致性等方面研究较少。

（3）研究以学术为主，着重学习共同体课堂理论的完备性和逻辑的自治性，缺乏实践性和情境性，均是泛学科研究，致使研究成果难以顺利转化为基层教师的教学行为。

从目前的研究来看，学术界对学习共同体的内涵和定位还存在较大的分歧。学习共同体究竟是一个真实存在的组织实体，还是一种只存在于人们头脑中的理念？有学者认为它是一种理想的形态，作为一种理想信念存在，对学习共同体的追求是学校未来发展的一种取向，它不能作为一种实体存在。对此，我们认为，对学习共同体概念进行界定就是在追问学习共同体是什么，再对学习共同体的含义、特征、条件做基本的解说，再形成关于学习共同体的基本观念。这实际上是研究的本体论承诺，也就是说，我们总要对研究对象的范围、属性有所规定，才能为研究与实践提供认识起点与行动框架。当然，这并不是在否定我们从不同的预设出发进行探索。实际上，不同的本体论承诺可能导致不同的研究路径。

如果把学习共同体作为一个实体，我们就会用某种标准、规范来要求、调控现实的学习组织，对现实中的班级或小组进行改造，使之合乎学习共同体的规范，并致力于使之不断完善与优化。如果把学习共同体仅仅作为一种理想信念存在，那么在实践中就没有必要对现存的学习群体进行改革与重建。换言之，这两种本体论承诺及实践追求遵循着不同的路线。前者是激进主义路线，可能急躁冒进；后者是改良主义路线，可能流于形式。

共同体是当代社会建设的一种基本理念与价值追求，是社会发展与组织建设的趋势。对于学校发展而言，不仅要吸收共同体的基本理念，引导学校组织的发展，更重要的是要付诸行动，用共同体的标准、规范进行学习共同体的建设、进行学校组织制度的创新。否则，学习共同体的概念就可能流于口号、陷于空泛，学习共同体的建设就极有可能停留在理念层面，难以真正落实。

2. 理论基础薄弱

就目前的研究来看，对学习共同体的理论基础已进行了一定的探讨，但研究还不够深入，存在明显的不足。

首先，从查找到的文献资料来看，对学习共同体的产生背景、概念、特征的研究有很多，对学习共同体理论基础方面的专门研究则较少。

其次，关于学习共同体的知识论、社会学方面的研究较多，为学习共同体建设提供了一定的理论支撑，但有关学习共同体的心理学、生态学、人类学方面的探讨甚少。

最后，已有的关于学习共同体理论基础的研究不够深入，存在表面化和缺乏理论深度的问题。

我们认为，对学习共同体理论基础的研究还有待深入，视野还有待拓展，应从多种视角对学习共同体进行透视，加大研究力度和深度，夯实学习共同体的理论根基，为学习共同体的建设提供扎实的理论基础。

3. 实践研究有待加强

通过阅读已有的学习共同体的研究文献可以发现，人们对学习共同体的基本理论问题研究较多，而对学习共同体的实践问题研究很少，即便是关于学习共同体的实践研究，也大多停留在对学习共同体的构建原则、阶段、策略等一般问题的研究上，缺乏深入而扎实的个案研究、行动研究。

事实上，实践操作中的问题远比理论问题复杂得多，如果没有深入扎实的实践与探索、实验与行动，理论研究就会缺乏动力源泉。只有理论与实践彼此互动，对学习共同体的研究才有可能走向深入。今后对学习共同体的研究应深入学科层面与课堂层面，绝不能空泛地讨论。即使我们只进行理论上的探索也要密切联系实际，努力做持续的、系统的、与教学实践密切结合的研究，这应该成为今后学习共同体研究的基本方向和理论发展的生长点。

对学习共同体的研究应脚踏实地，在不同学段、不同年级、不同学科开展实实在在的实验研究与行动研究，采用量化研究与质性研究等多种研究模式，积累丰富的典型案例与研究资料，促进学习共同体研究的具体化与可操作性，为学习共同体的理论研究提供丰富的实践资源。

总之，学习共同体的研究需进一步拓宽视野，大力强化实践研究、行动研究，全面提升学习共同体研究的水平，引领学习共同体迈向更高的层次。

二、高校英语教师学习共同体的建构

（一）英语教师学习共同体的建构步骤

英语教师学习共同体的构建不能急于求成，也不可能一蹴而就，而应采取一定的步骤，有计划地进行。

1. 建立信任关系

英语教师教育者学习共同体的构建离不开高质量的人际关系，而信任是一个重要的决定因素。概括来说，所谓信任就是一个团队的普遍期望，这种期望可以依赖语言、行为和对另一个人、团队或组织的承诺。[1]

在信任的作用下，教师教育者参与学校组织与具体教学工作的热情会提

[1] 盖颖颖．外语教师团队建构研究：基于专业学习共同体视角［M］．北京：中国经济出版社，2016.

高，同时教师之间信任关系的建立，对于整体教学团队的发展也大有裨益。凡是对教师个体有益的事情，对学习共同体也是有益的。在这样的前提下，当有一个或者若干个共同目标时，教师教育者相互之间的伙伴信任关系就得以建立。

2. 形成共同愿景

教师在学习共同体中的学习是教师对各种方式、途径进行灵活运用，逐渐获取新知识的过程，因而是一个持续的过程。教师在学习共同体内不断进行知识的相互传递，既有利于增强教师自身的实力，又有利于新知识的创造，从而带来全体成员工作效率的提升与工作绩效的提升。在这样的情况下，共同愿景的提出就具有十分重要的意义。所谓共同愿景，就是指教师对未来的共同期待与设想。为了实现共同愿景，教师应承担起自己的一份责任与义务，同时这种愿景应能得到大多数人的认同，应与实际情况相符合，且明确清晰，具有长远性。

传统组织没有调动教师的参与性，因而难以被教师所认可、接受和分享。从一方面来看，愿景具有鲜明的强制性特征，要想在英语教师学习共同体内部生根发芽往往具有较大的困难；从另一个方面来看，愿景的价值与意义也很难被学习共同体中的成员所感觉、理解、领悟，因而难以激发出教师教育者的教学热情。实际上，真正意义上的共同愿景应是自下而上的，应充分发挥出教师的积极作用。

（1）共同体成员的讨论。对于共同愿景，每个成员都应有自己的认识，这成为共同愿景的基础，在某些情况下甚至是关键因素。因此，有必要在学习共同体中建立一个专门收集整理教师想法的小组。相关领导层应坚持不懈地推进共同愿景的形成和强化工作，并将其列为常规工作。

（2）初步形成共同愿景。在初步了解愿景的内容之后，共同愿景制定组委会需要对成员的认识和想法进行收集整理，从而更好地了解成员对愿景中各个部分的看法。共同愿景制定组委会应将共同愿景充分、真实的信息提供给学习共同体的成员。在进行调查时，可根据具体情况灵活采取多种手段，如面谈、问卷等。

（3）确立教师的个人愿景。教师的个人愿景除涉及教师的个人利益之外，还应具有更加高远的志向，这样的愿景才是真正的愿景。正如一位外国学者所说：“我的愿景对你并不重要，唯有你自己的愿景才能够激励你自己。”

教师作为学习共同体中的一员，应对学习共同体的共同愿景进行积极的思考，如学习共同体的正常状态是什么样的、教师之间应建立起什么样的关系、学习者应从教师这里获得什么样的知识与技能、什么样的教学才是高效率的等。通过对上述问题进行反思，教师可以在深刻理解共同愿景的基础上对自己的实际情况进行深入分析，形成具有个人特色的个人愿景，并愿意为这一愿景的实现而努力。

3. 创建团体文化

教师之间的协作文化以教师之间的互信、平等与支持为前提，它有效增强了教师间的共享性与包容性，却未对教师在教学观念方面的差异以及工作中产生的不协调给予应有的重视。

第一，使教师有一个共同的愿景。学习共同体要想得以存在并获得发展，有赖于教师个体对学校未来的信心以及教师对共同目标的期盼。

第二，促进教师之间的合作与协作。因为教师所属学科、教学层次不同，所以会形成各具特色的优势与劣势。促进教师之间的合作与协作有助于教师之间形成优势互补的良性循环，最终为教师学习共同体的建立创造良好的环境。

第三，对于系统发展来说，流动性代表了变化、发展与开放，是一个不可或缺的重要因素。教师之间的合作并不应该像一潭死水，而是应根据不同的教学情况产生相应的变化与发展。这也成为学习共同体团体文化创建的重要因素。

（二）英语教师学习共同体的构建策略

1. 宏观策略

校本研究是教师学习共同体构建的方向性策略，应该涉及以下几个方面的内容：

①教师文化。在教学生活中建立起来的平等、开放、合作的相互依存与信任关系就是教师文化。教师文化的建立对教师的专业学习起到积极的促进作用。因此，应倡导教师群体进行有关教学沟通与协调问题的专业对话。

②将课题研究作为纽带。英语教师专业学习共同体来自教育教学实践，将课题研究作为纽带，可从现有的研究中找到灵感，同时对根植于学校

的具体情况进行针对性探究，还可以从现有的研究中找寻新的研究切入点，从而便于研究的发展。在较为困难的情况下，可以根据现有的教学条件，分析总结实际情况，最终产生较好的研究效果。

③教学和研究合作的基本形式。团队协作是教师教学研究的基本形式，也是合作研究正常运行的重要前提，还有助于教师专业能力的发展。

在英语教师专业学习共同体中，每个参与者都应为团队的建设贡献自己的一份力量，可见其是一种多边的合作。

2. 微观策略

从微观层面上说，教师学习共同体的构建需要学校领导和教师教育者的双重努力。

（1）学校领导应对英语教师的专业学习共同体建设给予支持。

①学校领导积极从管理者转变为服务提供者。学校领导应对旧的关系模式有全面的认识，应转变观念，对自己肩负的基本任务重新定位，即营造积极的氛围，为教师畅所欲言创造条件，使他们积极参与教学活动，从而促进教师成员的个人发展。

此外，还应营造和谐、融洽的人际氛围，将教师个人的力量汇聚在一起形成一股更大、更强、更有活力的力量。学校领导应与教师进行真诚、平等的沟通，对教师之间的交流与合作予以鼓励。

②协助教师搭建英语教师专业学习共同体的共同愿景。具有共同愿景是英语教师专业学习共同体的重要特点之一。当教师具有共同愿景时，教师的教学活动是与社会实践紧密相连的。换言之，缺乏共同愿景，学习型社区就难以建立，教师的专业发展更是无从谈起。

③获得时间和安全空间。英语教师专业学习社区要想得以存在，时间和空间是不可替代的必要条件。一般来说，在校任教的教师或多或少都会面临一定的教学压力，因而要求他们在专业学习社区活动方面进行积极探索是不太现实的。学校领导应为教师之间的讨论与交流安排一个相对固定的时间。

（2）要提升英语教师在建立专业共同体上所需要的各方面能力。教师作为构建的主体，也需要在学校领导创造的积极条件下发挥自身的能力和水平。具体来说，提升英语教师在建立专业共同体上所需要的能力应把握以下两个方面：

①教师有完整的共同目标。促进教师专业的发展是英语教师专业学习共

同体的目标。需要特别说明的是，教师自身的坚强意志是这个目标的重要前提。要想形成学习型社区，就离不开雄厚的师资力量。因此，让教师参与教学参观、教学演示等活动是帮助教师自我完善最好的办法。

②教师要提高自己的沟通协作能力。教师专业学习共同体的构建是为了解决教师专业发展以及具体教育教学中的问题，从而提升我国英语教学质量，为我国社会输送更多优秀的英语专业人才。在这个过程中，教师的沟通协作能力发挥着重要的作用，需要教师有意识地提升这种能力。

（三）英语教师专业学习共同体构建的现状

1. 合作意识不强

我国英语教师的教学任务繁重，教师需要在有限的时间内完成教学目标的同时，还要考虑学习者的成长问题，因而教学行为占用了大部分的时间和精力。在这种教学现实下，为教师的专业发展所留出的时间相对紧迫，大部分教师选择独立学习，没有时间、精力、条件进行教师之间有关教学方面的沟通与交流。因此，我国英语教师普遍存在合作意识不强的情况，影响着我国教师专业学习共同体的构建。

2. 教学方法滞后

我国英语教学正处在改革的进程当中，很多教师还是用传统的教学方法进行教学。在教学中，他们忽视了联系具体社会现实与语境进行实用性教学，这样的教学方式不利于学习者语言能力的发展。

3. 科研能力不强

科研能力不强也是我国教师专业学习共同体构建中的重要问题。我国英语教师的教学任务重，导致教师在科研方面投入的时间和精力较少。除此之外，很多高校缺乏对教师的整体或者分期培训，这样也限制了我国英语教师科研能力的发展。

4. 反思习惯欠缺

反思习惯，指的是教师对自身的教学情况和教学实践的反思、思考。反思习惯对于教师发现教学中的问题，提升教学的有效性有着积极的促进作用，对于日后教学的改进也大有裨益。

教师专业学习共同体构建中也需要重视反思习惯的培养。教师应该对自身的教学工作不断进行反思与提高，不能局限于固有的教学模式，不思进取。

5. 组织学习能力有待提高

我国英语教师还存在着组织学习能力不强的情况。很多教师在取得了一定的成绩之后，就会满足于自身发展，在教学中固步自封，使用相同的教案和教学形式，而不会和社会的发展以及学习者的具体差异相联系。

这种组织学习能力的局限致使我国英语教学不能满足信息化时代的需求，学习者的英语水平更是难以得到发展。社会是不断向前发展的，语言是随着社会的发展而不断变化的。英语教师应该用更加开放、多元的姿态来面对这种变化，以促进自身能力的发展。

6. 未完全做到以学习者为本

教师专业学习共同体的构建，需要时刻考虑学习者的发展。教师需要认清自身的角色，真正在学习者的学习过程中起到指导者的作用。受传统教学观念的影响，尊师重道成了教学中的一大准则。在这种思想的影响下，教师以知识的传授者、课堂的掌握者的身份出现，教学中没有充分尊重学习者的学习需求。因此，在构建过程中，教师需要考虑英语专业的发展和学习者的具体需求，通过不同的教学手段和教学形式来促进教学的发展。除此之外，教师还需要重视对学习者学习兴趣的激发，让学习者了解英语学习的乐趣与有效性，从而最终提高英语教学效果。

（四）英语教师学术学习共同体构建的现状

1. 学术整体性被割裂

跨领域或者无领域的研究往往是比较难评判的，这样的研究显然不受专家的掌控，专家对这种研究是极力排斥的，他们倾向于通过构建严密的专业体系来实现对学术系统的控制。专业化与专家现象是对教师学术原本整体性的破坏，是横亘在专业之间难以逾越的鸿沟，会导致共同话语消失。

2. 观点的随意性堆积

当代社会为信息化社会，存在文化不断繁荣，信息爆炸性增长的特点。很多教师要求电视为他们扬名，而在过去，只有终身的且往往总是默默无闻的研究和工作才能使他们收获声誉。当他们试图运用媒体来获取权威时，就不得不顺应市场规则，学术的独立性也就消失了。教师往往会对各种问题发表自己的观点，其他教师的观点也不能形成对他们的阻碍，这些问题实际上超出了教师本身学术研究的范畴。

人们接受了教师教育者学术研究的许诺，但这根本就不真实，他们的许诺不过是过早地透支了权威。诺言得不到实现将直接消解学术的威信，虽然这些诺言本身与学术并无多大关联。

三、网络技术下的高校英语教师学习共同体

（一）网络技术对英语教师专业发展的意义、内涵、价值

1. 网络技术对教师专业发展的意义

（1）教师专业发展的必要条件。之所以说现代网络技术是教师专业发展的必要条件，是因为现代网络技术使教师的专业发展从传统走向现代。可以说，教师专业发展之路越走越宽阔。在现代信息化时代，网络培训使教师专业发展从可能变为现实，它为教师专业发展提供了机会。近年来，“国培计划”的实施就是一次全面的尝试。传统的教师培训是培训师在一定的空间、时间进行面对面的讲授。现在有了网络技术，教师学习交流的方式发生了明显的变化。要寻求专业发展，教师可以先从学习现代教育技术开始，学习的方式方法是灵活多样的。

（2）改变了教学的媒体介质。在网络信息技术的支持下，教学中师生双方的交流已从传统的面对面交流发展到网络的声音和视频交流，成果已从有纸化向无纸化、从纯理论向实际操作转变，因而教学模式也正在变革发展中。传统的讲授型教学有时会导致学习者昏昏入睡、让学习者感觉到“被”教学。讲授型教学不能给学习者提供合作学习、探索学习等现代教育技术手段，这是一个很大的弊端。要实现网络技术下教学成果、学习成果的共享以及师生的互动，教师首先要掌握现代教育技术的使用方法，并且自制教学教具，指导学习者自制学具。对于学习者而言，网络同样对于他们的发展起到了重要的支持作用。

（3）保证了教师专业思想的现代化。有了网络，经济不发达地区的教师可以接触到许多先进的理念、模式，这是信息化时代独有的宝贵机会。科技日新月异、不断发展，不去学习和实践，就会被时代所淘汰，被历史所遗弃。有了网络的支持，转变教师的教学观念就能更快见到成效了。在现代网络技术发达的今天，大量信息包围着人们，教师不得不通过由表及里的细致分析对信息去粗取精、去伪存真，不得不对现代教学手段做自己的探索。教师的

专业发展不再局限于教科书、教参书，教师的专业发展触角如果不涉及更为宽广的网络信息技术、现代教育技术的应用，那将会是一个巨大的遗憾，也容易导致失败的结局。

（4）引领教师专业发展的未来。网络技术代表着科学技术发展的水平以及方向。教师的未来专业发展是培养专家、学者型教师教育者，懂得现代教育技术是最基本、最起码的要求，网络培训给教师掌握现代教育技术提供了最重要的技术支持。教师专业发展的未来离不开现代科学技术的支持，时刻把握现代科学技术的发展脉搏，是教师专业发展的必然要求。网络技术会越来越先进，现代教育技术一定会引领教师专业发展的未来。

2. 网络技术下教师学习共同体的内涵

网络技术下教师教育者学习共同体是指在虚拟的网络环境中，一个由普通教师、优秀教师、相关教育行政人员等共同构成的学习型团体通过网络学习平台相互交流、协作。该定义具体包含以下两个方面的内容。

①网络技术下教师学习共同体内的成员通过网络学习平台进行同步的交流或者异步的沟通，因而在时空上可以分离。

②网络技术下教师学习共同体内的成员都具备主体地位，都是信息的加工者和知识的构建者，都强化了个人对教学理论和实践的认知。

3. 网络技术下教师学习共同体的要素

（1）人员。从社会性价值来看，人员的参与是学习共同体的第一要素。教师是学习共同体的重要组成部分，是共同体进行学习活动的主体。

（2）规范。从制度管理角度来看，规范的制定是学习共同体的第二要素。网络技术下教师学习共同体必须有特定的规范和约束。学习共同体成员没有一个需要共同遵守的规范，就无法维持有效正常的秩序。

（3）学习活动。从行为主义观点来看，学习活动是学习共同体的第三要素。有效的学习活动是其他一切因素需要围绕的核心，也是构建教师学习共同体的核心任务所在。

（4）学习资源。从学习性角度来看，学习资源和信息是学习共同体必不可少的组成要素，它为教师专业素养的提升、专业能力的成长提供了物质上的保障。学习资源可以体现为文字、图片、视频等多种形式。学习资源既可以是已有的知识，也可以是共同体成员自己的经验和成果，还可以是对已有知识再加工后的知识。

（5）网络技术。从技术性角度来看，有效的网络平台和必要的网络交互工具是学习共同体的重要组成要素，是学习共同体得以存在和发展的物质性基础。构建有效的网络平台，需要考虑到平台的易操控性和各模块的美观性，以充分调动学习者的学习兴趣和学习主动性。必要的网络交互工具的使用是对网络学习平台的重要补充，可以集成到网络学习平台中或者单独进行使用，这些工具为学习者之间的交流、合作和共享提供更多的便利。

4. 网络技术下教师学习共同体的特征

网络技术下教师学习共同体的特征包括以下几种。

（1）安全感与归属感。在虚拟的网络环境下，学习者之间由于不能面对面地相互交流，缺少了情感的联系，就容易产生心理上的孤独感，这会不同程度地削弱学习者的学习兴趣，影响学习效果。网络技术下教师学习共同体给予成员安全感与归属感，可以有效地改变这种网络学习环境带来的负面状态。

①网络技术下教师学习共同体给予成员安全感。教师学习共同体中的成员由于互相尊重、互相信任，会获得一种心理上的安全感。共同进步、共同成功，是每个成员都愿意看到的事情。共同体成员只有拥有安全感，才能构建一种良性的、开放的交流环境，从而更好地促进成员间建设性的交互学习以及新思想的相互碰撞，这些都有利于教师的专业成长。

②网络技术下教师学习共同体给予成员归属感。在教师学习共同体中，每个成员会时刻感受到自己是团体的一分子并拥有自己的主体地位。成员之间友好相处、相互依赖，并且在学习、分享和写作过程中相互赏识、相互认可。网络技术下教师学习共同体通过相互合作或者彼此竞争，给予成员最需要的情感联系，由此每个成员都能感受到自己的主体地位。

（2）良性的文化氛围。任何一个团体想要形成自己的体系并取得成功，都要具有与自身团体性质相关的文化价值体系，因为这种文化价值体系是成员间相互信任、相互理解的价值基础。网络技术下教师学习共同体的所有成员共享学习目标、愿景、价值观、规则，从而形成一种健康积极的文化氛围。这种文化价值取向是整个教师学习共同体的黏合剂和催化剂，起着增强凝聚力的作用。多数人都有趋同心理，希望自己的观念属于多数人这一边，否则就会滋生一种孤独感。这种所有成员认可的文化价值观如果上升为一种行为规范，就能有效地调节所有成员的行为，从而不断增强整个教师教育者学习共同体的凝聚力。

（3）以网络为主要沟通媒介。这种以网络为主要沟通媒介的方式使信息的存储、共享、交互具有可持续性和可增长性，使成员之间的学习交往有了更灵活的异时空性。网络学习的异时空性消除了共同体成员彼此之间的紧张感。网络中的信息具有非线性和高效性特点，共同体中的成员可以在同一时间与多个成员同时交流，并且通过网络在整个共同体中传播信息。网络交流学习的非线性和开放性使每个成员在学习过程中的心态更为轻松，人对网络的主动性操控决定了学习者对信息获取和共享的主动性。

5. 网络技术下教师学习共同体的价值呈现

我国传统的教师专业发展主要采用培训和专家讲座的模式。无论采用网络培训还是面对面的培训，注重的都是培训的整体规模和效益。培训的模式单一、针对性差，并且不关注所介绍的知识或技术是否被在场所有教师所接受，这样就削弱了培训效果，导致培训与实际相脱离，教师缺乏持续学习的动力。至于专家讲座，教师往往当时听懂了，但由于多种原因还是不能将学到的东西运用到教育教学实践中。

网络技术下教师学习共同体对教师专业成长的促进主要体现在以下几个方面。

①网络技术下教师学习共同体为处在不同时间或空间的教师之间的交流搭建了平台，实现了校际联盟和城乡互补等。

②网络技术下教师学习共同体为教师的学习和教学工作提供了大量丰富的资源，这些资源中最宝贵的就是老教师和专家型教师长期积累的教学经验和方法。

（二）网络技术下构建英语教师学习共同体必须重视的问题

1. 凝聚各方力量

（1）技术设计方面。从技术设计层面来讲，要加强基于网络技术支持的教师专业发展平台的设计。在知识型社会中，教师的再学习是每位教师必须面对的重要课题，而网络学习共同体成为网络社会中教师再学习的最便捷、有效的模式。

（2）学校方面。学校方面要给教师提供充分的学习和合作时间。学校应该让教师多抽出时间参与网络共同体的学习与交流，这就要求减少教师的课外活动或者组织活动的时间。

（3）教育行政方面。教育行政对教师参与网络学习与交流要给予持久的支持。

①现代信息更新换代非常频繁，教师承担着培养人才的重任，理应更新知识以适应时代的发展。教育行政部门应对教师教育者参与网络学习给予政策上的支持，让教师从教室中走出来，带着问题走进网络学习共同体，以便更好地走向讲台。

②各地区教育行政部门应该大力支持，将基于网络的教师学习共同体纳入教师专业发展的有序轨道，以便让教师教育者学习共同体为教师专业发展提供持久的动力支持。为了建立一个全方位、多维立体的规范和健康的学习环境，基于网络的教师学习共同体需要通过行政力量形成教师信息资源的共享机制，并得到教师学习活动的有效支持。另外，行政法规还能保护教师的合法权益，为教师的专业发展创建一个公平公正的外部环境，并使教师将专业发展的行为上升到政策法规的高度。

2. 制定个性化的规范和评价标准

通常情况下，基于网络的教师学习共同体是自发形成的，它只有具备一定的规范和评价标准，才能维持正常的秩序。因此，公平公正、积极健康的规范和评价标准，是建立具有凝聚力的基于网络的教师学习共同体的基础。基于网络的教师学习共同体成员共享学习目标、价值取向、行为规范和标准，一旦有违反共同体规则的行为出现，必须承担后果。这是基于网络的教师学习共同体的黏合剂，感召和凝聚他们的内心需求。

另外，有效的评价激励对基于网络的教师学习共同体成员的发展也起到积极的作用，如教师积极参与可以获得更高的积分、更多的权限，从而激发教师交流和学习的积极性。

3. 转化边缘性参与者

教师教育者是教师学习共同体的主体和核心。教师是教师学习共同体能否取得成功的关键因素。不同教师在学习共同体中扮演的角色不同，因而获得的学习效果也不同。要意识到教师之间存在的差异，否则学习共同体只能走向失败。然而，“隐客”现象在基于网络的教师学习共同体中是客观存在的。“隐客”即边缘性参与者，就是在共同体的学习活动中只是浏览信息而很少发言的人群。导致“隐客”出现的原因包括以下几个方面：学习动机不强；对学习共同体的活动缺乏兴趣；性格内向，但不是决定性因素；知识储备不足。为了减少“隐客”现象，需要从以下几个方面入手。

（1）发挥领导者的监督作用。领导者要及时与边缘者进行沟通，提醒、督促和鼓励他们积极地参与学习共同体的各种活动。

（2）在学习共同体所有教师中定期开展在线社交活动。例如，让教师进行自我介绍，了解网上社交礼仪和合作学习的方法等，以使教师间相互熟悉、联络感情，有条件的教师可以定期进行面对面的交流。

（3）建立相关的评价体系、开展互评活动。明确学习共同体的发展目标，使教师对自己的学习目标更加明确，强调参与学习共同体的重要性。

学习共同体成员平等参与，也就是说，成员的地位是平等的，而角色和行为的表现是不同的。除了“隐客”之外，学习共同体还包括以下成员：

（1）领导者（专家）。这种成员在数量上比较少，但是对学习共同体的贡献很大。他们具有丰富的社会经验和专业知识以及较强的解决问题的能力，享有较高的声誉。他们引导着话题，在各种活动中引导成员的互动。

（2）活跃者。在学习共同体中经常可以看到他们的踪迹，具有较高的知名度。他们积极地参与学习共同体的各类活动，在学习讨论过程中积极发表独到的见解。

（3）追随者。他们参与学习共同体的活动的频率也不高，一般都是追随着其他成员参与学习共同体的活动，很少有自己独特的见解，常附和其他成员的意见。

4. 丰富学习资源和信息

从学习性角度来看，信息资源共享率的提高为教师专业素养的提升、专业能力的成长提供了物质保障。网络技术下教师学习共同体的信息资源可以是已有知识，也可以是共同体成员分享的经验和成果，以及对已有知识再加工后的知识。基于网络的教师学习共同体不仅要有完善的信息资源库，更要有高效的共享机制。这有利于形成共同体共有的信息资源，并通过有效反馈促进共同体内每个成员的专业发展。

5. 加强情感互动

基于网络的教师学习共同体中的教师在现实生活中处于分离状态，要独自承担学习压力，因而会产生孤独感。此外，一些边缘性学习者要走向核心成员，需要从共同体中得到情感支持。基于网络的教师学习共同体作为一种教师专业发展的模式，具有脱域性的特点。

6. 加强教师的专业对话

“专业对话”是指教师在专业领域里，与人交流、研讨教育问题，能相互理解或达成共识，有积极的反应。教师的自主发展不是独自完成的，需要借助他人的力量和集体的力量，专业对话就是一种较好的方式，同时也是教师在学习共同体中参与各种活动的方式。

基于网络的教师学习共同体为教师之间的沟通提供了平台。在网络环境下，教师在彼此的合作与交流中保持开放的态度，可以实现与教师同行、优秀教师、专家的专业对话。专业对话可以是表达自己的困惑、发表对问题的看法或者探讨教育教学的实践经验。这样的专业对话可以促进自身的专业发展，同时有利于促进教师间的合作与交流。

（三）网络技术下英语教师学习共同体的设计思路与实现途径

1. 网络技术下英语教师学习共同体的设计思路

网络技术下英语教师学习共同体可以从宏观、中观和微观三个角度来设计。宏观角度涉及的是教学资源；中观角度强调的是结构、模式；微观角度强调的是教师教育者个体化学习环境的建构与管理，强调学习资源、活动的创设以及学习量规、评价、反思的建设。网络技术下教师教育者学习共同体设计框架，如图 5-2 所示。

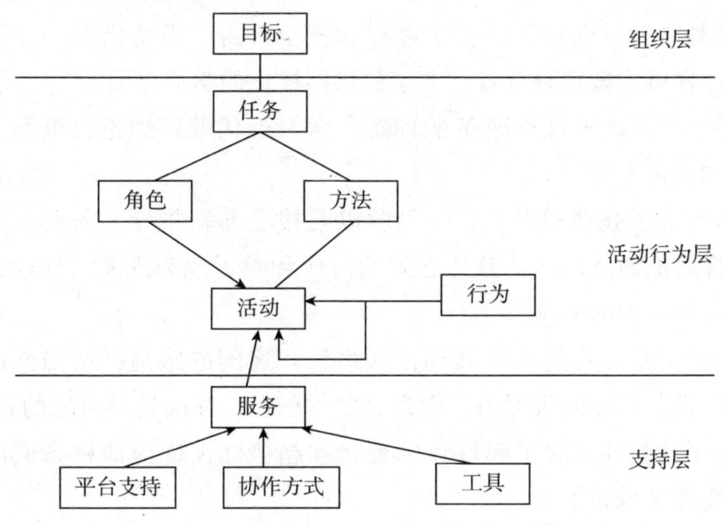

图 5-2　网络技术下教师学习共同体设计框架

（1）网络技术下英语教师学习共同体组织层设计。教师学习共同体要根据网络和教师学习的特点来制订目标。教师学习共同体需要实现知识共建、资源共享、共同提高，并要通过技术手段辅助教师的学习和教研。

（2）网络技术下英语教师学习共同体活动行为层设计。活动行为层对教师学习共同体活动的角色、方法、任务和活动进行了详尽的解释与说明。

①角色。角色，即活动的主体。教师学习共同体活动行为层的角色包括如下三种：

1）在共同体中参与学习的教师，可以称为学习者（教师个体或群组）。

2）提供指导和答疑的相关人员，可以称为专家。

3）提供技术支持和维护系统的人员，可以称为管理员。

②方法。方法层界定了共同体角色的行为过程，包括行为的策略与规则等。不同的用户角色在共同体中的行为是不同的，因而对系统的功能需求也会不同。

③任务。任务指共同体活动的流程。任务要根据教师学习共同体的角色、教师实践的需求来制订，主要包括以下几种：

1）教师在组织教学时，需要大量的素材，所以需要提供内容丰富的多媒体资源以备教师所用。

2）教师在网络上进行知识重构和创作时，需要使用网络工具，所以要提供交互工具。

3）教师想要分享自己的教学过程和教学心得，需要借助一个可供展示的平台，这样可为教师教育者、专家提供多样化的学习界面。

4）教师应该理解课程改革的理念，学习现代教育理论，重新思考新的教学方式和评价方式。

5）教师为了分享知识、教学经验以及接受专家指导，需要一个交流的平台，这样就能通过网络让教师之间的协作和学习成为现实，使他们可以共同应对实际教学中的困难。

6）组织丰富多彩的社区活动，联络教师之间的感情，增强共同体归属感，从而提升共同体的吸引力；引发教师的思考，提高教师反思的积极性。

7）为了让教师及时了解教育的现状和趋势以及优秀课程案例的开展情况，有必要提供最新信息。

④活动。活动是所定义主体之间的互动过程，包括专家引领方式、教育

教学问题研讨方式、课题组活动方式、同行交流方式等。

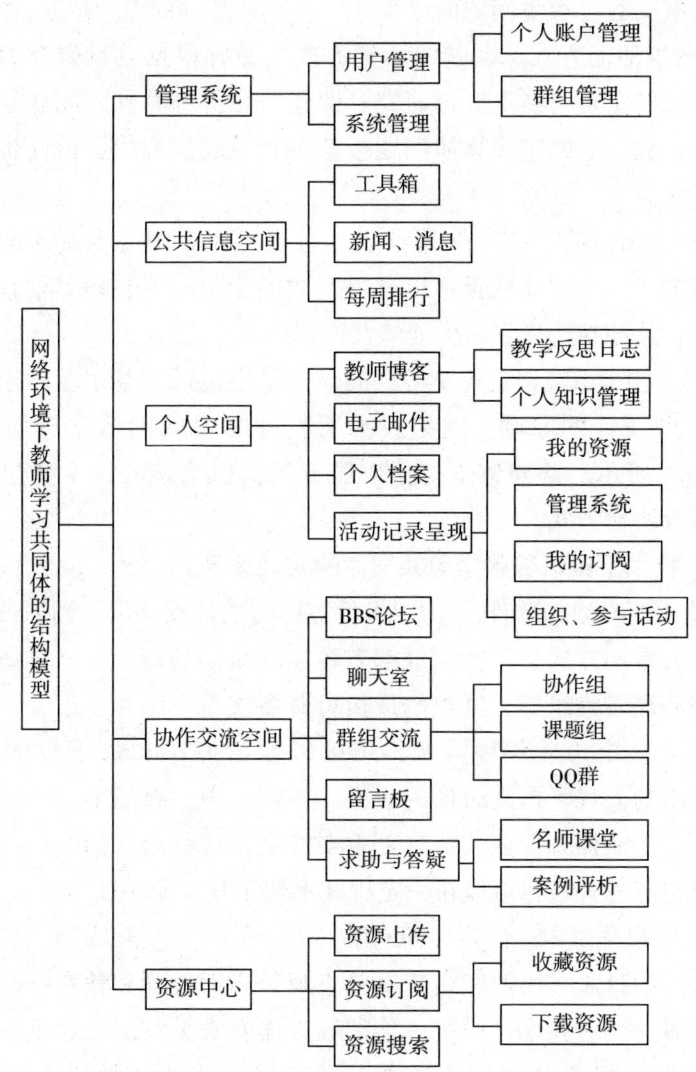

图 5-3　基于网络的教师学习共同体的支持层结构模型

1）专家引领方式。纵向的专业引领，先要避免造成低水平的重复甚至倒退。专家引领方式是通过高层次的教育科研机构及高校专家的引领使教师与专家之间构成协作共同体。

2）教育教学问题研讨方式。教育教学问题研讨的主要载体是论坛，主要形式是教育漫谈、热点研讨、难题会诊。它既可以在同学科的教师间进行，也可以在不同学科的教师间进行，目的在于加强教师之间的协作和交流，以获得解决教育教学问题的综合经验，促进教师的专业成长。

3）课题组活动方式。课题组活动方式是教师根据自身研究力量，自主选择需要解决的难点、热点进行研究。课题研究促进教师之间建立群体共同的研究目标，教学中的诸多具体问题被整合到课题研究中，由此带动网络教研活动的开展。

4）同行交流方式。同行交流有集体备课、评课制度等具体的形式。借助同行交流方式，共同体成员可以获得开放的学习心态，培养信任感，养成合作的态度，从而在协作学习中能够共同成长。

（3）网络技术下英语教师学习共同体支持层设计。基于教师用户的视角以及网络平台设计的原则，网络技术下教师学习共同体支持层的结构模型，如图 5-3 所示。共同体支持层以服务的提供为核心，主要包括技术平台、工具以及协作方式。

2. 网络技术下英语教师学习共同体的实现途径

（1）使用即时通信软件。QQ、微信等即时通信软件由于沟通便捷，已成为网络互联的常用方式，这些软件都有建立群组的功能，如教学研讨组、课改研究组、心理咨询组等。群组的成员可开展文字、图片、语音、视频等各种方式的交流，并共享各种资源，还可以邀请专家和骨干教师教育者加入，带动群组的人气，提高讨论的效果。在群组中，教师不仅可以学到专业方面的知识，还能提升专业技能。更重要的是，这种形式的交流给予了成员话语权以及情感的补偿，可以在一定程度上端正其专业态度。

（2）开设教育博客。博客，即网络日志，是一种在互联网上公开发表的以时间为顺序的日志。用博客交流简单直观，广大教师和教育行政管理者热衷于建立博客，针对教学、研究、培训等方面发表见解。在这里，教师可以记录自己的教育思想和生活轨迹，也可以阅读其他教师的博客并发表评论，甚至可以订阅他人的博客等。这些方式促进了资源共享、同行交流，同时便于审视自身的缺点，也可以用其他人的教育行为来对自己进行鞭策，博友之间还可以实现深度交流和沟通。博客使专家和有丰富教学经验的教师教育者的知识和技巧能够被保存和传播，使浏览博客的教师提升自己的专业知识和能力。博客群体们逐渐成为基于网络的教师学习共同体的一个重要组成部分。

①博客作为教学、教研、培训的平台，是集教师的教学、教研、培训于一体的网络平台，促进了教师的专业成长。

1）博客是教师教学的平台。教师将自己设计的教案、课件保存在自己的博客上，再通过集体备课进行修订，不断改进和完善；还可以将自己设计的习题放在博客上，以便其他教师根据本班的实际情况对习题进行筛选。

2）博客是教师教育研究的平台。《大学英语教学指南》（教育部 2017 最新）倡导教育叙事、教后反思、案例研究等教学研究方式。教师们通过博客这一平台设置教学反思、心得随想、问题讨论等栏目，从平常的教育、教学点滴入手进行研究，必将积累形成非常完整翔实的教研资料。这个资料库的开放性又使其可以整合更多教师的教育智慧。

3）博客是教师学习培训的平台。教师首先是一个学习者，利用博客进行学习有独特的优越性。教师可以很容易地从网络上获得学习资源，又可以把视频、图片、文字资料等转载或链接到自己的博客，既便于自己随时学习，又便于同伴学习，可以随时记录并保存自己的学习心得，又能和同伴分享。学习共同体成员内部的跟帖或回复，能让更多的人一起交流、探讨。博客对于校本培训来讲也是一个很好的平台，突破了时间与空间的限制，使校本培训真正落到实处。

②通过博客促进教师专业发展的注意事项。在网络环境中，教师学习共同体主要由教师个体、教师同伴、教学专家、学习资源和交互等要素构成。通过搭建教育博客平台来促进教师教育者专业发展，要注意以下三个方面。

1）打造“骨干”团队。博客具有开放性。实行开放的共同体学习，首先需要有骨干团队的引领。建立一支博客骨干团队，让他们带头去撰写博客，去阅读其他教师的博客文章，并加以点评和回复，还要经常推荐精华博客、链接专家的博客，以此让每个加入博客的教师有存在感，有交流的满足感。

2）塑造“反思、学习”型教师个体。教师博客的主体是教师，学习共同体给予了教师充分的“个性化”。在博客互动中，教师个体需要具有较强的自主能动性。实施网络互动，起点在反思，参与交流的教师首先必须学会反思课堂、教学行为，通过反思发现问题，形成交流的话题。教师在学习共同体内，要学会向书本学习、向同伴学习、向网络学习。

3）建设“合作、交流”型教师群体。“共享集体智慧”是网上教研的特点之一，“合作”高于“竞争”是构建教师学习共同体的前提和理念。实施共同学习，首先需要打造一支具有合作精神的学习团队，共同参与、共同体验、共同提高。构建教师网络共同体，必须倡导教师间的相互交流。

（3）建立教育门户网站。门户网站是指通向某类综合性互联网信息资源并提供有关信息服务的应用系统。教育门户网站则是以教育为主题的综合性网站应用系统，这是教师更新教育观念、掌握信息技术的重要渠道之一。各种资源围绕各类学习主题进行组织，直接指向教育内容，目的性较强，节省了搜索资源的时间和精力。围绕各类教育主题展开的专题内容，通过知识的深度加工，成为极具研究价值的教育资源，能有效促进教师专业水平的提高。

①教育门户网站的组成。教育门户网站界面包括三个部分。

第一，资源共享空间，主要指学习共同体成员可以获得并共享的有关教育教学的资源，包括数据库、FTP、媒体库、知识库协作工具等。

第二，私有空间，指在网站中个人会员拥有的私人信息处理和数据存储空间，包括网络硬盘、邮箱、用户空间等。

第三，信息发布空间，主要指开放程度不同的沟通和信息发布平台，如电子邮件、论坛、网络信息页面、聊天室等。

②教育门户网站的范例。中国教师研修网，由全国教师教育学会主办，为全国教师搭建了研训一体的专业发展平台，实现了教师个人、学校、区域教学组织的知识管理，创建了全员参与、团队合作、资源共建、可持续发展的网上学习共同体。

第二节　高校英语教师专业化发展路径之教学反思

一、反思型教师及其领导力的提升

（一）“反思型”教师

反思型教师教育是20世纪80年代兴起的新的教师教育模式，而且这一模式正日益成为国际教师教育的主流。在西方教师教育比较发达的国家，反思型教师已经把握教师教育领域最显性、最主导的话语权。人们以各个领域和各个学科的视角对反思型教师的内涵、概念和定义进行了探讨。尽管人们对何为反思型教师远未达成共识，但是教师应该成为反思型实践者却是没有疑义的。教师的反思已经成为人们克服狭隘的专业化理念和促进教师成长发展的新的突破口。因为，如果没有教师的反思，一切新的教育改革都将遇到难以克服的悖论。

传统的课程理论是以泰勒为代表的课程理论。根据这种课程理论，课程是由并不直接介入教学的课程专家设计的，教师只是对课程内容进行把握和传授。对于教学的实施来说，包括教学的内容、方法和教学程序都应该预先选定和设计，教师没有充足的课程设计和修改权。因此，一旦课程内容确定、教学方法选定、教学程序设定，教师就无须进行过多的反思。而现代课程理论在斯腾豪斯过程课程理论和罗杰斯等人的人本课程理论影响下，人们认为：课程不仅仅是预先设定的，而且是在教学过程中生成的；课程实施不仅要关注教学内容的传授、教学方法的运用和教学程序的设计，而且要关注学生的各种需要和生命的追求。因此，在新的课程理论指导下的课程改革，要求教师超越技术人员的角色，促使教师对教学的方方面面进行反思，以确保新的课程理念的实现。

传统的教师专业发展研究受到技术理性的支配，以“控制”为核心，将教师仅看作是知识传授的“工具”，教师就是需要掌握知识传授技能和方法的“技术员”。这使得教师在教师专业发展中的自主性受到忽视，已经严重影响了教师专业发展的效果。当前教师教育研究普遍认为，教师的专业化发展要求教师成为研究者，其最鲜明的特色就是注重教师自身的反思性发展。反思型教师强调教师对生活于其中的教学生活世界进行惯常性的反思。教学生活世界具有丰富性，包括各种错综复杂的内容，因而以教学生活世界为反思对象的反思型教师无疑为教师的成长提供了最为理想也最为充足的平台。

认识到位不等于实践到位，师范生从毕业到适应学校教学实践的过程中，“有一种心理倾向性，即总是以习惯的方式应对纷繁复杂的生活……教学生活就像无反思的日常生活一样——无意识、无批判”。当老师们以简单化的方式对待复杂的教学现象时，就会抹杀教学活动丰富的含义，扭曲教学的价值。“每一个世界都是难以被一劳永逸地完全读懂的世界”，所以教师也不能天真地把“学校的课堂”作为纯粹知识的学习场所和机构，而是必须实现对教学活动复杂性的思考，不但了解教学活动的表面结构和表面动态，而且要深掘教学活动的深层结构和动向，以实现对教学活动的真正理解和批判性改进。因此，打开教师思维的反思之门，无论是对于使课堂成为真正的知识传递和创造的场所，还是对于使其成为实现公平、正义、启蒙等价值的场所都具有重要的意义。

通过以上内容，能更好地帮助教师在思想上树立起对于反思的重视，从而使得教师能在今后的教学生活中主动地培养自己的反思能力。

在认识反思之后，那么接下来就应该谈到反思的运用问题了。反思的运用既有能运用于所有反思的宏观框架模式，也有微观的反思途径。下面为大家介绍几种比较有效的反思模式，以便大家掌握反思的“共性规律”，更好地从整体上把握反思的运用。

1. “埃拜模型”反思模式

埃拜（J. W. Eby）重温了杜威的反思理论与柯尔伯格等人的道德理论，并在充分理解和丰富联想的基础上构建了自己的反思性教学模型。埃拜模型的教师不断地监控、评价和修正他们的实践型反思性教学模型，如图 5-4 所示。

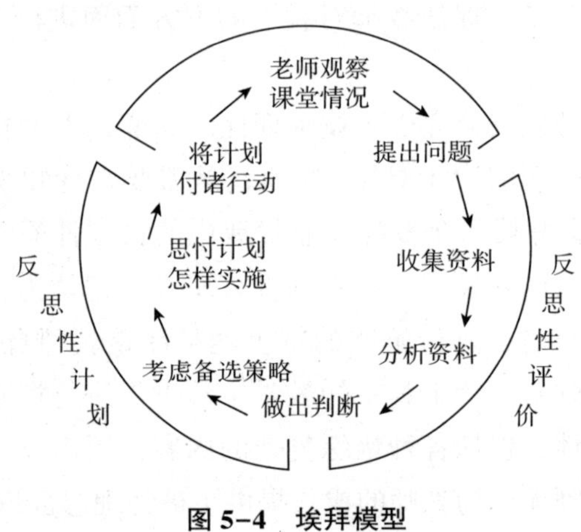

图 5-4 埃拜模型

埃拜模型说明，反思性教学有广义和狭义之分。狭义的是指课堂教学行为；广义的不仅是指课堂行为，还包括课前的计划与课后的评价。因此由反思性计划、反思性教学、反思性评价三部分构成一个连续统一体。

（1）反思性计划。在这个统一体中，计划是相对起点，教师制订计划，通常是以道德原则等为基础做出判断，如“我要孩子成功”“考虑孩子的情感”等。接着考虑备选策略，即设计将前述判断变成现实的各种变通性的方法与手段。最后确定适合学生或课堂具体情况的策略以及完整的实施方案。

（2）反思性教学。课堂教学是将反思性教学付诸行动。在此过程中，教师不仅要运用传授知识与发展能力等具体技能，而且要察言观色，审时度势，及时发现新情况。若发现了新情况，要针对性地提出问题，如"我能做什么""我怎样改进"等，并采取有力的变通措施。

（3）反思性评价。课堂教学结束，进行评价环节。反思性评价要收集关于教学的客观资料和主观信息，通常采取查阅作业或听取学生意见等办法。在对收集到的资料和信息进行分析处理的基础上，做出事实和价值判断，达到相对终点。于是一个反思性教学周期结束，然后再进入新的反思性教学阶段。

2. "爱德华兹—布朗托模型"反思模式

爱德华兹（A. Zdwards）与布朗托（D. Bmnton）模型以反思性教学过程是学会教学的过程这一命题为基点。因此，学习理论和行动研究理论成为这一反思性教学模型的内在核心理论。爱德华兹与布朗托一方面对各派学习理论兼收并蓄，另一方面突出重心，以诺曼（D. A. Norman）和维果茨基（LS. Vygotsky）等人的理论为基本支柱。由于教师的学会教学是与解决教学中的实际问题联系在一起的，因此爱德华兹等人以行动研究螺旋形和维果茨基的学习模型为基础，构成自己的反思性教学模型（见图 5-5）。

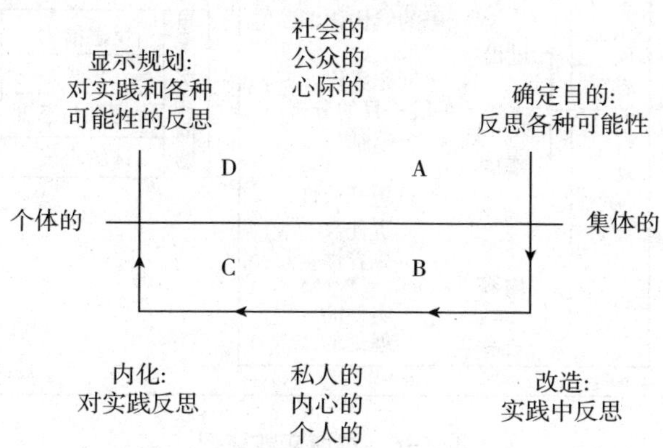

图 5-5　爱德华兹—布朗托模型

这个模型说明，在 A 这个象限，反思性教学的主要任务是"确定目的：反思各种可能性"；B 象限的主要任务是"改造：在实践中反思"；C 象限的主要任务是"内化：对实践反思"；D 象限的主要任务是"显示规划：对实践和各种可能性反思"。A 与 D 象限代表学习周期的公众层次（public level)，即维果茨基所谓的“心际层面”（intermental plane，又叫交心层面）。B 与 C 象限是私人层面，即维果茨基的“内心层面”（intramental plane）。这意味着学习要在两个相互联系的层面上进行：首先在心际的或者社会的层面，其次在内心或个人的层面，最后个人层面又转化为社会层面。这样集体问题就落实到个人身上，通过个人解决。

随着 A 象限工作的深入，教师与介入者（mediator，这里指参与行动研究的理论工作者、专家等）会在社会和集体层面上讨论教学的目的和任务。接着改造并建立个人知识结构的企图出现在 B 象限中，同时 C 象限出现教学行为内化与新的理解的运动。在 D 象限，教师与介入者返回到评论和精心调节后续行动的公众领域。从实质上看，行动研究的螺旋自始至终存在于这个模型之中。

3. “拉博斯凯模型”反思模式

拉博斯凯（V. K. Lahoskdy）模型是以杜威的理论为基础的，除此之外，还博采众长，但主要立足于杜威与布卢姆等人的理论，把一些教学实验的结果作为建立模型的依据。这一反思具体模型如下（见图 5-6）。

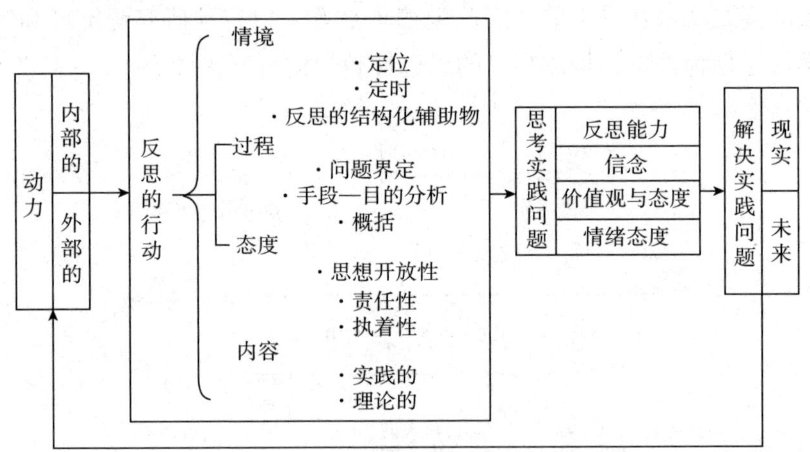

图 5-6　拉博斯凯模型

这个模型表明，反思性教学主要有三个部分，一是动力（动机形成阶段），二是行动（进行反思阶段），三是结果（解决问题阶段）。在反思动机作用下，教师采取反思的行动。反思的行动总是处于特定的情境中，并指向特定的内容：实践的与理论的。而在思考实践问题时，理论观点被孕育出来，并被纳入分析之中。相应地，在评价一种判断标准或教育原理的过程中，实践的意义得到总结和探讨。

反思性教学的直接结果是教师“新的理解力”的形成。新的理解力包括四个方面的内涵：可能是改进了的采取反思行动的能力；可能是变化了的关于课程、教材或教学等领域的信念；可能是进一步澄清了的“教学什么是最重要的”一种态度或价值观；可能是改善了的教师的情绪状态或品质。总之，新的理解力是教师得到提高的标志，但是新的理解力总是处于暂时的、被不断修正提升的过程中。

4. “有效反思循环过程模型”反思模式

北京师范大学的庞丽娟教授等国内学者，综合国内外的各种理论，认为各种对于教师反思过程的认识虽然有差异，但实质都是一样的，即教师的反思是一个教师发现问题—分析判断—形成假设—尝试解决—问题得到解决和教师的经验得到重建的循环往复过程。循环的起点则是发现问题，反思的本质就是教师对自己的教育实践进行自我探究。于是，他们认为有效的教师反思过程包括以下五个循环作用的环节或阶段（见图 5-7）。

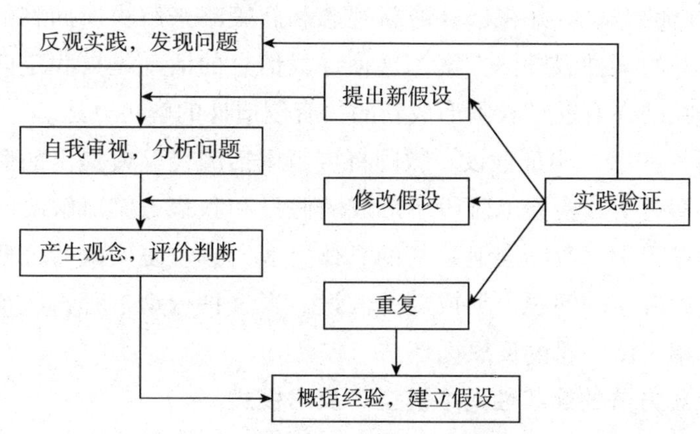

图 5-7　有效反思循环过程模型

（1）反观实践，发现问题。反思始于教师对课堂教学中师生活动的观察或教学后对教学过程以及自身或他人教学经验、理念的回忆和反观自照。教师通过反观自身教育教学实践中的特定问题，通过对教育实践的实际感受和经验，并从学校环境、课程、学生、教师本身等方面收集有关的资料，发现自己在教学中的问题，确定所要关注的内容。教师收集资料的方法包括自述与回忆、他人的参与性观察、角色扮演、轶事记录、各种检查表、问卷、访谈等，也可以借助于录音、录像档案资料等。

（2）自我审视，分析问题。教师分析所收集到的资料，特别是关于自己教育教学活动的信息，以批判的眼光进行自我审视与分析，包括自己的教育思想、教育行为以及自己的教育信念、价值观、态度、情感和教育策略与方法等，以形成对问题的表征，明确问题的根源所在。

（3）产生观念，评价判断。教师自我审视与分析，在头脑中产生种种关于教育事件或问题的解释、看法以及可能的解决方案，并且通过和教育教学事实、已有的教育理论的比较和分析，可能就会产生一种或多种观念，即对于教学活动（事件）有多种看法和解决方案，教师需要对这些观念进行评价和做出判断，分析其产生的原因。

（4）概括经验，建立假设。在明确问题，并通过分析、观察认识了问题的成因之后，教师开始在已有的知识结构中（或通过请教专家、同事，或通过阅读专业书籍、网上搜索文献资料等途径）搜寻与当前问题相似或相关的信息，重新审视自己教育实践中所依据的思想观念，将这种观念概括、总结，成为自己的经验，并积极寻找新观念和新策略来解决所面临的问题，以提出解决问题的某种假设性方案。这种寻找信息的活动是自我定向式的，它所产生的研究结果有助于教师形成新的、有创造性的解决办法。

（5）返回实践，验证假设。教师将重新概括的经验或提出的假设性方案付诸实践，通过实践检验上阶段所形成的假设和教育方案对解决问题的有效性。在检验过程中，教师会遇到新的具体经验，或重复实践验证假设，或修改假设，或发现新的问题、形成新的假设。当这种行动过程再次被观察和分析时，就开始了新一轮的反思循环。

5. “反思方法的连续性网络模型”反思模式

和以往针对反思过程的模型不同，这是一种由国内的专家学者和一线老师共同摸索出来的针对反思方法的模型。他们希望通过这样的模型，能使一线教师更有效地灵活掌握和运用各种反思方法，“反思方法的连续性网络模型”中包括两个关键点：

对反思的反思——以“反思主题”为中心，利用各种反思方法对其进行反思和再反思（把平行独立的反思方法连接成网络，见图 5-8）。

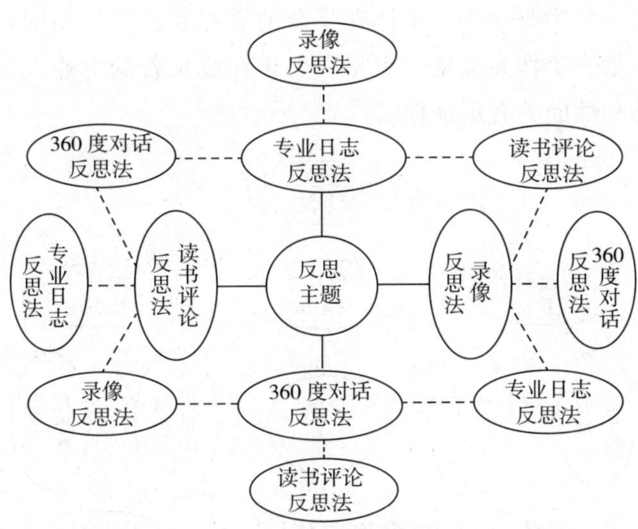

图 5-8　把平行独立的反思方法连接成网络

档案阶段反思——通过整理档案袋的机会，不断对自己的“反思主题”点进行回顾，将其整理为教师自己创造的学习材料（把单独的反思变成连续性的反思，见图 5-9）。

（1）反思方法的网络者对反思的反思。如果让教师用一种方法进行反思，很容易让教师只形成片段的独立反思，不容易形成连续性的反思，但是如果有了反思的主题，就可以把这些反思方法有机地整合起来，形成连续性的反思过程。简言之，以“反思主题”为中心，利用各种反思途径对其进行反思和再反思。

（2）反思主题的串联者档案阶段反思。一般而言，档案袋是个人作品的系统收集。它的一个重要特征是不断更新，以反映个人成就和技艺进步。美国的许多学校根据教师的“教学档案袋”进行聘用，认为它能反映教师的教学水平。

档案袋的功能最开始是运用于教学评价上。20 世纪 80 年代后期，欧美国家开始掀起了以“专业发展”为导向的教师评价改革运动，这次改革主题是以真实性表现评价代替传统的笔纸考试测评，要求教师展示其在真实教学情境中的专业知识、技能、性向和潜在的专业特点。而档案袋评价是表现性评价的一种类型，可以评定教师在真实情景中应用知识和技能的能力。

根据美国著名学者坎贝尔（D. Campbell）等人的解释：“教师档案袋是

一个有组织的、目标驱动的、个体在复杂的学习和教学活动中表现出来的作品编集，不但是一个作品编集，更是一个正在成长着的专业人员所拥有的大量知识、技能和性向的有形证据。”

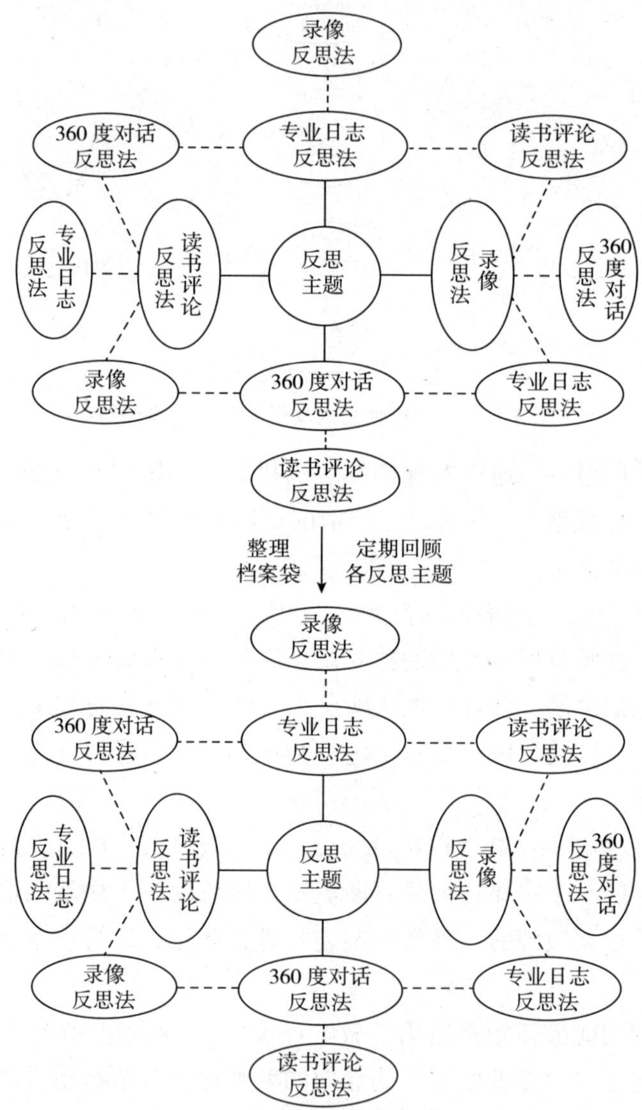

图 5-9 把单独的反思变成连续性的反思

随后，教师教学档案袋在国际上的实施经验显示出许多优势功能，包括：评价、反思和自我管理的多重功能。

因此，档案袋是能促进教师成长的一条很好的途径。该反思模式把“阶段性整理档案袋”纳入其中：不仅重点发挥了教师教学档案袋的反思功能（选择档案袋的内容本身就是一个元认知的过程），而且把整理档案袋作为完成“对反思的反思”的中介载体。除此之外，通过整理档案袋的机会，教师可以不断对自己的“反思主题”点进行回顾，将其整理为教师自己创造的学习材料，这样就能把单独的反思变成连续性的反思（见图5-9）。至于教师要怎样整理反思档案袋，我们稍后会具体探讨。

（二）教师教学领导力

1. 概念辨析

教学领导力（instructional leadership，或简称教学领导）起源于20世纪70年代美国学者对“有效学校”（effective school）的研究，他们认为校长强有力的教学领导对于促进学校发展和提高学校效能具有重要作用。后来，伴随着“学校效能与改进”（school effectiveness and school improvement）运动的发展，人们更加关注学校领导的教学维度，教育领导研究的焦点变成了教学领导力。

在其后的学校改革运动中，教学领导力成为学校领导研究中的热点问题，国内外尤其是国外关于教学领导力的著述颇丰。

教学领导指校长为提高学生的学习效果和教师教学品质，授权他人或者校长本人自己所采取的相关措施。其相关措施包括给教师和学生提供教与学的资源，校长拟订学校发展规划，管理和评价教师教学和职业培训以及教师与校长，教师与教师之间的互动协调关系。

教学领导是校长所采取的相关有效措施，给教师提供一个具有生产力的且令人满意的工作环境，给学生提供一个他们学习且是他们所期望的环境。

有效教学领导的七步骤，包括建立与执行教学目标、与同事在一起、创造引导学习的学校文化与气氛、沟通学校的愿景与任务、为同事设定较高的期望、培养教师的领导者、对学生、同事与家长维持积极的态度。

综上所述，大部分专家学者都将教学领导锁定在校长教学领导内，并对校长的教学领导的含义、意义及功能做了相关的说明。并认为校长教学领导应该是专业取向的领导，它不但对于学校校务革新及发展有重要的影响，而且对教师专业发展也有决定性的影响。不容置疑，当校长教学领导的功能得以发挥时，必能促进教师的教学效能，同时也能帮助教师在新课程改革的过程中站稳脚跟，进而能确保教师教学品质的提高，最终促进学生学习成效的提高。教学领导力则是将现代领导理念引进教学领域而产生的新的教学研究课题。一般而言，领导力就是一种教学评价。那么教学领导力就是能够在学校教学过程中对他人实施影响并具有的学科素养以及凝聚效应支撑下的专业感召力，它可以通过学科研究与判断引领能力、品德、人格魅力、具体教学策略以及一定时期的教学成果、业绩所产生的影响来展现。

随着 20 世纪 70 年代欧美国家有效学校运动的展开，“教师教学领导能力”被认为是一种新型的教学管理理念和方式。

教学领导力的主体是多元的，因为曾有句话是这么说的，“领导教学是一项集体工作”。教学活动的主体包括管理主体与实施主体，前者包括教学活动的各级行政部门、机构及其相关领导者、学校校长、教务长、教研组长等，而后者则是指教学活动的直接实施者——教师。

越来越多的研究者开始认为，教学领导的主体也应该分置于学校这个集体的其他各个层次，包括学区主管、教师和政策制定人员等，而教师是教学领导角色的重要承担者。教学领导力的传统概念是校长的教学行为，后来逐渐发展成为校长和教师共同确定、传播和运用学校教学目标，围绕学校教学开展的各项活动。

我国台湾地区教育学家赵广林认为教学领导的目的是追求卓越的教学，而着眼点则是在整体性的发展及概念上来领导教学，管理好教学资源，鼓励各种教育性质的教学活动来协调教师的专业成长，并关心学生的学习状况，有效地提高教学成效，来促进教学目标达成。

杨振升[1]认为，教学领导可以从狭义和广义两个层面来探讨，狭义指校长所从事与教师教学或学生学习有直接关系的行为或活动；广义指能协助教师教学与学生学习的相关活动。

周叔军认为，“教师教学领导力是指普通任课教师所具有的基于学科权力基础之上，在教学过程中，通过自身的专业素养、渊博的专业知识，有效管理教学过程和学习资源，引导和促进学生有效学习，帮助学生共同完成学习目标的专业成长力和持续发展力。”

---

[1] 杨振升．高等教育发展与绩效议题之探讨［J］．大学：研究，2013（2）：8.

李冲锋在《教师教学领导力的开发》[1]中认为教学领导力是一种力量，这种力量促使教学活动主体去影响教学活动，并使其有效完成预期目标。“教师成为领导者”命题的提出符合教学活动与教师角色特征。教学活动是一项领导活动，教师是教学活动中的领导者。教学领导力具有不同的主体与层次，教师教学领导力的开发需要教师不断进行自我修炼、研究熟悉自己的学生、构建领导型师生关系、构建共同的学习愿景、科学有效地开展教学。

从这里我们可以看出，虽然各专家给出的界定不完全相同，但还是有相同之处，总结出三点共性：第一，教师教学领导力本质上是教师的各种领导能力，在于促进教师、学生和教学情境三者之间的平衡。第二，教师教学领导力是与教学直接相关的领导活动，其最终目的是要促进学生学习目标的实现，达到有效学习。第三，教师教学领导力的实现途径是通过对教学资源、教学过程、教学环境等的调控来实现，同时注重教师自身的个人前瞻力、专业力等对学生的影响。本文中的教师教学领导力是指普通任课教师所具有的基于学科权力基础之上，在教学过程中，通过自身优秀的专业素养、渊博的专业知识，有效管理教学过程和学习资源，引导和促进学生有效学习，帮助学生共同完成学习目标的专业成长力和持续发展力。

2. 教师教学领导力与教师教学能力的比较

能力是完成一项目标或任务所体现出来的素质，是使某些活动顺利完成的心理特征，具有一定的主观性，并不一定对他人产生一定的影响，是单方向的；领导力是为了完成整个团体的目标，充分利用自身主观条件和同团体目标相关的各方面客观因素去提高整个团体的办事效率，可以说是一系列行为的组合，具有很强的目标意识或者说是共同愿景，并且一定是在一个团体和行为活动中才能体现领导力，是一种影响力，必须是对团体产生了影响的各方面能力的综合才是领导力，是双向互动的。

教师的教学能力和教学领导力相同之处在于两者都有一定的目标导向，都需要教师通过教学实践表现出来，是教师从事教学工作所必备的能力。两者存在一定的重合关系，但教学领导力比教学能力的层次更高。教学能力的实质是教师所具备的适应教学活动的知识、技术、性格、品质等因素形成的个体“资源”，是教师在教学实践中可以发挥和运用的个体资源。而教师

[1] 李冲锋．教师教学领导力的开发［J］．当代教育科学，2009（24）：5.

的教学领导力不仅是关注教师主体的能力，还存在着教师同学生主客体之间朝向组织未来目标的“合力”。能力仅仅是存在于教师主体之上，而领导力则更侧重于教师与学生的相互作用上，只有教师主体要对学生施加“影响”，使学生朝向目标前进，同时学生也对教师的“影响”产生“接受”或者“抵制”力，这才称得上是领导力。可以这样说，具备教学能力的教师不一定具备教学领导力，而具备教学领导力的教师一定具备优秀的教学能力，可以说教学领导力是教师的核心能力领导力，是一种专业影响力，是一种感召力和凝聚力，能引导团体成员去做正确的事情，而教学能力是为了获得领导力的工具或技能。教学领导力关注的是与学生建立怎样的关系或状态，而教学能力考虑的是教师自身的建设，更多是关注教师自己为了获得领导力而应该提高的地方。同时高校教学领导力除了培训外，需要教师自身的感悟和思考，尤其涉及信任、人格问题，所以领导力很难获得，是一种艺术，而教学能力大部分可以通过学习获得提升。

3. 教师教学领导力与教师教学胜任力比较

胜任力，从更为广泛的角度定义，是指在特定工作岗位、组织环境和文化氛围中绩优者所具备的可以客观衡量的个体特征及由此产生的可预测的、指向绩效的行为特征。作为任何行业的领导者，首先必须能够去胜任这个工作，能够在这个领域的各方面上处于佼佼者行列，才能引领团队和影响团队。因此，领导力是包含胜任力的，具有领导力的前提是要具备工作所需要的胜任力素质，教师教学领导力是对教师胜任教学工作要素的综合。

那么，教师教学领导力与教师教学胜任力两者都对教师教学所需要的知识、技能、人格等方面提出了更高的要求，充当教学领导者的教师首先需要胜任教学工作。因此，在研究方法上，参考了教师教学胜任力方面的研究，并进行一定的延伸。

4. 教师教学领导力与教师教学管理能力

教学领导与教学管理都隶属于教育管理的范畴，两者本质上都是通过利用自身及客观条件以提高学生的学业成就和学校的持续发展为最终目的。但管理能力并不等同于领导力，管理是种方法，而领导是一种艺术，前者对象可以是人、资源等综合系统，而后者则侧重于人，一种是强制性的服从，另一种则是追随性的思想影响。教师有优秀的管理能力，不一定会有卓越的教学领导力，但卓越的教学领导力必定是以优秀的教学管理能力为前提的。

5. 高校教师教学领导力

高等院校教师伴随着大学组织的产生而产生，是推动现代高校实现教书育人、科技兴国、服务社会、传承文明等重要使命的核心人力资源。高等院校教师素质和能力的高低，在一定程度上决定了学校的整体水平。尽管高校教师的角色随时代转变，但是他们在教学革新、知识发展、学校政策和实践的优化等方面一直起着关键的作用。与此同时，高等教育对塑造现代社会领导力的质量同样起着积极的作用。

有关高校教师教学领导力内涵的研究是越来越多，而且经历了一个从模糊到慢慢明确的过程，一般在研究高校教师教学领导力内涵的时候，主要从赋予教师的权力、教师的专业发展和教师的增能三个方面进行研究。到目前为止，还没有公认的关于高校教师领导的含义，大多数的研究者把重点放在高校教师领导的地位和表现方式上面。之所以这样跟这个词的开放程度有一定的关系，而且它的内涵与外延都是不断扩展的，所以一时间很难把握准确。

目前已经存在的关于高校教师教学领导力的研究，每个学者定义教师领导力的方法都不相同，总结一下可以分为下面几种：在 Andrew 看来，高校的教师对于教学的改革有着十分重要的作用，他们是推动学校进行教学改革的关键人物，高校教师的领导也不再是以前的单纯管理方式和官僚管理方式。高校的教师扮演着领导者的角色，影响和促进学校的教学活动，并给予学校一定的改良建议，对于学校做出的决策积极参与进去。Sheppard 通过研究发现，高校教师领导指的是高校的教师在学校里承担着领导者的责任，并且得到了学校其他成员的支持，他们的身影经常出现在学校发展的活动上，不仅为学校付出了很多，而且促进了同事共同进步。高校的教师领导的自我管理能力良好、专业知识丰富、经验充足、教育信念清晰、自我认知能力很强，沟通能力很好，变革引导力很强，所以他们对于学校的发展起着至关重要的作用。领导模式认定成教师领导的深刻内涵，在学校这个组织范围以内，每个教师都有扮演领导角色的机会，通过授权以及代理的方式发挥着领导者的作用，借助这个模式把学校的发展推向更高层次。哈里斯最擅长来源分析法，他通过这种方法研究了这个问题并强调，高校教师的领导是分布式的领导模式。高校的教师领导者既是学校的老师，也是学校的领导，他们扮演着双重角色。不仅教学知识广博，教学水平高，而且表现出很强的行政组织能力，可以和同事建立完全信任、共同合作的关系，促进教师本身、团队和学校教师一起发展。郑燕祥提出，高校教师领导的本质含义就是促进高校教师专业有效性的提高，并且重新分配权力，促进同事之间的交流互动，共同促进学校教育事业的发展。赵德成指出，高校教师领导的主要职责就是组织学校的教学学习、合作和实现个人成长，进而帮助学生提升学业水平。李冲锋提出，高校教师领导就是由那些比较突出的教师发展而来的，他们因为个人在教学实践中的完美表现，对于学生和同事产生了积极正面的影响，促进了教学质量的改善，被学校的所有成员所认可，所以被赋予了领导的权力，承担着领导的责任。孟卫青通过研究发现，高校教师领导是专业领导力的一种表现，不再只是职务上的领导力。教师的品德越好、教育观念越先进、与学生和同事的互动越多，学生的学习成绩就越好，学习的发展也越好。提升高校教师的专业性和在专业方面的权威性有利于提高教学质量，促进教学改革和教学科研，具有积极的引导和示范作用，还能促进学生和同事共同发展。孙璐通过研究提出，高校教师的领导力是一种综合性的影响力，高校教师凭借自己的专业、能力和情感，在群体活动中影响被领导的成员。

美国范德堡大学的墨菲等人主张以学生学习和发展为中心，从领导行为的“关键环节”和“核心内容”两个维度来理解高校教师教学领导力。“关键环节”涉及计划、实施、支持、倡导、沟通和监控等常规教学领导活动，“核心内容”则聚焦于学生学习，从“学生学习与发展的高标准”“严谨的课程内容设置”“有效教学”“学习文化与学习共同体”“与家长、社区的联系”“系统的绩效问责”等六个方面理解与分析教学领导力行为。这种二维分析框架不仅关注高校教师教学领导力活动本身，而且强调将教学领导力行为与学生的学习和发展联系起来，体现了鲜明的结果导向和质量意识。

高校教师教学领导力本质上是一种非等级制的影响力，即高校中主要担任授课任务的教师为实现专业教学目标，通过各种教学活动，如教学设计、教学实践、教学反思等，基于学科权力基础之上，通过自身优秀的专业素养、渊博的专业知识，有效管理教学过程和学习资源等素质能力，对学生产生一种持续性的影响力，激发学生潜在的学习能力，使学生学会用自己的方式实现其目标，提升学生的学业成就，促进学生全面发展。高校教师教学领导力不是实际的行政权力，它是教师的专业权力在教学过程中对学生形成的一种综合的影响力，是高校教师所应具备的核心能力。

二、教学反思与英语教师职业生涯规划

大学英语教师专业素质，尤其是教学反思的提升与职业生涯成功与否、与是否进行科学的职业生涯规划有着紧密关系。

（一）职业生涯

职业生涯，指一个人终生职业经历的模式。职业经历包括职位、工作经验和任务、受到员工价值、需要和情感的影响。美国组织行为专家道格拉斯·霍尔（DouglasT·Hall）认为，职业生涯是指一个人一生中所有与工作相联系的行为与活动以及相关的态度、价值观等连续性变化经历的过程，包括客观和主观两个方面。他把人的职业分为外职业与内职业。表示职业生涯的客观特征的是“外职业生涯”，指一个人在工作时期进行的各种活动和行为的连续体（一般是具体的，包括职位、工作内容、工作环境、收入、工作地点等，侧重于职业过程的外在标记）。表示职业生涯的主观特征的是“内职业生涯”，涉及个人的价值观、态度、需要、动机、气质、能力发展趋势等（包括观念、掌握新知识、提高心理素质、处理人际关系、职业成果、荣誉感和自我实现等，侧重于职业生涯发展过程中的内心体验和感受）。职业生涯是人一生中最重要的历程，是追求自我实现的重要人生阶段，对人生价值起着决定性的作用。

教师职业生涯，是与教师本人在学校教书育人的一系列活动相关联的职业经历的模式，如在学校从教经历、教研活动中教学经验的丰富、教育理想和愿望的实现，以及得到学生与社会的认可、尊重等。

一个教师职业生涯的成功与失败，其判断的标准主要是看其自主发展的水平、个人职业的体验、学生肯定和社会尊重等，还包括职称、职务、报酬以及地位等外在变化。一般来说，一个教师职业生涯成功的标准，可以从专业发展性质和结果来衡量。如教师在课堂工作中表现出的知识技能和判断力的提高程度、对专业团体所做的贡献大小、教育教学工作在个人生命中的意义之体现等，都可以反映教师职业生涯成功的水平和层次。一个成功的教师，应该是在教育教学实践中取得了突出的教书育人成绩，在教育理论和实践方面具有创新性的学术贡献，具有崇高的人格魅力并赢得学生与社会的真心爱戴。

（二）教师职业生涯规划

职业生涯规划，也称职业生涯设计，是指组织或个人把个人发展与组织发展相结合，对决定个人职业生涯的个人因素、组织因素与社会因素等进行分析，制订个人一生中在事业发展上相应的工作、教育和培训的行动计划，并对每一步骤的时间、顺序和方向做出合理的安排。

职业生涯管理是人力资源管理的重要内容之一。它是指组织开展和提供用于帮助和促进组织内正从事某类职业活动的员工，实现其职业发展目标的行为过程，包括职业生涯设计、规划、开发、评估、反馈和修正等一系列综合性的活动与过程。通过员工和组织的共同努力与合作，使每个员工的生涯目标与组织发展目标一致，使员工的发展与组织的发展相吻合。由于职业生涯管理的内容包括职业目标的选择和有效实现职业目标的途径，所以它不仅决定个人一生事业成就的大小，也关系到组织目标的成败。组织通过对员工的职业生涯管理，不但保证了对未来人才的需要，而且能使人力资源得到有效的开发。教师的职业生涯规划，是对有关教师职业发展的各个方面进行的设想和规划，具体包括：对教师职业的选择、对教师职业目标与预期成就的设想、对工作单位和岗位的设计、对成长阶段步骤以及环境条件的考虑。

（三）教师职业生涯规划的必要性

教师职业生涯是教师全部生命历程中最重要的阶段，教师职业生涯的发展可以看作是教师“育己”的过程。因此，教师职业生涯规划是终身教育的需要，也是教师自身发展的需要。教师职业生涯规划有助于教师确立发展目标，也有助于教师适应未来的竞争与社会需求。

目前，社会经济飞速发展，新的发展形势也使教师这个相对稳定的职业面临着冲击，主要体现在：一是教育变革增加了职业中的不确定因素；二是教育工作的特殊要求和特殊空间；三是学生发展水平提升，教师权威需重新认识；四是知识更新速度加快，知识来源多渠道化；五是从本土地域性学习转变为全球网络学习。

选择了一份职业，就是选择了一种社会角色，最终是选择了一种生活方式。教师职业生涯的发展如何，决定了教师的生命质量和教育质量。因此，要关注教师的职业生涯发展，由学校和教师共同制定适合教师特点的个性化的职业生涯规划，有利于增加教师在工作中的动力，使这一特殊群体看到自身的发展前景，感到自身所处的环境有巨大的发展空间，能够最大限度地挖掘自身潜能，更好地创造自我价值和社会价值，从而体会到自我实现的满足感。把职业生涯管理理念运用于教师这一职业，可以最大限度地提高教师的素质，促进教师的专业发展。

此外，教师职业生涯规划有助于解决教师的职业倦怠。职业倦怠也称工作倦怠（Job Burnout），简称倦怠（Burnout），是指个体因为不能有效地应对工作上连续不断的各种压力，而产生的一种长期性反应，包括情绪衰竭、疏远工作与团队和成就感低落。教师职业倦怠，主要是指教师难以应付职业对自己的要求而产生的疲倦困乏的身心状态，是个体厌倦和畏惧工作任务的一种心理反应。教师职业倦怠现象不但极大地危害教师的身心健康、专业发展，而且严重影响教育事业和整个社会的发展。因此，必须要解决教师的职业倦怠问题。

从人力资源开发与管理理论来看，解决职业倦怠问题的出路之一就是要加强教师职业生涯的管理与计划。教师通过职业生涯管理认识到自身的兴趣、价值、优势和不足，从而明确职业发展目标、制订行动计划。学校则需要组织相关的职业生涯管理培训，帮助教师进行系统的职业生涯规划和管理，并为教师提供合适的职业发展通道，以最大限度地发挥其能力。

我国传统的大学英语教学，主要以“书本”为主，教师凭经验而教，学生靠教师而学。在教学策略上，也过于简单化，考什么，教什么；教什么，考什么。因而“哑巴英语”和“费时低效”等问题仍是中国人学外语的最大“瓶颈”。不少学生学外语只是为了考试，只注重语言知识的积累，而忽视语言交际能力的培养，结果学了十多年外语，口语和口译能力并不理想。根据《大学英语课程教学要求（试行）》，大学英语的教学目标是培养学生英语综合应用能力，特别是听说能力，使他们在今后工作和社会交往中能用英语有效地进行口头和书面的信息交流，同时增强其自主学习能力、提高综合文化素养，以适应我国经济发展和国际交流的需要。

但我国目前的大学英语教学远远不能满足社会经济和科技文化发展的需要。根据全国公共英语教学指导委员会的统计，英语教师和学生的师生比已达到1:130，英语教师授课任务繁重，普遍超负荷工作，而且要搞科研，如编教材、著书、写论文、做课题等，很难有进修和休息调整的机会，因此大学英语教师的职业发展状况堪忧。

何谓教师的职业发展呢？所谓教师的职业发展就是指在理论教育的基础上，鼓励教师去反思自己的教学，观察和评估教学行为、教学过程以及引发这些行为的认知内涵，从而使教学实践与教育理念不断达到和谐统一。教师为什么要寻求职业发展呢？我们应清醒地认识到，教师是教育改革和教学质量提高的关键，教师自身的语言素质、教学观念、教学理论水平、教学技能技巧、自主发展能力都是制约教学进步的因素。况且，经过多年的课堂教学，许多教师都会出现知识技能退化的状况。因此，教师必须积极寻求职业发展，不断提高自身的职业水平以便适应教育改革和发展的需要。具体地说，教师通过寻求职业发展，可以获得新的知识和技能，可以与本领域的迅速发展保持同步，可以对教学保持兴趣，避免出现教学技能退化的状况。

那么，外语教师，特别是大学英语教师如何才能谋求自己的职业发展呢？目前在大学教师的职业发展过程中，脱产学习和进修是有效途径，但目前在国内由于外语教学资源和有关条件的限制，并不是每个教师都能经常有这样的机会来提高自身的职业水平，况且光靠一段时间的脱产学习和进修也是不够的。特别是在我国这样一个英语学习人数众多的国家，大学英语教师的课业负担重、进修学习机会少，因此他们的整体素质提高在很大程度上依赖于教师本人，而反思性教学的提出，恰恰能满足大学英语教师边工作、边学习的要求，其根本作用在于“授之以渔”，目的是促进其专业发展。大学英语教师通过对其教学行为的反思、改革教学方法、探索教学创新、提出新的见解，从而使教学实践与教育理念不断达到和谐统一。

1. 反思性教学的起源发展和大学英语进行反思性教学的必要性

反思性教学之前已经提到，这里主要讲一下反思性教学与教师职业生涯规划的关系。反思性教学是20世纪80年代末西方发达国家兴起的一种促进教师教育发展的教学理论与实践的方式，被认为是促进教师专业发展的有效途径，其思想源于美国教育哲学家杜威（Dewey）1933年在《我们如何思维》（*How We Think*）一书中提出的“反思起源于主体在活动情境过程中所产生的怀疑或困惑，是引发有目的探究行为和解决情境问题的有效手段”的观点。后经另一位美国思想家舍恩（Schon）发展，1983年他在其《反映的实践者：专业工作者如何在行动中思考》（*The Reflective Practitioner*：*How Professionals Think in Action*）一书中指出，“从业者结合亲身经历中的疑惑，通过一系列的反思、研究活动来寻求解决疑惑的方法，是从业者提高自身职业能力的最有效途径。”关于反思性教学，我国学者熊川武也多有著述，他提出反思性教学应以解决教学问题为基本点，以增强教师道德感为突破口，以追求教学实践合理性为动力，反思性教学是外语教师进行教学研究与自我发展的一种新途径。不难看出，反思能力是教师进行有效教学和专业发展的标志性能力，在教师的持续发展过程中扮演着极为重要的角色。美国心理学家波斯纳（Posner）于 1989 年提出了教师成长的公式：成长=经验+反思。在教师的成长教育中，反思是一个不可或缺的手段。他还指出，没有反思的经验，是狭隘的经验。而在反思性教学中，教师可以通过对自己教学经验的解释，来增进其对教学现实的理解，提高自己的教学水平和培养自己的职业能力。

反思性教学为大学英语教师提供了一个实践操作与理论研究相结合的平台，反思性英语教学过程就是英语教师对自己教学实践活动中的各要素进行审视、研究和整合的过程，反思性教学的基本内容是：研究学习者对学习的认识和他们的基本认知方法；研究分析自己教学决策的方式与过程；思考教师本人在教学中的角色；反思自己的课堂组织方式，从多重角度发现问题和分析问题，并以多种假设提出解决问题的方法，在解决问题的过程中使教学过程更优化。

反思性教学以解决教学问题为基本点，英语教学不再以教师为中心，教师也不再是以“一本课本，一支粉笔”为工具的教书匠，不再墨守成规，年复一年，机械重复的进行教学实践。教学的目的不再只是让学生掌握书本知识和训练学生的应试技巧，而是提高学生实际运用英语的能力，培养学生的创新精神。为了达到这个目的，英语教师必须改革教学方法，反思自身所实施的教学行为。反思型教师对教育理论和实践持有一种健康的怀疑，他们在教学中以开放的姿态不断发现问题，解决问题，形成新的教学思想，进行教学创新，对自己的各项教学活动进行深刻的客观分析、评估和剖析，发现存在的问题，并积极寻找解决问题的新方法、新途径，激发学生学习的主动性和自主性，使他们“学会学习”，教师则通过不断的反思改革教学方法，探索教学创新，“学会教学”。大学英语教师在教学过程中应用反思性教学是借助于自己的行动，不断探索与解决自身和教学目的以及教学方法等方面的问题，将“学会教学”与“学会学习”结合起来，努力提升教学实践，使自己成为学者型教师的过程。

2. 反思性教学对大学英语教师职业发展的促进作用

首先，反思性教学能改善大学英语教师的理论素养。反思性教学是在理论指导下进行的，同时反思型教师对教育理论、语言学、第二语言习得理论和实践常常提出一种健康的怀疑，这就意味着大学英语教师需要不断对领域内的知识进行批判性学习和反思性评价，学会系统地将程序性知识和诊断性经验以反思或前瞻的形式在自己的职业体系中形成稳定的结合。在这种理论的重构与重建过程中，大学英语教师不仅积累了大量的行动中的知识，而且将那些在反思中已经意识到但通常又难以表达的“缄默知识”加以激活、评判、验证和发展，使之升华成一种“明白的知识”，不断创造出新的知识，使其理论水平和专业能力大大增强。

其次，反思性教学能赋予大学英语教师一种主体地位。反思性教学是以探究和解决教学问题为基本点，因而它赋予大学英语教师新的角色定位，改变他们被动接受教育理论、语言习得理论的灌输，被动适应专家教授的指导地位，使他们真正成为学者型教师。多年来，外语教育实践活动与研究活动总是相互分离的。广大大学英语教师一直是潜心教学，最多也只能研究一下教学方法，常常认为教育研究和教育改革仅仅是专家的事，自己最多只是教学理念的执行者而已，因而仅仅充当知识的传承者。而反思性教学赋予大学英语教师一种主体地位，使他们认识到教师不仅仅是储存他人观念的容器，也能提出并解决与他们教学实践有关的问题。在这种背景下，大学英语教师会主动检查和验证自己的价值和假设，以研究者的眼光审视和分析语言教学中的各种问题，并对自身的教学行为做出科学的分析和评价。大学英语教师作为研究者，要求能从自己的教学实践出发，以已有的经验为基础，以所学的理论为指导，对教学实践中的问题进行反复的观察、审慎的反思，以改进自己的教学行为和提高自己的教学水平为出发点，从检查、分析自己的教学行为开始，观察并思考在接受新理论知识后所出现的变化，因而在实践中不断检验、修正、内化相关的理论和思想，目的在于建立和发展能解决教学实践的个人教学理论。随着这种理论的建立，大学英语教师的专业能力不断增强。

最后，反思性教学能增强大学英语教师的科研能力。一般来说，大多数课业负担繁重的大学英语教师，除非迫于外界压力，否则不会自觉加强对科研的重视。而反思性教学的本质就在于追求更合理的教学实践，教师在日常教学中，对某些教学现象认真反思，并在教学活动中实施和进行验证，以形成对教学现象的新理解和新认识，而这些新理解和新认识将成为他们论文写作的扎实基础，同时形成良好的反思习惯，不仅有助于改善教师教学实践上的不足，而且能反思教学实践，成为他们走上科研之路以及促进自身素质和职业能力发展的有力助推器。

关于反思模式我们上一节内容已经进行过介绍，下面我们谈一谈反思性教学的方法：反思性教学必须遵循源于实践、用于实践的原则。反思性教学可采取的方法有：记日记、合作研究、教学观摩、专家听课、教学评价、调查问卷、研究教学录像或录音等。反思性教学可用许多形式和手段来实现，教师可根据自己的教学条件，采取不同的方法。

（1）记日记：教师在当堂或当天的课堂教学后，对具体的教学问题记录下亲身感受和体会。它能提醒教师注意教学失败之处，发扬教学成功之处，从而对自己的课堂教学行为、效果、动机等产生新的见解。同时记录下来的问题可作为同事间讨论的话题，在相互学习中得到启迪和帮助。记日记贵在坚持，它能为反思性教学提供最直接的第一手材料。

（2）合作研究。不管是在教学上还是在科研上，大多数教师都是各自为战。但在当今知识信息爆炸的时代，任何事业的成功都取决于团体的协作和努力。教师通过集体备课的合作方式，汲取他人教学精华，反思自己的教学方式、教学手段和教学方法。教师还可以同学生合作，就教学过程共同实践和探讨。

（3）教学观摩：这是广大教师提高自己的最普遍的手段，是以相互听课为主要形式，观察和分析同事的教学活动。教学观摩应以教师自愿为原则，以教研室或同一教材教师为单位，相互听课，相互学习，观察教师是否合理安排教学过程，如课堂管理、教学方法、学生反应、师生关系等，如何处理课堂教学中的问题，确保教学活动顺利进行。这与传统的听课形式不同，不是教学的检查、评价，而是通过听课这一形式，然后彼此客观地交换意见，提出改进措施，以达到共同提高、共同发展的目的。这样不仅能更有效地解决教师所反思的问题，而且新的行之有效的理论方法推广起来也更快。

（4）专家听课：可以是离、退休教师组成的教学督导小组听课，也可以是同教学领域业务过硬的专家听课指导。条件许可的话，可以聘请国际知名学者对全体英语教师进行全程听课，给出评价。先进的教学理念指导教学经验，给被听课的教师建议和修正，同样可达到反思性教学目的。

（5）教学评价：要求听课者关注课堂教学的全过程，在课后相互交换意见时，焦点是整个教学过程中的教师行为，而不是教学对与错的问题。这是一个反思、分析、综合和实践的循环过程，其目的是帮助教师提高教学水平，有利于将来的发展。在对教师的评价方面综合了六个方面的内容：人际关系、文化知识和跨文化知识、语言与语言学知识、语言习得与语言学习、语言教学、职业意识。

（6）调查问卷：可以是大学英语教师对本班学生就教学行为、教学效果等小范围的调查，也可以是全年级、全校，甚至全省、全国的外语学习调查问卷。调查问卷有利于教师掌握学习者心态和动态，调整教学策略，达到教学的完满。

（7）研究教学录像或录音：开展教学竞赛，录制教学录像或根据所在学校的条件，对课堂教学的整个过程或某一环节进行录像或录音。这样便于教师随时、反复观看或聆听，直观地分析、研究所反思的教学问题。并通过对比研究，使教师更全面、准确地收集相关信息。

通过反思性教学，教师调整、优化其教学行为来组织课堂教学，指导学生学习，启发学生思维，最后达到预期的教学效果。对于大多数课业负担重、进修机会少的大学英语教师而言，反思性教学是一种有效而又切实可行的方法，是大学英语教师职业发展的有效途径。

教师专业素质包括三个层面的内容：第一层面指专业知识，包括学科知识、普通文化知识和教育科学知识等；第二层面指专业能力，包括教育活动设计能力、教育活动实施能力、教育过程的组织与监控能力及教育评价能力等；第三层面指教育专业精神，是教师对教育专业所抱有的理想、信念、态度、价值观和道德操守等倾向性系统，是教师从事本专业工作的精神动力，其中包括教育理念、专业态度和师德等。

三、高校英语教师专业化的发展

（一）教师的专业化发展

教师专业发展，就是尊重教师在专业发展中的主体性，承认教师尤其是教师个人历史在专业发展中的作用，以及教师专业发展是教师作为“人”的多方面发展的结果。

从语法结构上分析，“教师专业发展”概念中的“教师”既可以是定语，也可以是主语。回顾20世纪70年代至今，“教师”在专业发展中的定位，正是经历了从“定语”到“主语”的转变。20世纪60~70年代末，由于对教学本质的认识非常有限，有关教师和教师教育的研究主要是在“技术理性”的“过程—结果”研究（process productresearch）范式和“专家—新手”（experts-novices）比较研究中展开，以此来寻求高成效教师的一般性预测变量。这些研究结果揭示了高成效教师和一般教师之间的差异性结果，但并没有阐述一般教师发展成为高成效专家型教师的过程，而且行为主义所提出的“传递”假设也难以成立。因为“专家—新手”比较研究的结果表明，专家教师所具有的知识具有专门化、组织性和缄默性的特征，是无法通过形式化的直接教学来获得的，而只能通过行为者本人在实践过程中的建构来实现。

建构主义的教师角色观把教师看作主动的学习者和建构者，提出教师根据自己已有的知识结构通过“同化”“顺应”来组建新的知识结构。因此，20世纪80年代以后，教师“自我”与“主体性”在教师专业发展中得以被承认。重视教师的主体性就应该把教师的实践活动、教师已有的认知结构作为教师发展的基础，把学习与教师的课堂实践紧密联系，重视教师的经验与历史。大量文献研究表明，有效教师专业发展的一个重要特征就是认可教师现有的信念和实践。教师的经验形塑着教师解读研究而来的理论和知识的意义。教师是通过现有的知识和信念这把筛子来诠释学习活动的，教师无论是从个人经验中，还是从各种其他专业发展活动中学习时，他们所持有的知识和信念影响着学习什么和如何学习。此外，作为“人”的教师发展是个人（personal）发展、专业（professional）发展和社会（social）发展共同作用的结果。个人的发展包括对变革过程和教学情感的改变；专业的发展包括教学信念、教学活动的变革；社会的发展包括与学生、同事和他人关系的改变。

（二）教师专业发展是教师的自主发展

传统教师培养观关注和重视培训部门在教师发展中的作用，相对忽视教师在自我成长中的主体意识和主观能动性。建构主义视阈下的教师专业发展观，对这种“自上而下”的培训模式进行了批评，把发展主体的自身实践活动作为教师发展的根本动力。因为在个体的实践中包含了人的内在需求与条件、外部影响与条件，也包含了发展主体的能动认识与选择，实践是内、外因作用于个体发展的聚焦点，也是推动人发展的直接与现实的力量。教师专业发展不是被动、被迫、被卷入的，而是自觉主动地改造、建构自我与世界、他人、自身内部的精神世界的过程。教师专业发展的本质是发展的自主性，发展是教师不断超越自我的过程，是教师作为主体自觉、主动、能动、可持续的建构过程。教师要从自身的教育实践活动中寻求自我成长的源泉和动力，主动积极地参与、投入自身的发展中，教师发展是赋予教师自主权力的过程。

教师的专业自主性是教师专业发展的前提和基础，教师在设计课程、规划教学活动，以及选择教材时，应有充分的自主性。教师本人必须把外在的影响转化为自身专业发展过程中的动力，必须具有自我专业发展意识。教师自我专业发展意识可增强教师对自己专业发展的责任感，使教师不断寻求自我发展的机会，逐渐获得自我发展的能力。自我意识“意味着人不仅能把握自己与外部世界的关系，而且把自身的发展当作自己认识的对象和自觉实践的对象。只有达到了这一水平，人才在完全意义上成为自己发展的主体”“独立的自我意识和自我控制能力的形成，把个体对自身的影响提高到自觉的水平。这是一种影响性质的变化，不纯粹是强弱、大小的变化”。

然而，教师专业发展中对教师自主发展的强调，并不意味着一切都是“自下而上”，完全由教师个人来决定自己的发展。相反，在这个过程中，教师自主发展同样也需要必要的指导和外部支持，需要教师个体同其他人建立一种和谐、合作的关系。只有这种合作的关系以及以教师发展为目的的支持环境的构建，才能保证教师真正实现自我发展。

（三）教师专业发展对教师个体实践知识的重视

工具理性的知识观认为，通过研究能够获得一个关于事物性质的一般性结论，实践者通过运用客观、科学的知识去解决问题。在这种知识观的影响下，对教师知识的研究主要是确定教师必须掌握的基本知识，以形成特定的教学专业知识。舒尔曼（Shulman）提出教师必须具备的七种知识类型：一般教学知识、关于学生的知识、学科知识、教学内容知识、其他内容知识、关于课程的知识以及教育目标的知识。这种观点在当时被看作是对教师知识构成的权威理解。然而，这种由外部界定的教师知识体系缺乏与教师课堂实践的联系，忽视教师的实践及其个体知识，不利于激发教师发展的内在需求与动机，也无法从根本上保证教师教育观念的真正转变与教师教育行为的改变。实际上，教师知识的形成具有经验性、现场性，是教师在教育实践活动中所形成的个人知识，也称为“教师个人实践知识”(personal practical knowledge)。教师个人实践知识所基于的实践理性与一般性专业知识所基于的工具理性有所不同。实践理性认为教育实践是复杂的，教育者需要对复杂的、不确定的教学情境做出决策，而这种决策所需要的知识产生于复杂的教学情境，以及对情境做出的“行动中的反思”之中。这种决策过程中所运用的知识只能以其特殊性和贴近实践者自己的语言来表达。

因此，教师不仅需要通过直接教学获得的一般性专业知识，而且需要在自己的专业实践活动中获得实践知识。教师个人实践知识的研究者认为，这恰是教师专业发展研究的一个构成部分。布瑞兹曼（Britzman）认为教师在日常课堂活动中会常常运用教与学的理论，而这种理论可能是内隐的。德里尔（Driel）指出，个体知识是教师通过以往经验而形成的对教育的各种主张，它联结着教师的过去（经验），现在（当前对教育的看法与主张）以及未来（以现有的知识体系为基础对未来行动的预期与决定）。

教师专业发展与教师的实践知识是紧密相连的。对教师而言，实践知识对他们的发展更为直接和根本，教师专业发展起源于教师在日常生活中对教学情境的知觉、对教育问题的关切以及对实际状况改变的需求。崔（Tsui）认为，虽然语言教学中专业技能的本质是一个尚未充分探索的研究领域，新手和有经验语言教师之间在感知和理解自己行为方式上表现出的某些差别似乎存在于“他们联系教学工作环境的不同方式，以及在这些背景中发展出的对教学的概念和理解”。波琳娜（Berliner）认为有经验的教师与新手教师对工作的处理方式是不同的，因为他们知道典型的课堂活动，预计的问题及解决方法是什么。通过比较，新手教师明显不太熟悉学科主旨、教学策略和教学环境，并且缺少足够的“思维脚本和行为常规”技能。可见，教师的许多知识和能力是依靠个人经验和对教学的感悟而获得的，由于教学情境具有不确定性，教师的专业发展必须与教学实践、教学情境相联系，教师应该不断反思自己的教育教学理念与行为，不断自我调整、自我建构，从而获得持续不断的专业发展。

第三节　高校英语教师专业化发展路径之课堂观察

一、课堂观察的理论概况

（一）课堂观察的释义

课堂观察，就是通过有计划的观察，对课堂的运行状况，特别是一些教学细节进行记录、分析和研究，并在此基础上改进教师的课堂教学，改善学生的课堂学习，提高教师专业发展水平的一种专业活动。与一般的观察活动相比，课堂观察要求观察者具有更明确的观察目的，借助一定的工具（观察表和录像设备等），直接、间接地从课堂上收集信息和资料，并据此做出相应分析和研究。

（二）课堂观察的历史发展

早在古希腊时期，亚里士多德就认为：科学研究是在观察事实的基础上，运用归纳上升到一般原理，然后通过演绎推理回到观察的过程。观察法作为一种科学的研究方法，早在教育以外的其他学科领域中广为运用。

课堂观察研究起源于西方的科学主义思潮。作为一种研究课堂的方法，它发展于20世纪50~60年代。在此期间，受其他学科定量化、系统化、结构化的影响，研究者们不断开发探索系统的观察记录体系，构建众多的观察工具。典型代表为美国社会心理学家贝尔思于1950年开发提出的“互动过程分析”理论，它开发了人际互动的12类行为编码，并以此作为课堂中小组讨论的人际互动过程的研究框架。从某种程度上说，贝尔思的研究拉开了比较系统的课堂量化研究的序幕。美国课堂研究专家弗兰德斯于1960年提出“互动分类体系”，即运用一套编码系统记录课堂中的师生语言互动，分析、改进教学行为，这标志着现代意义的课堂观察的开始。

从20世纪70年代中期到现在，对教育环境中教学过程的观察深度和广度不断扩展，使课堂观察的应用更为广泛。在定量观察不断发展的同时，一种基于解释主义和自然主义的定性观察的方法重新引起教育研究者的重视，这是一种开放的以文字记录为主的课堂观察方法，它在方法论上的扩展为课堂观察的深入进行提供了更为广阔的发展空间。美国著名学者鲍里奇博士从教师观察力培养的视角，指出了一条通向高效率教学的途径。他论证了进行课堂教学观察的必要性、维度、准备及方法等，在此基础上对课堂观察涉及的八个领域进行探讨，分别从八个维度出发，极为细致地介绍了每一维度下进行课堂教学观察的具体操作。这八个维度是：感受课堂氛围、聚焦课堂管理、探寻教学过程的清晰度、查证教学指导方式的多样化、明确教学目标定位、检验教学过程中的学生参与、评估学习的成功、培养高品质的思维能力。鲍里奇将观察作为一个系统，从课堂管理、明晰课程、教学类型、任务设置、学习过程等方面，将观察技能的基本原理、深入研究与教学实践经验相结合。他对课堂观察的研究在不失其理论价值的同时，更进一步凸显出鲜明的现实针对性与实践指导意义。他提供了观察自身教学的方式、方法，当致力于观察他人教学并以之为样板向他人学习时，你也掌握了如何观察自己，如何使自己被观察的方法。通过观察—反思—目标确立的动态循环，能极大地促进自身作为一名教师的专业素养的发展。

与此同时，美国学者古德与布罗菲在其合著的《透视课堂》一书中则更多地以研究者的身份观察课堂。他们研究了观察、描述、反思和理解课堂行为的方法，强调教师必须能够意识到课堂里发生了什么，而且能够准确地监控他们自己以及学生的意图和行为，这样，他们才能真正起到决策者的作用。同时在进行课堂观察时，应尽量减少课堂观察中个人的偏见，并把课堂观察得到的丰富多彩的资料进行整理、分析、反思，提高教师作为“积极决策者”的决策水平。

在我国，课堂观察作为一种科学的研究方法，在近几年来受到越来越多的学者和教师们的关注。

（三）课堂观察的特点

课堂观察作为一种科学的教育研究方法，与普通的观察相比，具有其自身的特点：

第一是目的性。课堂观察的目的一定要针对一定的教育现象和教育问题，在课堂观察中，研究者通常要根据自己的研究目的来从事观察活动。

第二是系统性。课堂观察有明确的目的，研究者通常根据自己的研究目的来选择课堂观察的策略，对观察的整个过程作出系统的规划，使观察系统地、有计划地进行。

第三是理论性。科学的观察离不开理论的指导。首先，课堂观察方法本身就必须有一定的方法论作依据；其次，课堂观察需要观察研究的教育现象或教育问题也需要一定的教育理论做指导。

第四是选择性。有意识、有目的的观察就意味着有选择。首先，研究者在进行课堂观察时必须对这些问题进行选择；其次，课堂观察尽管较普通的日常观察更为细致且系统，但由于选择性因素的存在，它所描述的“事实”也很难做到全面而真实。

第五是情境性。课堂观察是在现场进行的研究活动，它可以在行为和事件发生时予以记录，它不但可以获得现场的第一手资料，而且可以使观察者记录下那些只可能在现场产生的、与研究主题相关的感受和理解。观察与观察的情境在空间和时间上都不可分割，脉络相连，从空间的维度来看，较小的背景应置于较大的背景之中考虑，比如，将商务英语谈判小组置于教室情境中，将教室置于学校情境中。从时间的维度来看，应当充分考虑情境中的历史背景，比如学校的传统、学生的情况、班级的特点、教学的模式等都很可能决定了教学事件发生的状态。

（四）课堂观察的类别

根据英国霍普金斯《教师课堂研究指南》，课堂观察可分为开放式观察、聚焦式观察、结构化观察、系统观察。

1. 开放式观察

在开放式观察中，观察者可以用纸和笔记录一节课的情况，观察者或者记录下这节课的关键点，或者用他自己看得懂的方式对这节课各方面的情形进行详尽记录。使用这种观察方法的观察者尽可能开放地真实地记录情况，不做判断，直到课后的讨论时才进行必要的解释。

2. 聚焦式观察

聚焦式观察需要选定一个观察的焦点，即有一个观察的具体问题，比如提问或者表扬，或者课堂中学生非投入学习的情况。

3. 结构观察

在霍普金斯看来，结构观察是用记号或画图的形式进行一些简单的信息记录，比如观察者在要观察的事件每次发生时做个记号或打个钩，或者用画图的方法画出教师或学生的位置，或者教师提问过的学生位置等。这样，最终的记录是事实的而不是判断的，如果将这种观察方法与以上提到的那些方法结合起来，呈现的事实就会更详细。

4. 系统观察

系统观察是在结构观察的基础之上，利用现成的编码量表或分类体系来进行观察研究，它比结构观察更为复杂和系统，也更为封闭。因此在霍普金斯的课堂观察方法分类中，弗兰德斯的互动分析分类体系归于此类。系统观察中所使用的分类体系虽然大多数都经过广泛的应用和不断的修订，但是观察者在使用中总是不可避免地用别人的眼睛来看课堂，因而，研究者将自己的需要与量表的意图和焦点相结合是很重要的。据霍普金斯书中所言，这样的有代表性的观察表有 200 多个。

（五）课堂观察的方法

课堂观察大致分两类：定性方法和定量方法。

定性方法用归纳法分析，观察时用描述性和评价性的文字把现场感受和领悟记录下来，观察后根据回忆加以追溯性的补充和完善。

定量方法则需运用到一套定量的、结构化的记录方式（观察表）进行观察：在观察前，观察者需要根据观察目的和主题设计所需要的图表（如座位表、提问技巧水平表、提问行为频次表、教师反馈表、课堂练习目标层次统计图等）；观察时既可以采用录音笔，也可以运用手机录音、录像功能和电脑软件等进行分析。

（六）课堂观察的步骤

课堂观察一般分为观察前、观察中和观察后三个基本阶段。

1. 观察前

观察前首先要明确观察要解决的问题，要有针对性地进行观察。其次根据要解决的问题制定出相关的规划。规划的内容包括观察的地点、时间、课次、焦点、方式、工具等。如有条件，可依据具体的要求对观察者进行培训。

2. 观察中

观察中阶段主要是指课堂观察的实施过程，即进入课堂及记录资料。“观察者进入现场之后，要按照一定的观察技术要求，根据课前会议制订的观察量表和观察要点，选择恰当的观察位置、观察角度，迅速进入观察状态，通过不同的记录方式，采用录音、摄像、笔录等技术手段，在技术层面将定量和定性方法充分结合起来，记录观察到的典型行为，做好课堂实录，记下自己的思考。”（付黎黎，2009）在课堂情境中，依照预先选定的记录方式对观察对象进行观察和记录是课堂观察的主体部分。通过不同的课堂观察记录方式，观察者记录不同的观察行为，包括行为发生的时间、出现的频率、师生言语或非言语活动的内容和形式、观察者现场的感受和理解、音像资料等。

3. 观察后

课堂观察结束后，要对所收集和记录的资料进行整理和分析。课堂观察所记录的资料一般有定性和定量两种，两种资料分析的方式不尽相同，但目的都是通过对其进行系统的分析来揭示课堂行为之间的相互联系，了解被观察行为的意义，解决课堂观察前设定的问题。在分析和整理的过程中，要求所有参与者对课堂事件和现象进行探讨并制定出相关方案。

（七）课堂观察的现状

在我国，课堂观察被称为听课或评课，与国外相比，不仅存在着字面上的差别，也反映出我们对课堂观察的不同认识。从实际情况来看，我们对课堂观察的研究和应用没有引起各方面的重视，观察的目的、方式单一，观察结果的应用范围狭窄，造成课堂行动研究和教师专业化发展的研究相对滞后。

第一，重视评价和示范，忽视教师专业发展。目前国内听评课主要有这样几种形式：同科教师相互听课和督导听评课、公开课、示范课、上级和学生的评教。

对于同科教师相互听课，国内许多学校都有着硬性的规定。譬如，一些学校规定教师每学期听课至少三次，目的主要是给教师提供相互学习和相互观摩的机会，实际上效果并不明显。很多教师视听课为任务，注重形式，学校也只是核查教师完成听课的节数。“当教师认为督察人员没有花足够的时间来听课，用模糊的或不相关联的标准或是缺乏必需的学科知识来评价他们的行为正确与否时，老师会拒绝接受监督人员的意见”（古德·布罗菲，2002）。公开课和示范课相对于听评课显得太正式，往往表演和包装的色彩太浓，削弱了其本来的功能。由上级和学生对教师教学行为进行评价并将评课结果进行量化，作为业绩考核的一部分，与教师的工资、职称甚至工作岗位挂钩，这种形式给予教师的不是发展而是制约。过分强调评课的外在管理功能，甚至将其作为对教师进行鉴别分等的工具，就不可能给予教师应有的安全感。

第二，课堂观察随意性、形式化。由于前期准备不足，观察目的不明，使用方法、工具单一等问题，课堂观察的随意性、形式化成为一种普遍现象。

第三，课堂观察能力不够、效果不明显。除前期的准备不够充分之外，教师们缺乏系统的课堂观察及研究的培训，于是造成了课堂观察中缺乏足够的观察能力，观察效果肤浅。

第四，课堂观察缺乏实用的反馈。计划制订得再周密，观察进行得再顺利，如果没有讨论和反馈，对被观察者和观察者来说都是莫大的损失。无论是采用量化的划分法，还是选用定性的描述法，观察者都必须尽快地在观察后归纳、整理收集到的资料，并与被观察者进行及时的沟通；在确定观察结果时，观察者应该以平等的身份，采用和缓的语气，提出双方要探讨的问题和今后需要改进的部分。重视观察后续讨论、反馈，将有利于被观察者进行反思教学，同时观察者也会从中受益。

第五，关于课堂观察的理论还需完善。长期以来，课堂观察作为其他研究方法的辅助手段，理论上的研究往往不系统、不细致，缺乏可操作性。而广大教师由于缺乏相关理论的指导，只能在个人经验的层面上“有感而发”，因而课堂观察研究的深度有待加强，理论需要提升。

（八）课堂观察的现实意义

课堂观察是教师获得实践知识的重要来源，也是教师搜集学生资料、分析教学方法、了解教学行为、促进自身专业发展的有效途径。

在教育界很多知名的教育家都是在大量的课堂观察实践中创造出优秀的研究成果的。瑞士著名的教育和发展心理学家皮亚杰教授就是采用自然观察法对儿童认知结构进行了研究并提出了著名的“发生认识论”；苏联著名的教育实践家和教育理论家苏霍姆林斯基关于教育与儿童全面发展的关系研究也是建立在对大量儿童和教育现象长期观察的基础上，他在帕夫雷什中学工作期间，不但听了许多节课，而且先后写下了3700名儿童的观察记录。教育观察特别是课堂中的教育观察历来都是重要的教育科研方法。

课堂是学校教育的基本单位，它具有丰富的研究价值。在实践过程中，教师专业成长和课堂观察之间存在着千丝万缕的关系，值得反复地研究和探讨。鲍里奇曾说：“一名低效率的教师可能整天忙忙碌碌，最后却劳而无获。究其原因在于他不能立足现实，找出真正的原因。然而，对于高效率的教师而言恰恰相反，他们往往致力于提高自身确立教学策略、驾驭课程材料、选择教育方法的行为能力。”其实高效率最主要来自对课堂的深入细致的观察，通过对自己和同事的课堂观察，可以增进教师对自己行为的认识以及对自己行为的责任心，提高自己自主性的专业判断力。“通过课堂观察达到的最重要的目标是实现自立。当你观察到很多课堂情景时，你自身就会构建出特定的专业眼光。这种眼光可以帮助你在教学中进行特定的思考与做出决策。”于是，教师会越来越自信，越来越有热情，越来越机智灵活，通过不断的观察研究改进教学方法，提高教学质量，在使学生得到发展的同时，也促进自己的专业化发展。具体来说，体现在以下几个方面。

首先，课堂作为学习和教学的现场，教师的教学、学生的参与、课程的实施，都可以通过课堂观察获取对应的信息，从而采取最合适的措施来推进教学的顺利进行。因此，对教师来说，通过课堂观察可以解释课堂现象，加深对课堂事件背后意义的理解，而有组织地开展课堂观察也为培养教师敏锐的观察力提供了平台。

其次，教师通过观察其他教师的教学，可以了解自身教学中曾经被忽略的成分。长久以来的分科教学独立性强，封闭性也较强，一个教师在工作多年以后，心态比较容易趋于封闭，缺乏反省，缺乏与其他教师的互动。观察其他教师的教学为教师提供了更准确的、有助于提高课堂教学质量的反馈信息：一方面能够更全面、更细微地了解到学生的课堂表现、接受能力和学习状况，并自觉地与自己教学时的信息作对比，围绕学生能动地改变教学方法，提高教学效率；另一方面，通过听课、评课等课堂观察形式，教师能及时反思教学中的优势和不足，譬如教学理念是否适合当前的教学对象、教学方法是否应该多元化等，从而对教学采取更积极的态度，不断地形成新想法，再确认或修正既有的教学方法，从而发挥课堂观察在教师专业学习中的重要功能。

最后，由于学与教的环境是真实的课堂生活，复杂、不确定、不可预测的状态，都会给上课教师带来极大的专业挑战。即使一位资深的教师，也不容易对具有高度个性化的教学情境完全地加以掌握与理解。对于课堂中各种外显及内隐的变化，要靠敏锐、有洞察力的双眼去观察，预先觉察事件发生的各种可能性，只有这样，才能成为一位高效的专业教师。因此，具备课堂观察能力是教师必备的专业素质，也是区分教师专业水平高低的重要指标。

二、基于英语课堂特点的课堂观察

为了更有效地进行课堂观察，有必要对处于不同层次的英语课堂的特点进行归纳和总结。英语课堂是学生学习英语的重要场所，如何充分利用课堂、提高课堂教学的有效性，使学生综合运用英语的能力得到提升，一直是英语教育界十分关注的问题。英语学习的最终目的是在课堂以外的各种语言环境中真实地使用语言，用来学习其他的课程、工作或者娱乐。英语实际运用的水平，也只有通过亲身体验过的、实际的、随机的英语交流来提高。

过去，高校外语教学中普遍存在着“重知识，轻能力”“重欣赏，轻实践”“重考试，轻应用”的思想。如今随着教学改革的步伐，大学英语课堂教学本着“以人为本”“以校为本”和“分层次、个性化、自主式、信息化”的改革思路开始了多种大学英语教学模式的探究。具体有如下特点。

第一，现代化信息技术与课堂教学相结合。采用先进的教学手段，不仅采用幻灯片、录音机、录像机等来辅助教学，还采用电脑教学、电脑考试等手段来辅助课堂教学。

第二，学生自主学习与师生互动相结合。充分发挥学生的主体作用，使学生养成独立思考、自主学习的习惯。与此同时，老师在教学中注意学生英语交际和应用能力的培养，最大限度地发掘学生的潜力，师生之间注重互动。

第三，自觉构建性与探索性相结合。学生带着问题进行学习，在讨论中完善自我和发展自己的能力；师生之间就所学内容展开讨论，形成新的探索与发展。

第四，依据各校的教学要求和教学资源，调整或重新设计大学英语课程体系，即针对不同的学习需求开设不同类型的基础课程、高级技能型课程、文化欣赏性课程和专业英语或双语类课程。

为了让课改的新理念更好地运用到课堂教学中来，大学英语教学需要大量的课堂观察，主要观察课堂上学生思维是否得到开拓，学生是否具有独立思考和自学能力，教师教学的实用性和应用性等方面。

三、课堂观察对教师专业发展的作用

教师的专业成长是一个多元多层次的发展体系，其中教师的知识是教师专业化的基础。就教师的知识结构而言，教师知识可分为本体性知识（教师所具有的特定的学科知识）、条件性知识（教育学和心理学的知识）和实践性知识（关于课堂情境及与之相关的知识）。已有的研究表明，教师的本体性知识和学生的成绩之间几乎不存在统计上的关系，且并非本体性知识越多越好。同时，条件性知识也只有在具体实践的情境中才能发挥功效，对于教师的教育教学和专业成长而言，更为重要的是实践性知识。真正决定教师教学行为的是教师的个人理论及与此相关的教师实践性知识。而这类知识的获得因为其特有的个体性、情境性、开放性和探索性特征，靠他人的给予似乎是不可能的，更多地依赖于教师的自觉发现。它要求教师通过自我实践的反思和训练才能得到和确认，从这个角度看，教师的专业成长过程在很大程度上表现为教师自我发展的过程。

（一）课堂观察有助于教师专业发展的实践反思

在教育教学实践中，教师专业发展的途径是多元的，有职前的专业知识培训、岗前培训和在职的学习、培训、进修，以及同伴互助等。但是从教师专业发展的动力来说，归根结底在于专业成长的主体——教师自身，也就是说，教师本身的自主实践活动——教师自主认识自我、分析自我、完善自我是教师专业成长的根本动力。在这种内在动机的激励下，教师制订自己的专业发展计划，确立自己的专业发展目标，选择实现专业发展目标所需要的途径、方式和方法。因而努力提升教师专业自主发展内在的意识和动力，就成为促进教师专业成长的最根本的问题。而这种自我意识的产生必须立足于课堂教学实践，就教师职业的特性而言，这种自我意识集中体现在教师基于课堂观察进行的自我反思上。

基于课堂观察的自我反思是教师对自己在教育教学中所作出的行为并对由此而产生的结果进行审视和分析。在反思过程中教师把自己当成一个理性的有理想、有见解、有独立判断和决策能力的人。这样，教师会对教学计划、教学行为以及教学对于学生的影响进行自评和分析。反思能力的养成是确保教师不断再学习的最基本条件，在反思过程中，教师拓宽了专业视野，不断激发追求超越的动机。教师在这种反思观察中不仅有利于改进自己的教学行为和教学实践，提高教学质量，同时教师自身也得到了成长。

课堂观察能够使教师真正认识课堂生活，激发教师的自觉发现、自我设计、自我反思。教师通过对自己和同事的课堂观察，增进对自己行为的认识，增强对自己行为的责任心，由此促使教师系统地、批判地反思自己的教育和教学行为，发展其自主性的专业判断力，使教师之间互相观察与反省，彼此之间协力合作，解决自身教学中存在的具体问题，并通过课堂观察研究，改进教学，提高教学质量，在使学生、学校得到发展的同时，逐渐提高教师自身的素质，促进教师专业成长与发展，使教师教书育人的过程成为一个自我发展的过程。显然课堂观察是教师进行有效反思不可或缺的因素，观察能力和技巧是教师必须具备的专业素养，通过认真细致的课堂观察，进而进行深层次的反思是促进教师专业成长的一条重要途径。

（二）课堂观察有助于加强教师对课堂的驾驭能力

教师对于教室内所发生的事件，包括教学的管理与学生的参与，只有进行有系统的课堂观察，才能对课堂各种行为了然于心，维持课程的顺利进行，并获得口头的或者书面的评价资料等。因此，课堂观察对于教师而言，是诠释、理解课堂事件背后蕴涵的意义最直接的途径，对教师理解课堂、把握课堂具有较高的专业价值与必要性。教师要真正地认识到自己在课堂上的行为和表现，必须进行课堂观察，教师通过对自己课堂录像、课堂记录的分析，能得到更多、更详细的关于自己和学生的课堂表现的反馈；在观察中发现自己和其他教师教学中的具体问题，使教师清楚地看到自己的教学行为、教学监控能力、课堂规划的运行、师生之间的关系与互动等。通过观察之后教师之间开展的互相讨论，自觉地反省自己的教学，研讨改进教学行动的策略，并付诸行动，从而积极主动地解决这些问题。课堂观察有助于教师清晰地认识到支配自己课堂教学行为的教育教学观念，进而主动地对自己的教学进行内在的自觉的评价，以激起自己专业发展的兴趣。

（三）课堂观察有助于教师教学风格的形成

独特的教学风格是教师专业成长的一个重要标志，教学风格的形成取决于他们在成长过程中逐渐形成的实践性智慧、教育哲学观。而教育实践性智慧、教育哲学观的形成，是不能脱离课堂观察这一根本基础的。

长期以来，教学是一门独立性较大且强调个人技能的专业，这一专业特性容易造成教师在经过若干年的工作后产生封闭及缺乏反省的心态，并由此产生职业倦怠。为了维系教师专业成长的长久动力，教师有必要多请同事和督导观察自己的课堂，主动呈现自己的课堂，供督导、同事观察。作为自身课堂的观察者，教师经过细致的课堂观察，进行深刻的反思，促成教师教学智慧的形成。另外一种观察形式，则是教师作为被观察者，在这种形式的课堂观察中，作为被观察者的教师愿意向观察者（同事、督导）敞开心扉，而观察者由此观察到更为真实的东西，从而做出更有意义的分析。如果被观察者能主动邀请他人并且不介意暴露问题，而观察者又能积极回应，那么观察活动的研究性质就基本确定。在观察者与被观察者的互动中，新的教学理念接受实践的检验，深存教师心底的“缄默”知识浮出水面；在观察者与被观察者双方的深层次交流中，教师能对自己的教育观念进行客观的、理性的认识、判断、评价，进行有效的调节，能对他人的观点有选择地借鉴并最终形成教师个性化的、独特的、带有新特点的教育观念，推动教师教育哲学观的形成和发展，创造出属于教师自身的教育、教学风格与特点。

许多研究证明，教师接受课堂观察反馈后，确实使他们积极地改变对学生的态度及行为，而且更能意识到个人教学的优缺点。因此，课堂观察有利于教师发扬优点，克服缺点，形成自己独特的教学风格。

（四）课堂观察有助于教师观察能力的提高

在进行课堂观察活动时，毫无疑问，教师要面向全体，对课堂的全面情况加以观察调控，使学生整体的教学效果达到最优化；同时，教师又要根据课堂的具体情境，对课堂活动的某一点或某些学生的行为进行重点观察，以达到对课堂活动的全面把握。教师根据自身教育教学的实际，观察需要重点解决的问题，例如可以选择如何有效管理课堂，也可以选择如何提高提问的有效性等，这样课堂观察就有了一个基本的方向，教师设计课堂、研究课堂、创造课堂都有了一个清楚的依托，便于教师加深对课堂的理解，使教师可以对自己关心的问题进行更加深入的剖析，探求解决问题的方法、途径，从而切实提高课堂教学效率。通过对课堂教学的观察、分析、思考和判断，透过现象分析课堂行为反映出的实质问题，教师的观察能力逐步得到增强。比如说对课堂上其他教师提问的观察，我们就可以通过对教师提问的方式、提问的对象、问题的设计及对学生回答的处理方式等方面进行反思，探讨提问的有效性、生成性，并将反思的结果运用到新的课堂情境中。针对课堂观察后的反思再进行实践，经过观察、反思、实践、再观察，不断反复循环，促使广大教师的教育教学研究能力不断提高。

教师对自己课堂的观察，从某种角度上来说，更加注重的是对细节的观察；而教师观察别人课堂则在细节观察的基础上，使观察走向系统，有助于教师专业系统性成长。教师主动观察别人的课堂，一定是经过充分的准备，因而，他能够根据自己的研究目的来选择课堂观察的策略，对观察的整个过程做出系统的规划，将对细节的观察置于一定的思维系统中。同时还能够在推动学生发展的总体目标下，根据教学目标对学生的相关技能的要求，拟出观察的具体内容，使细节与系统互为条件，既见树木，更见森林。通过对其他教师课堂的系统观察，必将大大提高教师课堂观察的客观性、科学性和整体性。

第四节　高校英语教师专业化发展路径之教学案例

一、教学案例对教师专业发展的作用

（一）教学案例是教师的教育、教学经历的真实记录

教学案例是教师日常的教学实践活动的记载，非常贴近教师工作，与教师的专业发展有着密切的联系。教师在教学过程中可能存在大量的实际问题或难题，需要通过自己或者集体研究，不断地探讨妥善解决的方法，从而积累相关的经验和教训。这是教师专业发展中的一笔宝贵财富。

在学校和课堂里，每年都会有新面孔，都有许多让人难忘、值得研究和细细回味的人和事。然而某些事情或某个思想的闪光点并不适合以论文的形式发表，教师本人也不想将课堂中的这些东西记成枯燥的流水账，那么撰写案例就是一种很好的选择。教学案例不仅记录了教学过程，也记载了伴随过程而产生的思想、情感以及灵感。它对于建立教师完整的教学档案和教学历史，有着重要的作用和独特的保存与研究价值。

（二）教学案例是促进教师进行教学反思的有效手段

案例撰写是对教学实践的反思，从实践中选择适当的实例进行描述和分析，可以更清楚地认识有些做法为什么取得了成功，有些做法为什么效果不够理想。通过反思，提炼并明确有效的教学行为及其理论依据，从而更有效地指导今后的实践。

在撰写教学案例的过程中，教师需要针对教学过程进行回顾，将自己的教学完整地再现，并且从新的视角进行深度的审视、公正的评价和反复的分析。整个教学过程中的是非对错都能从一开始的模糊逐渐变得清晰。这样一来，教师就能更深刻地认识某些具体教学问题，从而探讨恰当的解决方法。这有利于教师总结成功的经验和失败的教训，进而清楚地看到自己的长处和不足。撰写教学案例的过程，其实就是教师重新认识教学现象和事实的过程，换句话说就是一个反思、分析、总结和促进提高的过程。

（三）教学案例能推动教师进行主动的教学理论学习

一般情况下，教学案例的撰写，需要教师运用相关的教学理论对教学案例进行分析。要想透彻地对案例进行分析，教师就得具备深厚的教学理论知识。很多教师能将一堂课设计得非常好，但是在进行教学案例分析时，往往会感到自身的教学理论知识有所欠缺，分析教学案例时会有力不从心的感觉。因此，不断地进行教学案例的分析能促使教师深入地学习有关的教学理论，并应用理论来解决教学案例的实际问题。这段时间的理论学习是为了解决教学实际问题，所以教师会带着相当明确的学习目的和极其强烈的学习愿望，这样的学习毫无疑问能起到事半功倍的效果。与此同时，通过撰写真实的教学案例，教师所学到的教学理论不再是艰涩难懂的、空洞无物的教条，相反，此时教师学到的是“看得见、摸得着”的思想和方法，从而能更深入地内化教师的教学理论知识，有效地提高教学理论水平，达到用科学的教学理论来验证和指导实际教学活动。

（四）教学案例能促进教师共同发展

教学案例是教学情境的真实再现，是一个书面记载的故事，拥有完整的时间、地点、人物以及人物活动等。不同的教师在阅读这个故事时会有不一样的理解和认识，教学案例不但非常适合用来进行教师之间的交流和研讨，并且可以成为教师进修发展的有效载体。教学案例反映出教师在教学过程中遇到的困难、疑惑或问题，以及由此而产生的心得、解决方法和途径等。教师们集中在一起针对这些问题和心得体会展开讨论无疑对所有教师分析问题、解决问题以及教学水平的提高大有裨益。

相比教学论文，教学案例更能满足大部分教师的教学需要。教学案例在内容上比论文更加贴近实际，其材料也富有多样性；在写作形式上，教学案例更为自由，可以充分反映一个教师的性格特点，并且易于在教师当中传播交流，容易被广大教师所接受。在各个学校的教研活动中，教师可以根据本校的实际情况，确定某阶段内的研讨主题，围绕某个主题或专题收集优秀的教学案例进行交流研讨，与此同时结合相关教学理论和教学实践，使教研活动开展得有声有色、卓有成效。

（五）教学案例能大大提高教师的专业能力

一方面，教学案例能提高教师的教学实践能力。撰写教学案例的过程是一个紧密结合教学实践与教学研究的过程。在这一过程中，教师具有双重身份，也就是说教师既是教学活动的执行者，又是教学活动的研究者。教师在描述和分析具体的教学行为的同时又加深了对教学理论的理解。反过来，教师又再运用教学理论来指导教学活动，使教学行为达到科学化和合理化。教师若要写好一个教学案例，就需要找出教学案例当中的问题，并进行深入分析和研究，从而很好地解决问题。如果一个教师经常撰写教学案例，能够及时而敏锐地发现带有共性的问题，并且能够根据这一共性来探索出解决同类问题的方法和途径，将对其他教师有很好的指导作用。大量积累典型教学案例的过程能培养教师透过现象看本质的思维方式，掌握高效的工作方法，养成良好的工作习惯，从而减少教学过程中的盲目性和随意性，提高教学效果，提高教师的教学实践能力。

另一方面，教学案例能提高教师的教学研究能力。教学案例、教学论文、课题研究材料等是教师进行教学研究的重要的组成部分。教学过程几乎每天都发生，因而教师撰写教学案例的频率明显高于教学论文和课题研究。通过长期撰写教学案例，教师的写作水平不断提高，思维能力不断加强。在教学案例撰写的过程中，教师会有一定的心得体会或者会有一些困惑。教师将这些心得体会记录下来，经过整理并最终形成相关论文。针对教学过程中的困惑或共性问题，教师们组成团队进行专题研究，验证某种猜想或者找到某个问题的解决方法。只有将撰写教学案例这一基础打牢，才能将教学研究能力提升到较高水平。因此，教学案例的撰写对教师教学研究能力的提高有着相当重要的意义。

除此以外，教学案例还能提高教师的观察和创新能力。首先，教师撰写教学案例时，要挑出具有代表意义的事例。这就要求教师具备敏锐的观察能力，从众多实例中发现典型。教学案例要想做到生动具体、直观逼真，教师就必须进行认真的观察，才能将真实的教学情境还原。因此，教学案例的撰写能够促使教师密切观察教学过程，发现教学问题，进而养成观察的习惯，提高观察能力。其次，教师所写的教学案例是某次教学研究中的细化了的材料。从教学案例的线索引申下去，思考教学案例反映的教学现象，就有可能产生一些深刻的认识和独到的见解，再经过一番去粗取精、去伪存真、由此及彼、由表及里的改造制作，使之更具条理性和科学性，就有可能发现某些教学规律，特别是解决某些教学问题的规律，从而实现教学理论上的创新。

二、基于教学案例的英语教师专业发展途径

教学案例的研究与教师专业化的发展，是以教师的隐性知识与反思能力的提高为中介，教师在案例研究过程中，一方面外显自己的隐性教学知识、分享他人的隐性教学知识，实现教师个人的隐性知识增长；另一方面，案例的研究始终伴随着教学反思以及实践中反思能力的提高，而知识的增长和反思能力的提高可以促进教师的专业化发展。教师目前对教学案例所进行的反思活动比较浅表化，缺乏系统性和科学性。因此，探索基于教学案例的英语教师专业发展的途径显得尤其重要。

（一）建立英语教学案例库

英语教学案例库是针对特定受众群的多个英语教学案例的集合。建设教学案例库时，首先要考虑英语专业自身的专业特色，必须具有现实的指导和教学意义。

结合英语这一专业，教学案例库可以从以下几个方面来建立：

根据课程类型：如听说课、语法课、阅读课、写作课等教学案例库。

根据教学方法：如任务型教学法英语教学案例库、基于建构主义的教学

案例库等。

根据地域特点：如本校英语教学案例库、本市或本省英语教学案例库。

既然是建立案例库，就要遵循一定的案例库建立的原则，因此每个案例的组成部分至少包含以下几部分内容：

（1）事实描述：案例发生的现象描述、原因、经过等，要求内容真实、详尽。

（2）相关背景资料：介绍案例发生的大环境的背景资料。

（3）分析与评价：由领域专家给出的分析和评价要切中主题，有实际导向意义。

（4）相关应用领域：案例可应用的场合或领域。

（5）教学建议：案例在教学中使用的方法、注意事项和建议。

案例可以通过以下三条途径获取：

（1）按照案例编写格式，自行编写案例。

（2）购买。

（3）在网上自行下载。

为保证案例的规范性、科学性和合理性，案例建设应遵循以下步骤：

（1）案例建设人员必须是本学科的专业人员，熟悉本学科当前使用的教材、教学大纲，对本学科教学方法与教学理论有较高的研究水平。

（2）分析案例库面向的对象，即最终使用者。

（3）确定案例库建设主题内容。

（4）按主题收集、编写案例，案例力求丰富、多样化，收集的非原创性案例应不存在版权争议问题。

（5）组织本专业专家审核案例的有效性。

（二）开展英语教学案例校本培训和校本教研

传统的培训模式侧重于对教学理论、方法进行概念性解说。很显然，在这种枯燥的理论指导下，教师对教学这一复杂过程无法有效地理解和彻底地把握，更无法将理论内化为教师的职业实践能力。所以，教学理论的有效学习必须建立在实践的基础上。生动、真实的教学案例就是一个有效的学习载体。然而，有关英语教学的案例很多，别的学校的优秀案例不一定适合本校的实际情况。因此开展适合本校实际的英语教学案例校本培训是一个非常有效的途径。

开展教学案例校本培训的首要任务是收集教学案例中出现的问题。此处的“问题”就是教师在本校日常教育教学活动中遇到的疑惑、困难和热点问题等。培训者可以通过调查问卷、对教师进行访谈、实地观察课堂等方式收集问题。参加培训的教师也可以通过分析教学案例，归纳出相关问题，并对问题进行进一步分析和反思，将所有的问题组成问题包呈现给培训小组。

开展教学案例校本培训的根本任务是在提出问题之后，根据问题的性质及特点引入理论培训。教师通过对照专家讲解，结合自己的经验，再进一步反思。在这一过程中，任何一个参与者都有可能成为另一个或一群受训者的专家。教学案例培训只是一种手段、一种过程，其目的在于通过分析寻找解决问题的最佳方案。通过提出问题、讨论问题、解决问题的过程，教师不断地反思总结，使自己的理论知识更加牢固，实践经验更加丰富，这将很好地促进自己的专业发展。

（三）将教学案例与课题研究结合

教学案例研究是与教学行为研究融为一体的课题研究。案例研究要求教师从自己在课堂教学中遇到的疑难问题出发，以解决自己的教学难题为归宿。教师在教学工作中研究自己课堂教学的问题，通过对自身工作的反思或主动地设计与尝试来检验自己对问题的看法，检验解决问题的方案，并以自身教学行为的改善和教学效率的提高为最终目的。

教学案例研究是与教师专业发展融为一体的课题研究。在案例研究过程中，教师观念不断更新，眼界不断扩大，在工作中主动反思，研究和创新的能力不断增强，激发并维持着教师从教的乐趣和热情，唤起教师身为专业工作者内在的尊严和幸福感，促进教师的专业化成长。

教学案例研究是同伴互助和专业引领相结合的课题研究活动。案例研究重视教师个人的主动反思和独立探索，但同时强调志同道合的教师之间、教师和理论工作者之间自由结成研究伙伴，或者形成“教育研究志愿者组织”，围绕某个实际教育问题或课堂教学实例，开展合作研究。在这样的研究过程中，教师并不是孤独的实践者和探究者，教师在“同伴互动”和“专业引领”中，寻找到了专业发展的帮助者和支持者，彼此分享了理论和经验。

教学案例研究是开放的课题研究活动。案例研究强调以解决教师教学问题为归宿，但并不排斥同事、同行的研究成果和实践智慧，相反它对任何教育理论和实践经验保持开放，并努力从中吸取课堂教学改革的思路和灵感。

第五节　高校英语教师专业化发展路径之行动研究

一、对行动研究的认识

（一）行动研究的起源和发展过程

1. 行动研究的兴起

传统上“行动”与“研究”是两个被视为不同范畴的概念，最早将这两个概念联系在一起的是美国联邦政府负责印第安民族事务的官员科利尔（J. Collier）。他组织专家和群众一起研究和解决民族问题，取得了显著成效。1945 年，科利尔发表了《美国印第安人行政管理作为民族关系的实验室》一文，就如何处理印第安人和非印第安人之间的问题提出科学家、行政人员和群众密切合作研究是民族管理的主要途径这一解决方法。而对行动研究起推动作用的是美国的社会心理学家勒温（K. Lewin）。勒温在有关家庭主妇改革膳食习惯的研究中发现，与专家一起民主讨论和集体研究的主妇要比只听专家报告的主妇更好地改变了膳食习惯。据此，勒温便提出了“没有无行动的研究，也没有无研究的行动”，强调了行动与研究间的密切联系，行动研究从此正式诞生。他还提出行动研究法的基本操作模式是计划—执行—审查—新计划，认为它是一个循环往复、不断发展的过程。

在教育领域，行动研究的概念出现于 20 世纪 50 年代。美国哥伦比亚大学师范学院院长考瑞大力倡导将社会科学领域诞生的行动研究应用于教育。

2. 行动研究的衰落

行动研究在教育领域发展了近 10 年，导致其衰落的外部原因是由于 20 世纪 50 年代末苏联人造地球卫星上天而触发了美国的教育改革。该改革在理论与实践关系上信奉推行研究—开发—推广模式，提出了理论构建工作由专家、学者承担，而理论付诸实践由工作者完成，实践效果的评估则由专业人士来做的理念。这一理念所蕴涵的理论与实践关系的基本前提与行动研究格格不入，直接遏止了行动研究运动的发展。因此，到了20世纪50年代末，随着研究—开发—推广模式在欧美教育领域的普遍确立，行动研究被其所代替，逐渐衰落下来。

这一阶段，行动研究的主要特点是：专家是研究的主体，教师的研究活动受到约束和控制；研究的实验性、学术性强，着重于可推广使用的教育模式的研究，忽视解决参与教师的具体实践问题。

3. 行动研究的复兴

由于研究—开发—推广模式在教育领域的失败，行动研究在衰落10多年后，于20世纪70年代在英国再度兴起，继而在美国及欧洲国家蓬勃发展。从20世纪60年代中期开始，英国学校掀起了由教师发动的旨在解决课堂和学校实际问题的教育改革运动，即“教师即研究者”运动，斯腾豪斯是这一时期的代表人物，他组织的人文课程计划为行动研究运动的深入开展提供了可供借鉴的范例，而斯腾豪斯人文课程计划中另一位核心人物——约翰·埃利奥特也于1972—1975年设计并指导实施了福特教学计划。

在斯腾豪斯看来，教师既有研究的权利，又有研究的条件，他所说的教师的研究“在本质上只是一个实践问题，因而是行动研究”。他认为行动研究就是教师或者其他实际工作者针对问题进行研究的一种方法。他认为：“最大限度地负责提出、发展和公开传播关于教学理论的认识，实践表明只要给予他们思考的机会，他们也能够发现和发展隐藏在教学实践背后的某些教学理论。”行动研究关注的不是各学科分支中的“纯理论研究者认定的理论”问题，而是教育决策者、校长和教师们日常遇到和急待解决的“实践问题”。

澳大利亚的凯米斯在斯腾豪斯的研究基础上进一步指出，行动研究应由教师研究共同体通过自我反思进行研究，而专家的任务，应是帮助教师形成自我反思的研究共同体。

至此，行动研究在欧美、澳大利亚等国受到高度重视，得到普遍推行。目前，德国、新西兰、日本、新加坡、瑞典、挪威等国家都广泛开展了行动研究，行动研究作为一种研究方法，受到教育理论工作者、教育研究人员特别是广大教师的热烈欢迎并且大量使用。

在复兴阶段，行动研究的主要特点是：努力减少对研究过程的控制，突出强调教师在研究中的主体地位；研究不仅是解决教育问题，更重要的是实现教师的专业化发展。

（二）行动研究在中国英语教学中的发展和现状

从接触到的文献看，中国大陆外语界开展行动研究还是很新的课题。在外语教育界，吴宗杰较早对行动研究背景、概念、特点、意义进行了较全面的论述并就行动研究在职业前外语教师培训中的应用做了大胆的尝试。他把行动研究纳入现行 TEFL 课程并根据浙江师范大学的教学实践提出了一套有利于在中国开展行动研究的实践过程。吴欣在吴宗杰研究尝试的基础上，着重探索在英语教师职业培训中对学员进行行动研究训练的基本原则与模式。行动研究安排在研究生课程计划的第 2 学年（跨两个学期），与教育实习、英语教学法课程并列进行，其目的是使学员发展成为具有自主意识的、善于分析的、有批判眼光的教师，即具有课堂教学能力、课堂教学研究能力和职业自我发展能力的教师。黄景论述了高校在职外语教师开展行动研究的迫切性，并指出："师范院校外语教师为了培养未来教师的课堂教学和研究能力，自己也必须具备这种研究能力并从事这种研究。"1992 年她担任了一个中英合作外语教师培训项目中的中方负责人，负责指导的项目中有一个重要组成部分即开展行动研究。作为这方面的专家，她对行动研究作了如下概括：行动研究以培养教师的创新精神和课堂教学研究能力为目的，强调反思的重要作用，注重教师对所处教学环境的认识，对所教学生的认知水平和需求的认识。它追求"变"，即改变现状、改进教学，变被动教学为主动追求，使未来教师形成自主发展、自我更新和自我完善的能力，促进教师、教学和科研的同步发展。

总的来看，在我国外语类核心期刊发表的文章，以文献或经验思辨内容为主的居多，真正以从课堂教学中收集的第一手材料为研究对象的较少。教学实验或教学改革项目，为期几个月的居多，为期几年的较少。许多担负教学改革项目的教师，往往想一次性地解决课堂教学所有的问题，不愿以循环往复的方式展开反复探究。参与行动研究工作的人数较少，外语教学中的行动研究在国内可以说还未形成完全独立的研究方向，团队研究的力量有待进一步加强，这都表明行动研究在我们庞大的外语师资队伍中有着极大的发展潜力和希望。

（三）行动研究的内涵和特征

1. 行动研究的内涵

"行动研究（Action Research）"一词，最早由美国著名的社会心理学家勒温（K. Lewin）和社会工作者科利尔（J. Collier）提出。他们在反思社会科学研究中理论与实践脱节这一现象的基础上，提出了一条社会科学研究的新思路、新方法，即从实际工作需要中寻找课题，在实际工作过程中进行研究，由实际工作者和研究者参与，使研究成果为实际工作者理解、掌握和实施，从而达到解决实际问题、改善社会行为的目的，这就是所谓的“行动研究”。勒温和科利尔都实践了这一研究策略，用以解决社会科学研究领域中的实际问题。

随着使用行动研究这个概念的人增多，以及人们所秉持的理论和研究兴趣的不同，行动研究的定义趋于多样化。例如，柯瑞认为：行动研究是一种过程，在这个过程中从业者研究自身的实践，并解决自身的实际问题。艾里奥特（J. Elliot）将行动研究界定为：从业者为改进其工作情境内部活动的品质所从事的研究，其目的不在于书写研究报告、出版作品，而在于他们对事件、情境和问题的理解，进而增加他们解决实际问题的有效性。卡尔（W. Carr）和凯米斯（S. Kemmis）则指出：行动研究是社会实践工作者为提高自己实践的合理性与正当性，增进对实践及其得以进行的情境的理解而采取的自我反思探究的一种形式。美国学者麦克纳提出：“行动研究是一种运用科学方法解决课程问题系统的自我反省探究，参与者是这种判断性反省探究过程和反省探究结果的主人。”我国台湾学者贾馥茗等人提出：“行动研究只是一种进行研究工作的方式，而非一种方法，由实际工作的人员在实际的情境中进行研究，并将研究结果在同一个情境中应用，至于研究的设计和进行，仍须采用其他各种研究方法。”《国际教育百科全书》认为：行动研究是一种情境的参与者，为提高对所从事的社会或教育实践的理性认识，为加深对实践活动及其背景的理解进行的反思研究。

历史上，人们从不同角度对行动研究提出了许多定义。对各种定义进行归纳，大致可分为如下三种：

（1）行动研究即行动者用科学的方法对自己的行动所进行的研究。这种观点强调行动研究的“科学性”，是一种技术性行为研究。这与 19 世纪末 20 世纪初兴起的“教育科学化运动”及一些心理学家强调心理测量有很大关系。

（2）行动研究即行动者为解决自己实践中的问题而进行的研究。这种观点更关注行动研究对教育实践的改进功能，它是实践性行动研究，这是英美最为普遍的研究模式。

（3）行动研究即行动者对自己的实践进行批判性思考，以“理论的批判”“意识的启蒙”来引起和改进行动。这种观点突出了行动研究的“批判性”，是独立性行动研究。它是实际工作者通过批判性的思考及采取相应的行动，使教育摆脱传统的教育理论和教育政策限制的一种研究方法。

尽管学术界尚未统一对行动研究的定义，但其基本内涵已被人们逐步认识，即行动研究法是解决实际问题的方法，是将研究者和实践者结合起来解决实际问题的方法。教师专业发展行动研究是帮助教师反思自己的教育实践，解决教育教学领域中遇到的实际问题，探讨教育行动的变革，寻求教育实践的合理性，从而全面提高实践质量和教师专业素养的行动与研究合一的活动过程。

在外语教学的行动研究过程中，要求我们通过对教育方法以及结果的反思，关心到每一个学生的不同进步；通过对不同学生所取得的不同学习结果的调查和反思以及对自己教学方法的质疑，思考不同的教学方法是否能更好地适应不同的学生，使他们都能发挥自己最大的潜力，取得最佳的学习效果。实践中的英语教师面对着学习动机、学习兴趣、学习需求和学习风格完全不同的学生，要使自己的教学达到最佳效果，就必然要对自己的教学模式不断地提出质疑，不断地反思，不断地发现问题并逐步解决问题。这里面就包含着对不符合新时期教学理念的教学方法和教学行为的不断否定和对新的教学方法和教学行为的大胆探索和不懈努力。

2. 行动研究的特征

行动研究有着区别于其他研究方法的一些特征：

（1）行动研究以解决问题、改进实践为目的。“改进（improve-ment）”是行动研究的主要功能，它既能解决教学实践中产生的问题，也能提高教师的教学质量和研究水平。

（2）行动研究要求行动者参与研究，对自己从事的实际工作进行反思。实践者在行动当中，要有行动的目的、责任，能够体察实践活动背景以及有关现象的种种变化，能够通过实践检验理论、方案、计划的有效性和现实性。他们对实际问题具有“局外人”——专业研究人员难以替代的认识作用。行动研究要求实际工作者积极反思，参与研究，将行动与研究融为一体。

（3）行动研究注重研究者与行动者的合作。行动研究中的合作，一方面指教师可以从研究专家那里获得必要的研究技能，改变对教学的职业感情；另一方面研究专家既可以从真实的教育情境中获得第一手教学改革信息，又可以通过合作使自己的理论研究成果更容易为教师接受，较快地应用于教学改革实践。行动研究要求教师运用理论，系统地反思自己的实践，要求研究者深入实际，从实际中发现问题，并直接参与从计划到评价实际工作的过程，与教师一起研究他们面临的问题。所以行动研究以相互参与和共同研究的方式在研究者与教师之间架起了桥梁，使其共同合作，扬长避短。

（4）行动研究具有一个不断发展的过程。第一个循环结束之后，进入第二个循环，行动研究的整个过程构成循环往复、不断发展的过程。

二、行动研究是教师专业化的途径

任何一种教育理论或教育思想，如果不能与教师的教学实践结合起来，不能内化为教师在教学实践中解决问题所必需的思想素材的一部分，它的生命力将是十分有限的。要改变理论与实践分离的状况，期望通过理论的学习来提高教学和管理水平，就必须对自己的实践活动有新的认识，就必须在理论与实践的互动中走专业化成长的道路，行动研究提供了一条促进教师专业发展的途径。

（一）行动研究有助于教师教育信念的形成与发展

教师的教育信念是指教师自己选择、认可并确信的教育观念或教育理念，它反映的是教师对教育、学生以及学习等的基本看法。由经验式、无意识的朦胧的教育信念向以知识、系统理论为基础的教育信念不断演变，以致有意识地构建清晰的、理想的教育理念，并随着时代的发展随时予以更新是教师逐渐走向专业成熟的一个重要维度，教师教育信念系统的改变是一种较深层次的教师专业发展。教师通过行动研究对自己的教育教学行为进行反思，将自身的一定行为予以对象性看待，批判反思其在实践中对教育、学生的观念、教学法的运用等方面，并通过行动研究不断探索，达到对教育教学的正确的看法。这不仅对教育教学有积极的促进作用，对教师自身也是一种发展和专业自主的解放。尤为重要的是，教师在不断研究的过程中逐渐将自己融入教育中，改变以往被动的态度，焕发出一种主人翁的精神，将教育作为一项需要无限追求的事业。同时只有以这种精神融入教育，加上对行为理性的思考，才能不断发挥教师的创造力。行动研究在促进教师专业发展中的作用，从根本上来说，也应该在于它要求一种道德责任。

（二）行动研究可推动教师对自身实践的研究

过去的教育研究往往表现出研究者和实践者分离的状态，教育研究脱离了教育日常关心的问题，研究者的主要任务是发展理论，而研究的结果作为论文发表后就被束之高阁。这种为了研究而研究的结果对教学实践没有实际意义，不能成为教师改进教育、教学实践的参考依据，这就增加了教师工作的难度。教师迫切需要有实践取向的教育研究，要求研究者面向学校教育、教学工作的实践，深入教育教学的第一线，与教师结合，共同探讨、解决教育教学中存在的实际问题，并指导好教师开展研究工作，促进教师对教育、教学工作的更好理解及对教育教学工作的进一步改进。而且，教育理论、教育研究者无法满足教育实践发展需要的实际情况也要求教育研究者必须与一线教师结合，研究问题、解决问题，并在这一过程中形成新的理论。

另外，一线教师直接参与行动研究，成为研究者与实践者的综合体；有了行动研究这一主线做引导，教师可以更及时敏锐地感知自己周围的教育事件，反思自己的教学行为，从一个更高的视角，认识自己的教育教学工作。行动研究，给老师注入一种思想，提供一种方法，有思想的老师和没有思想的老师，如同专家与匠人一样有着本质的区别，有方法和没方法的老师，是人才和庸才的本质区别。

（三）行动研究可提高教师的教学和科研能力

具有科研意识、知识和能力是所有专业人员的共同特征，因此提高教师专业化水平，必须强调有关研究能力的要求。教师的研究能力，首先表现为对自己的教育实践和周围发生的教育现象的反思能力，善于从中发现问题，发现新现象的意义，对日常工作保持敏感和探讨习惯，不断地改进自己的工作，并形成理性的认识，这就是对教师行动研究能力的要求。

教师的研究是结合自己的实践工作与对象展开的，因此，科研能力也是高质量教育不断发展的必要条件。应大力提倡在教学实践中开展教育行动研究，因为在进行行动研究的过程中，教师不再仅仅是知识的传授者，他们一旦以研究者身份参与各种教改措施和改革方案的制定，就会以比较挑剔的眼光来审视教学，对教学的看法、态度、行为方式都会相应地发生改变，获得对实践情境的新的理解和改进，对教学活动及其本质产生更加深刻的认识。在教育实践中，有人虽然工作了几十年，但只是把一年的工作重复几十次而已，在教育教学方法上并无多大改进，其原因在于他只是执行教学活动而没有研究教学，没有处于研究者的状态。而行动研究是一种群众性的研究活动，它的价值就在于教师增长运用性知识，产生更合理的教育观念和态度，从经验中学习，并结合本人的实际研究来处理将面临的教育现象和场合，以适应现代社会对教育的要求。

（四）行动研究可满足教师专业能力发展的要求

教师的教学经验并不是影响教学质量的唯一标准，教师在不断变化的教育教学实践中积累和发展的专业工作能力，对教育教学的成败具有最直接的影响。教师的专业能力不是仅靠学习专业学科知识和教育科学知识就可以转化生成的，也不是仅靠教学经验的积累、阅历的增多来提升的，而是需要教师在实践中投入大量的精力进行研究，并将理论运用于实践中，也就是说，发展教师专业能力，要求教师在实践中，在理论指导下进行具体研究工作，即行动研究，加深对理论的理解和认识，更敏锐的洞察、更深入的分析、更恰当的解决教育教学情景中的具体问题，形成改进教育教学实践的方案和措施，促进实际工作的合理、科学与有效以及专业能力的不断提高。

三、高校英语教师专业发展中的行动研究

（一）高校英语教师专业发展中行动研究的一般步骤

下面根据国内外学者确立的行动研究的基本思想，对英语课堂教学提出以下的行动研究的步骤。

1. 发现问题

在英语教学实践中，教师总会遇到一些困难和问题。有些问题已有所了解，有的还须进一步发现。通过下列方法可进一步发现问题：

（1）尽量采取多种方式对课堂教学进行观察和记录，包括录像和录音。

（2）通过对学生、同事、家长和学校领导等的访问与问卷调查，发现英语课堂教学中存在的教和学的问题，了解这些问题的背景及其影响。

（3）充分收集与记录学生的资料（家庭背景、成绩表现、兴趣爱好、个性特点等），以了解课堂教学的情况并发现问题。

（4）教师要有意识地记录自己教学中所见、所闻、所感，以发现教和学中存在的问题。

2. 分析问题

有了足够的资料和数据，就要对英语课堂教学中发现的问题进行分析确

认。比如这个问题是教学方法问题，还是学生的心理问题、学习动机问题。这个问题产生的原因是环境、文化的影响，还是教学策略的影响。这个问题是否就是教学过程中费时多、收效低的原因。总之，分析问题就是对问题予以界定，诊断其原因，确定问题的范围，以期对问题的本质有较为清晰的认识。

3. 解决问题

（1）解决问题的行动目标与过程计划。计划一般应该包括以下的一些内容。

第一，计划实施后预期达到的课堂教学的目标。英语课程的目标是培养学生运用英语的综合能力。这种能力的形成建立在语言技能、语言知识、情感素质、学习策略以及跨文化交际意识等方面综合发展的基础之上。

第二，设计在课堂教学之中解决问题的教学策略。教师要根据自己的或其他教师的经验，学习有关课程标准和教学大纲，借鉴国内外先进的语言教学理论，设计出解决问题的教学策略。

第三，设计好行动的步骤和时间安排。行动的步骤设计是行动研究中非常重要的一个环节，由于课堂教学实践受到诸多因素的影响，因此行动步骤的安排要有灵活性，并且有暂时性和尝试性。

（2）实施阶段主要包括两个方面：行动和针对行动的观察。

①行动。行动就是按计划设计的方案、策略、方法实施课堂教学。行动研究的目的就是要解决教学实践中的问题，提高教学质量。由于行动研究有情景性和实践性，因此教师一方面要尽量严格地按照计划、方案实施，另一方面又要根据实施过程中的实际情况进行必要的调整，对计划的调整应当记录，并说明调整的原因。

②对行动的观察。在实施计划方案的过程中对行动情况进行观察和记录，收集有关资料，以便及时地对行动情况有一个大致的了解，并最终对研究的过程和结果做出比较全面的分析。经常用到的收集资料的方法主要有：

1）邀请同事或者专家对英语课堂教学情况进行观察和记录。这有利于发现问题，也能促进教师与专家间的交流和合作。如果有条件，最好能够对课堂教学情况进行录音、录像。

2）访谈与问卷。访谈是了解英语课堂教学情况的重要手段，往往能够获得对课堂教学问题的背景、原因、过程及影响的比较深刻的理解。为了获得比较完全的材料，在正式访谈以前拟订一个访谈提纲是必要的。问卷是获得比较客观的、数量化的材料的重要手段，无论是在问题分析阶段，还是在实施行动过程中，或是在结果分析阶段，都可以运用问卷获得有关的信息。

3）学生个人资料的收集与记录。在学生学习过程中，教师应注意收集与记录学生不断改进、不断成长的个人资料。

4）教师个人资料的收集与记录。在教学过程中，教师应真实地记录自己实践的重要资料。为此，很多学者提出教师应该建立自己的“教历”，并以之为基础进行教学研究。

（3）反思与修正。反思和修正是行动研究中的最重要的特点和步骤，是整个行动研究的核心。从事行动研究的教师应该反思，如问题的界定是否正确？解决问题的行动步骤是否可行且便于操作？计划方案是否周详？是否按计划执行？教学策略如何贯彻？是否产生较好效果？研究的信度与效度如何？等等。

（4）概括总结。对有关材料进行整理、概括，总结出关于行动与目标、策略与问题之间关系的一般性原则和教学模式。

（5）行动与检验。根据修正的计划方案，再一次进行行动研究，在教学实践中，进一步检验这些原则、策略和模式。

（6）提出报告。根据研究结果提出完整的报告。

图 5-10 的流程图很清晰地反映了行动研究的基本步骤：

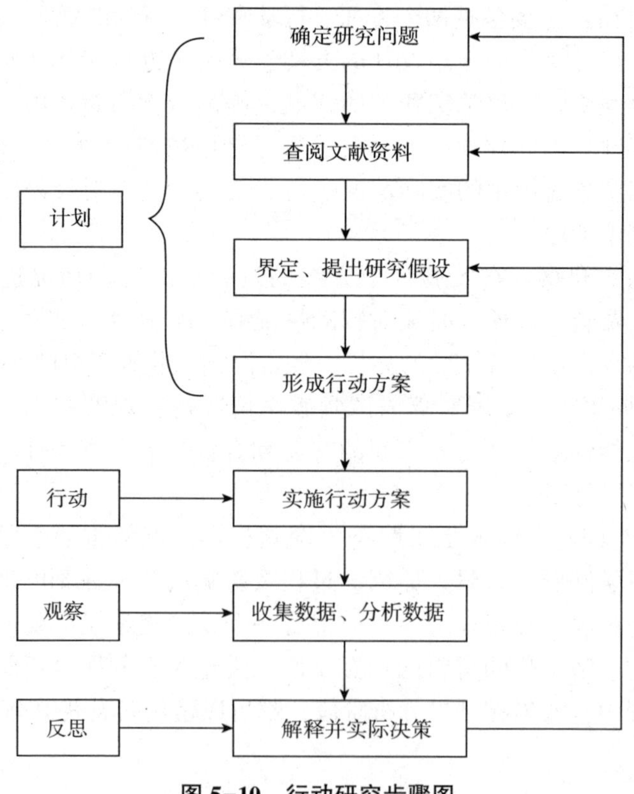

图 5-10　行动研究步骤图

（二）英语教学实践中行动研究实例分析

以我国学校英语教学中的口语教学为例，口语教学被认为是较困难、效果也是较差的一门学科。学生口语能力的发展给人的总体印象是进步缓慢，不少人到毕业时尚未能达到课程标准的要求。为什么会出现这种情况呢？各校普遍把培养和提高学生外语交际能力和水平作为教学重点，在课程设置、师资（如聘请外教）以及平时训练方面都给予相当的重视。那么英语口语教学的问题究竟在哪里呢？尽管我们已经知道，语言环境对良好口语能力的形成起着关键的作用，但是仅仅知道这一点，并不能够帮助我们解决口语教学中的问题。实际上，原因可能是多方面的，我们应该对此进行系统的研究和反思，找出影响自己课堂教学的问题，发现问题的实质，制订出合理的行动计划从而努力去解决问题。实际上，教师一贯“科学”的教学行为与学生需要是否相符，是在其中起重要作用的因素。

为了了解英语口语教学对于来自不同班级的不同年龄、性别、性格的英语学习者的效果如何，从本校非英专业三个班级中随意挑选了 35 名学生，分别对他们进行了一次题为“我的大学生活”的英语口语测试，并就同样的话题写了一篇文章。还对他们进行了一次有关英语课堂学习、课堂互动和操练及课外活动的问卷调查。

调查基本情况：受试者年龄在 18~20 岁。通过问卷调查，了解到该校授课方式以听说、讲解语法和词汇为主；课内练习的最终目的是使书面英语写作正确或翻译正确；课外时间与英语的接触主要是听英语磁带、阅读简易读物和看英语电影。问卷调查还表明半数受试者认为他们的英语一般，但是女生对自己的英语学习比男生更有信心。数据统计如表 5-1 所示。

表 5-1　调查数据统计

调查对象	性别	调查人数	回答内容（口语能力自我评估）			
			好	较好	差	不清楚
大一学生	男	17	4	5	6	2
	女	18	3	12	3	0
汇总	—	35	7	17	9	0

而且，英语在所开设的所有课目中备受学生关注，反映如表 5-2 所示。

表 5-2 调查数据反映

调查内容			
性别	较喜欢英语	英语与其他功课并重	较不喜欢英语
男	6	8	3
女	11	7	0
总数	17	15	3

然而，在英语学习过程中的听、说、读、写四个方面，口语仍未能引起足够的重视，尽管有些学生已经开始意识到其重要性。反映如表 5-3 所示。

表 5-3 听说读写重视程度

调查内容					
性别	四项并重	更注重读	更注重说	更注重写	更注重听
男	5	3	2	5	2
女	8	5	5	0	0
总数	13	8	7	5	2

调查分析，产生这种现象的原因可能有以下几个：

第一，课堂环境缺乏用英语交流的气氛。受试者在课堂练习和课堂交际中使用的英语绝大部分是机械的语言操练，真正需要灵活利用所学知识的练习极少。此外，由于教师授课时大都用汉语讲解内容，师生之间的交流实际上还是以汉语为主。这种情况不利于激发学生用英语表达思想的愿望。

第二，重知识轻口语的现象比较严重。教师所关心的是受试者掌握语言知识的情况，除了经常用考试来检查他们这方面的水平，课堂上看不出教师采用了什么特殊方法让受试者多用英语自由表达思想。考试也以笔试为主，主要考查受试者的语言知识。这种情况使受试者看不到提高口头表达能力的需要。这促使他们带着一种功利性的心态对待口语练习，即只为通过考试练习，因此对口语活动也就越来越不感兴趣。

第三，可以看作前两个原因导致的必然结果。由于课堂环境不鼓励提高口语，受试者长期得不到练习，觉得自己无法流畅地用英语表达，因此不好意思或没有兴趣参加口语活动，而由于参加口语活动少，口语提高慢，更使受试者不愿参与，从而逐渐形成一种恶性循环。

调查启示：在教学中英语教师与学生所关心的问题各不相同，教师在面对教学中的不利情况时未能及时反思和调整自己的教育和教学活动，是对被教育者教育需要的漠视，是对自身工作价值的贬低，这种行为是学术懒惰的表现。而从根本上来说，没有能够及时地解决这些教学实际问题，是因为教师未能掌握一种能够解决教学实践中遇到的问题的方法和手段。可以设想，如果我们通过行动研究，不仅能够发现教学中遇到的问题，还能够有针对性和系统性地制订和实施有效的行动策略，经过反复的实践过程，教学效果一定会得到改善。一贯经验式的教学以及教学服从考试是导致上述情况的重要原因。所以，英语教师要想同时实现以下三个目的：即达到理想的教学效果，加强科学研究的能力，发展自身的专业水平，就可以在教学中进行行动研究。行动研究的目标可以把一名教师转化为研究者，还可以为教师的教学和研究提供一种简单、直接、实际的工具，是实现教师教学与科研一体化的一种有效的方法。

（三）英语教学实践中行动研究的感悟

1. 行动研究有助于英语教师成为自身发展的主人

在教学过程中进行行动研究，让教师本人感受到教师专业发展不再是高不可攀、纸上谈兵的事，行动研究使教师真正看清自己所经历的教育教学实践，在实践中探索着自己的发展道路，在研究中逐渐形成自己的教学特色，成为自身发展的主人。

（1）行动研究：回到教学实践本身。教育是情境性的、实践性的，“教育的情境是我们每天教育活动、教育实践的场所，教育时机就位于这种实践的中心”。然而面对这种情境、面对这种时机，教师通过自己的理解去研究情境和时机中的各种因素，从而对其做出崭新的、出乎意料的塑造，不仅维护学生的“真”，体现教学的“实”，而且展现自我的“智”。教师教学研究正是在这种不断塑造情境、机会的过程中理解教学、理解学生，让教师看到教学事实在研究中的重要性，让教师清楚地明白教学过程本身就是最好的研究素材，同时教学研究使教师关注教学本身、关注学生本身，它贯穿于教学生活的每时每刻，是对处于教育关系最基础层面的教师与学生、教师与教学的最直接、最深刻、最丰富的认识。因此行动研究促使教师回到实践中，而不再困惑于“我们理论素养不够”的漩涡中；促使教师敢于面对纷繁复杂的教学本身，利用自己得天独厚的优势，用自己的睿智与行动去改善它；促使教师改变自己常规性的日常教学生活，从非常规性的教学中寻找行动研究的着眼点。

（2）行动研究有助于实现英语教师的自身发展。教师教学研究的目的在于改进教学实践，促进教师发展，因此教师教学研究必然是教师自身发展实现的过程。不研究事实，就没有预见性，就没有创造性，就没有丰富而完满的精神生活，也就没有对教育工作的兴趣。善于从司空见惯的事情中看出新的东西，这正是兴趣和灵感的源泉。通过行动研究教师也能够对自己的个人知能有一个完整而清晰的认识，使教师能够在此基础上利用研究的机会进一步学习他人长处，发现自己的薄弱环节，积累相关的教学经验，为进一步提高铺好台阶；通过行动研究教师能够提高自我效能感，能够激发教师对教学的热情。教学研究的点滴成果虽然在专家眼里只是一粒细沙，但随着教师行动研究的不断深入，这些成果会积少成多，逐渐成为教师进步和转变的标志。

（3）行动研究有助于英语教师形成独特的教学风格。任何一位教育家的成功经验都是有条件的，都是根据特定的对象、特定的要求、特定的内容和特定的自身条件研究和创造出来的。在行动研究中教师不能不加区别地模仿，否则即使模仿得再好，也只能形似神不似。一个教师如果没有对教育意义有深刻理解，没有对自己所授学科的教育意义有所思考，没有对自己正在教授的内容在整个知识体系中的位置与联系及其教育意义有所见解，没有对教学如何在学生身上得到实现有清醒认识，没有提高教育质量的孜孜追求，是无法形成一套有别于他人的教学风格的。教师教学行动研究的重要性在于对现实的突破。当一位教师形成自己特有的教学风格时，其实就是找到了一套既适合学生又适合自己的行之有效的教学方法和策略，这个寻找的过程就是教师教学行动研究的过程。可以说教学风格的形成有赖于教师对教学实践细致入微的研究，当他将研究注入教育教学实践中时，研究就已经成为他生活的一部分。因此独特教学风格的形成是教师发展的极致表现，也是行动研究促进教师专业发展的最实在的目标。

2. 英语教师在行动研究中要处理好主体性与集体合作性的关系

课堂和学校是教师成长的核心场所，其中学校的同事关系和专家教师的辅导在教师发展过程中都起着决定性作用。教师发展不可能是单个个体的孤立发展，而是寻求团队发展中的个体发展。随着教师发展的不断深入，教师团队中自律文化的逐渐形成，使得“教学共同体”的形成成为必然。教学共同体是以教学为手段，通过多渠道、多样化的合作实现教师自身专业的提升和团队教学力量的增强而形成的教师联合体。它的建立是教师合作的一个战斗堡垒，它是教师发展的一个重要保障。教师“研究共同体”的建立与教师专业发展的“教学共同体”的建立不谋而合，都强调合作对于教师的重要性，因此共同体的建立为教师教学行动研究提供了一个合作性的平台。在行动研究中通过和同事共同针对教育教学问题进行分析，寻求解决方案。

（1）在英语教师专业发展的行动研究中，英语教师要成为实践者和研究者。在以往的教育研究中，理论工作者与教师之间存在明显的职业活动差别，似乎教育研究活动只是专家或教育研究者的事，有些教师也认为这是一种与教育实践活动毫不相干的学术游戏。这种情况导致了教师主动认识问题、解决问题的意识和对自己的教育行为反思意识的逐渐减弱、淡化，使得教师的工作成为一种单纯的执行教学步骤的行动。然而，教育研究的实践表明，教师在开展教育科学研究方面有着得天独厚的优势，在教育实践活动中，教师对教育工作面临的问题有着深切的感受和认识，教师置身于现实的、开放的、动态的教育情境中，能够时刻体验到教学活动的背景、过程及有关现象的种种变化，能够在教与学的互动中，不断地、及时地解决新问题，能够根据自身的经验对假设或方案的有效性作出判断，也就是说，教师不仅处于最佳研究位置，而且拥有最佳的研究机会。斯腾豪斯认为，如果没有教师的探究、反省，没有他们主动的认识、理解，没有他们根据实际情况把“官方课程”转变为“操作课程”，任何教育改革最终都是难以取得成功的。

教师成为研究者，意味着教师不再只是教育专家进行科研活动的一个棋子，也不再把视野仅局限在教育内容及其传授方法上，而是更加关注教育内容的价值和意义，了解教育实践活动对学生身心发展产生的实际效果，能够不断地对自己的教育行为进行反思，进而有意识地改造自己的行为，创设最佳的教育活动情境，从而达到预期的目标。

诚然，为了提高行动研究的质量，取得更大的教育科研成果，行动研究不排斥研究人员的合作参与，相反，它提倡专业研究者、专家参与行动研究，两者相互合作，平等对话，共同促进和提高，这就要求：一方面教师要从被研究者和研究工具的身份中解放出来，赋予他们与教育理论工作者同等的权利和责任，使他们能从自己的视角来观察、理解和反思教育问题；另一方面，专家们必须放弃其“专家”的地位，以便达到与教师的合作、对话、理解，使教育研究成为一种民主化过程。

（2）要注意行动研究的集体合作性。教师要与专业研究者、专家和同事共同进行行动研究。要充分发挥科代表在行动研究中的中介作用。由于英语科代表和同学们之间存在着广泛的联系，可以随时随地听到同学们对英语课教学的反应。科代表应把得到的信息及时反馈给英语老师，使老师能及时找到漏洞，纠正偏颇，从而有的放矢地为下一轮研究确定行动的目标。

3. 英语教师专业发展行动研究中要注意选题的原则与技巧

（1）行动研究的对象应是英语教育实践中亟待解决的问题。教育研究问题必须来自教师自己的教育教学实践，它不同于其他的理论研究，是教师自己的直接经历和感受。因此，教师首先必须广泛收集信息，发现问题，研究问题，在此基础上提高教育教学的质量和效果，改进教育教学工作。与旨在揭示教育教学规律的理论研究和了解现状、提出参考建议的调查研究不同，它讲求解决教育中的实际问题，这既是一线教师开展教育科研的根本动力，也是教育科学研究的根本目的。当然，行动研究把解决实践问题放在第一位，并不等于行动研究仅满足于问题的解决，而不对已取得的成功进行理论探讨。行动研究既然是一种研究，必然要对行动的过程和效果进行理论思考，在一定的范围做出自己的理论贡献，达到求真。从哲学的意义上讲，行动研究体现了认识世界和改造世界的统一。由于教育教学过程是一个复杂多变的动态过程，因此教师要经常反思行动研究过程中的问题，专业研究者也必须深入教育和课堂教学实际，与教师一起共同研究出现的新问题。教师应根据行动的实际情况，随时调整计划，完善行动，在良性的变革之中解决问题，使教育教学的工作进程成为一个研究过程，使研究过程成为一个理智的工作过程，达到研究和行动的完美结合。

行动研究的问题或对象通常仅限于本校或本校的某个班级，属于某个学校的校情或班情问题，表现出较多的某地或某校或某班的特征，不具普遍性，这就要求人们在评价某项研究成果时，在适用范围上要慎重，应多加分析，广泛听取各种意见，克服主观臆断。而且行动研究的问题多为教育教学实践中比较具体的微观问题，存在范围很小，结构简单，相关因素少，也许有人会对这种问题不屑一顾，其实这是对教育科研的一种误解，因为宏观研究固然重要，但问题的解决最终必须落到微观操作层次上，离开了微观研究，宏观的思辨层次的研究成果也只能停留在假设的层面上，其真理性远未能得到检验。行动研究的问题虽小，却常常能小中见大。行动研究注意实际操作，追求一点一滴的实实在在的进步，体现了教育科研的真正价值所在。

（2）开拓思路，及时发现问题。行动研究是针对教育实施情境而进行的研究，对于解决教学中存在的实际问题，是切实可行的。我们一般可以在以下范围内做研究选题：

①对教学技术、课堂教学方法进行研究，提高教师的职业分析能力和自我意识。

②对教学过程进行分析、研究，改进教学过程，优化教学环境。

③对教学中出现的问题加以分析，提出补救措施。

④对课程进行中、小规模的教改实验研究。

⑤对学生的学习状况进行观察、分析、研究，提供心理咨询。

以上五种课题的选择，对于英语教师而言，要能胜任行动研究，应具备实践经验、研究能力以及外部资源条件，同时还必须结合英语学科的特殊性，有效利用图书资源、网络视频、报纸杂志、仪器设备等，还可以向有关的专家求教。此外还可以凭借着自己的经验和观察力，善于从日常教学中发现问题，确定课题，比如：

①在当前的英语教学实际中，还存在哪些问题？这个问题划分到哪个层面？为什么会出现这些问题？

②这些问题对目前的教学有多大影响？是否迫切需要解决？

③如何解决这些问题？如何寻找解决问题的突破口？

④问卷反馈法

问卷法操作简单易行，效果快速明了，教师可以在教学过程中不断地运用问卷法来获取教学过程的相关信息。从形式上我们将问卷法分成两种类型：一种是以问答题或选择题的形式制作试卷，在完成某一知识点的传授或一堂课快结束的时候发给学生，完成后收齐，教师归纳整理，从中理出自己所需的信息。这种方法有很强的针对性，教师可以根据教材内容或某个环节提出问题，拟订试卷，但这种方法不能全面反映学生对教材内容或教学过程的感知情况。另一种是教师对需要感知的信息资料并不提出问题，而是写一段话，请学生根据自己的理解做出评价，这种方法也叫句子完成法。在运用这种方法中教师只起引导作用，对学生的反应不做指令性控制。

四、建立教师专业发展中行动研究的保障机制

（一）营造学校合作和探究的文化氛围

教师的专业发展与其工作的学校环境密切相关，学校的组织文化是影响教师专业发展的重要因素。教师专业素养中最为核心的实践性知识和个人化的教育观念正是教师依存于特定的背景，以特定的教室、特定的教材，甚至特定的学生为对象，在真实的教育教学场景中形成的，是在充满情感、理想和特定的组织文化环境中逐步发展的。学校的合作探究的文化氛围对于教师开展行动研究是极为有利的。学校探究文化是以学生和教师的好奇心为基础的文化。好奇心以怀疑精神为前提，如果缺乏怀疑精神，学校中就不会有教学的探究。根据斯腾豪斯的观点，研究后面的动力机制是好奇心，即对在实践中引起我们兴趣的东西的关注。所以学校应致力于通过各种手段激励学生与教师的专业探究精神，使其能敏锐地捕捉到在教育教学过程中出现的有探究价值的问题并加以研究。如果学校中形成了浓郁的、探究的文化氛围，这对教师自觉自愿地进行研究性的教学无疑是一种鼓励的力量，他们会较容易从经验型的教学转向探究式的教学，这样的话，作为研究者的教师不仅肩负自己的责任，而且也审视自己，在探究式的教学实践中逐步掌握全面的研究技术，成为学者型的教师。但是学校探究文化中应包含有足够的合作探究的意味，因为我们行为深层的本性，有时我们很难对自己的行为形成一种批判的眼光。反思作为行动研究的核心概念，使得教师不仅要进行独立的探究，更要与其他教师进行合作、交流，共同寻求更好的理解，并从中获得支持。教师还可以组成研究小组，共同解决问题。教研组应是一个很好的教师合作探究开展行动研究的组织形式。有调查显示：当教师之间能够互相交流思想，在活动中有合作精神、互相帮助时，学生也会受益匪浅。

面对着新一轮的课程改革，教师会感受到一些压力，并由此产生心理上的焦虑，如果学校有一种合作探究的文化氛围，就会激励和支持教师在实践中发现问题、研究问题并加以解决，成为教师专业发展的一个新的契机。

（二）建立促进教师开展行动研究的管理和评价机制

学校适宜的管理和评价制度能够很好地发挥出促进教师发展的作用。学校的领导在管理教师的指导思想上，首先要认同和理解教师的专业地位，在

管理教师方面要尊重教师的主体地位，给教师应有的自主权，真正使“学校成为教师的学校”，教师成为学校的主人。为教师提供宽松的职业环境，让教师立足于教学实践，开展研究活动，发挥教师本身的专业潜能和创新能力，并能从工作中获得高度的自豪感。

教师评价作为教师管理的一种主要手段和一种主要机制，对教师的自主专业发展有着重要的作用。一般来讲，从目前发展性教师评价的理论以及对学校教师评价的目的理解来看，教师评价要为教师的专业发展服务，建立一个以人为本，关注教师的专业发展，通过评价展现其终极人文关怀的评价制度。评价要注重教师的个人价值、伦理价值和专业价值，注重促进教师的现实表现和教师未来发展的融合。具体来讲，行动研究在学校的现实土壤上的生长，也需要获得具体和切实的制度保障。对于教师个体来讲，独立地发起和实施行动研究都是艰难的。学校激励和支持教师进行行动研究，除了要培植合作和探究的文化氛围，更重要的是从制度上和资源上给以帮助和支持。就像西尔伯曼所说，“我们必须找到激励学校教师……去思考他们正在做的和他们为什么这么做”的方法。所以学校可以以教研组（室）为依托，建立行动研究的合作机构，还可以把行动研究成果作为评价教师的一个依据。

（三）为教师提供开展行动研究的资源保障

行动研究作为教师持续学习的模式受到时间和资源的限制。研究需要各种各样的资料和信息。学校要加强科学管理，有效地发挥人、财、物、信息等因素的作用，才能有高质量的教育科学研究成果，才会产生高素质的研究型教师。教师要有条件运用各种研究资源，如学校有藏书丰富的图书馆或能够到就近的大学或图书馆查阅所需的专业书籍或研究杂志，以便全面了解别人在相关的课题上已取得了什么成果，教师能够从这些资源中找到解决自己实践中遇到的问题的方法和途径，从而确立自己要解决的问题，确定研究方向，避免重复劳动，提高研究效率。学校要为教师创造能够进行知识更新的有效途径，提供网络资源，为教师建立能与教育专家及同行经常沟通的联系网，为教师提供及时的信息资源，为教师提供进修学习的机会。教师不仅需要有信息资源，还要有充足的研究时间，在一个宽松、民主的研究氛围中展开针对日常教学中出现的问题的探讨。

学校要建立教师自己的教科所和教研刊物。专门的教科所承担教学研究课题时，同一课题组中会有各科热爱教学研究的教师，打破了教研组承担课题时学科的隔离与分化，有利于不同学科教师的交流和互补，对教师专业发展也会起到积极的作用。通过教研期刊给本校教师以书面的形式发表自己的教学心声、教学体验、学习心得和理论争鸣，增加教师的教学研究热情，促进教师专业发展。

第六节　高校英语教师专业化发展路径之信息素养

一、信息素养的概念

“信息素养”这一概念是由西方图书馆检索技能发展演变而来的。因此，国外研究者对信息素养概念的界定相对较为丰富。

1974 年，美国信息产业协会主席保罗泽考斯基（Paul Zurkowski）在美国全国图书馆与情报科学委员会上首次提到信息素养的定义：“具有信息素养的人，学习过如何将信息资源运用于工作，学会了利用大量的信息工具及初始信息源形成信息解决方案来解决问题。”

1989 年，美国图书馆协会信息素养委员会发布的《终结报告》指出，信息素养包括两个方面：信息意识和信息能力。所谓信息意识，是指能够意识到何时需要信息；所谓信息能力，是指能够定位、评估并有效利用所需信息解决现有问题。该报告还认为，具有信息素养的人很清楚地知道知识是如何组织的，知道如何去寻找信息，也知道如何使用信息使他人获知信息。这一定义可谓内涵丰富，因此得到了学界的广泛认可。

1992 年，多伊尔（Doyle）在《信息素养全美论坛的终结报告》中从信息处理过程的角度，将信息素养界定为：“从各种资源中获取、评估和使用信息的能力”，并注意到了人的批判性思维。

夏皮罗和修斯（Shapiro & Hughes）将信息素养分解为以下七种元素：

（1）社会结构素养，即了解信息在社会上的分布和生产方式。

（2）资源素养，即能够了解信息资源的形式、定位、获取方法。

（3）批判素养，即能够批判地评价信息技术在智力、人文、社会层面的长处和短处以及收益和成本。

（4）出版素养，能将研究成果和想法引入电子公共领域和电子学者圈。

（5）研究素养，能够了解并使用关于目前研究者工作的信息工具。

（6）工具素养，即能够了解并使用关于教育工作的当前信息技术的实际工具和概念工具。

（7）新技术素养，即能够不断地适应、理解、评价、利用新的信息技术，能够理性地采用新技术。

美国高等教图书研究协会指出，信息素养包括以下六种能力：

（1）能确定所需信息的程度。

（2）能有效且又高效地获取所需的信息。

（3）能批判性地评价信息及其来源。

（4）能将所选的信息与自己的知识基础结合起来。

（5）能有效地使用信息实现某个具体的目的。

（6）能了解使用信息所引发的经济、法律和社会问题，能遵循伦理道德和法律规定获取、使用信息。

相较于国外研究，我国对信息素养的研究比较少，仅能从个别学者的界定中了解到有关信息素养的概念。不仅如此，由于信息素养这一概念源自国外，我国学者对其界定时或多或少都借鉴了国外的研究成果。例如，张倩苇将信息素质归纳为信息意识与信息伦理、信息知识和信息能力三个部分。张义兵和李艺从技术学、心理学、社会学、文化学的角度将信息素养定位为信息处理、信息问题解决、信息交流、信息文化的多重建构能力。

二、英语教师信息素养的概念

关于英语教师的信息素养，主要的研究成果集中于以下一些学者的观点中。

在信息化社会，英语教师的信息素养主要涵盖以下几个方面：

（1）信息意识。英语教师的信息意识包括：对教学信息有一定的敏感度；能意识到信息对创设英语的重大作用；能意识到并获取促进英语教学的信息；具有将信息与英语教学整合的意识。

（2）信息知识。英语教师的信息知识主要包括：理解信息学理论；掌握信息源和信息工具的知识。

（3）信息能力。英语教师的信息能力主要涉及：判断信息的能力；收集信息的能力；批判信息的能力；处理信息的能力；生成信息的能力；传递信息的能力。谭文芬把高校英语教师的信息素养分为三大部分，简单明了、易于理解，但是在外延方面限制了其概念，在严谨性方面也有所缺失。

国内外学者对于高校英语教师信息素养的研究，认为可以从信息意识和信息能力两个角度探讨这一概念。所谓信息意识，是指英语教师应该具备的认识、观念、需求等方面的素质。信息能力则是英语教师信息素养的核心，具体包括七种类型的信息能力：获取能力、处理能力、评价能力、管理能力、交流能力、研究能力、整合能力。信息素养的每个层面的重要性和具体要求都有理论或研究成果支撑，并提出了实践操作建议，因此具有很强的实践参照性。当然，如果对信息素养的其他方面进行阐释，英语教师信息素养的内涵将更加完整。

英语教师的信息素养大致包含五个方面：一是信息意识，指教师对信息的敏感度。二是信息知识，指与信息相关的理论知识和方法。三是信息能力，指教师使用信息系统以及获取、分析、加工、评价信息并创造新信息、传递信息的能力。四是信息和课程整合能力，指教师依据课程特点、教学原则和教学需要利用必要的媒体设计教学活动、完成教学任务、提高教学效果的能力。五是信息伦理，指信息安全和信息道德。

上述五个涉及高校英语教师信息素养的内容相互独立又相互关联。其中，信息意识是前提条件；信息能力是信息素养的核心；信息技能的提升将反过来增强信息意识，有助于信息安全的发展；信息和课程整合能力是信息素养的目的，体现了教师的职业特点；信息安全意识的加强又会促进信息技能的进一步发展。

从能力的角度来阐释英语教师的信息素养，强调外语教师应具备信息道德和四种能力：一是高尚的信息道德；二是全面、客观地评价信息的能力；三是将信息技术与外语教学相结合的能力；四是终身学习的观念和能力。

需要特别指出的是，终身学习的观念和能力与信息素养是紧密相关的，但不能笼统地认为信息素养包括终身学习的能力。信息社会要求人具备终身学习的能力，信息素养是终身学习的基础。

三、影响高校英语教师信息素养的主要因素

影响教师信息素养的因素主要涉及以下两个方面。

（一）职前培养问题

1. 课程设置问题

高校英语教师在高等教育阶段是否接受了有效的信息素养培训，对其在教师岗位上使用信息技术的能力有一定的影响。21 世纪初，我国英语师范生五类专业课程中，缺失计算机辅助外语教学之类的课程。尽管某些高校做出了一些尝试，但此类课程仍未引起普遍的重视，信息技术与外语课程整合仍在外语专业课程设置中处于边缘地位。早年我国本科阶段开设的与信息技术相关的课程均以操作技能为重点，鲜有涉及技术与教学的整合。外语硕士教学计划和课程设置也很少注重未来教师教育者的信息素养培养问题。因此，从整体上看，目前高校英语教师队伍的信息素养普遍不容乐观。

2. 外语学科教学环境问题

大多数教师教学风格与自己求学阶段的教师教学风格有关。如果专业外语教师不进行信息技术与外语教学整合，那么其走上岗位后就很有可能沿袭当年求学阶段的教师教育者的教学风格，从而不能有效地去整合信息技术和英语教学。专业外语教师对技术的使用不如大学英语普遍，很少能够有效地实现信息技术与外语课程的整合，更多用 Word、PPT、CD-ROMs、电视录像、录音等进行课堂展示。因此，外语专业学习者未能体验到信息技术与语言教学整合的课堂，日后运用信息技术教学时就容易产生困惑。

将信息技术融入高校英语教师的职前培训中，是提升其技术能力最直接、最有成本效应的方法。近几年师范院校更加重视教师职前信息素养的培养，并在提升其技术能力和信息素养方面进行了有益的尝试，取得了不错的效果。

（二）在职培训问题

如今，高校英语教师大多已经充分认识到信息技术对于教学、科研、自身发展的重要性，有着强烈的信息素养培训的需求，但在职培训的实际情况没有达到预期，主要来说表现为以下几点：

（1）培训目标、内容过于注重技术层面，忽视观念层面和理论层面的学

习以及技术与教学整合方面的指导。

（2）在职培训机会不足。

（3）在培训管理上，缺乏培训前的调查和培训后的跟踪改进。

（4）培训形式单一。以短期集中培训为主，主要采取讲授与上机实习相结合的模式，大多是自上而下团队推进、整齐划一的模式，缺乏对教师教育者实际情况的考虑。研究表明，短期集中培训的作用和效果十分有限，培训机构若能在受培训者回到工作岗位后持续提供支持与各种形式的指导，培训效果就会更好。

四、高校英语教师提升信息素养的重要路径

（一）自主学习

自我发展是高校英语教师提高信息素养的重要途径，也是最容易实现的一个途径。

1. 自主学习的含义

“自主学习”这一概念早在20世纪就被提出，但关于其定义至今没有达成一个统一的认识。而对于“自主学习”这一概念的表达，更是众说纷纭，如autonomous learning（自主学习）、active learning（主动学习）、self-study（自学）、self-managed learning（自我管理学习）、self-education（自我教育）。这就说明人们对自主学习的研究十分关注，同时说明不同的学者对自主学习关注的角度、重点也不同。

亨利·霍莱克（Henri Holec，1981）是最早进行自主学习研究的学者。他认为，自主学习是指“对自己学习负责的一种能力”，这种能力并不是天生的，而是需要利用自然途径或者专门学习才能获得。霍莱克认为自主学习能力表现出以下五个方面的内容：

①确立学习目标

②确定学习内容和进度。

③选择方法和技巧。

④监控学习过程。

⑤评估学习结果。

迪金森（Dickinson，1987）对自主学习定义的分析是从学习的进程方面

考虑的，他认为自主学习者应该承担的学习责任包含以下几个方面：

①决定学习什么。

②学习方式为个人学习。

③学习者选择学习进度。

④学习者决定何时何地进行学习。

⑤学习者选择学习材料。

⑥自我监控。

⑦自我测试。

“自主学习是学习者在学习过程中对自己的学习进行控制的能力。但是，这种控制能力并不仅依靠学习者自身的喜好，控制不是个人做选择的问题，而是集体做决定的问题。”他还将自主从不同的角度定义为“技术自主”心理自主”和“政治自主”，并将它们分别与三种相应的学习方法（实证法、构造法和批评理论）联系起来。总的来说，自主学习是一种多维度的能力（multidimensional capacity）。

上面介绍了一些代表性学者对于自主学习这一概念的看法，这些观点可谓见仁见智。为了帮助读者更好地理解，这里主要从广义和狭义两个角度来理解自主学习。

从广义上说，自主学习是指人们利用不同的手段与途径进行的具有目的性、选择性的学习活动，是为了实现自主的发展。从狭义上说，自主学习是学生在教师的指导下，自觉进行能动性、创造性的学习，目的是实现自主发展的教育实践。

狭义的自主学习主要发生在学校教育的范围内，本书中进行的自主学习研究也是从这个角度出发的。自主学习能力是在学习过程中学习者的综合学习能力——拥有知识和必要的技能，使学习目标得以有效实现。学习者应该具有自主学习的能力和意愿，从而实现自主学习。

2. 自主学习的特征

人们在对自主学习的含义进行界定时，试图总结出自主学习的特征。不过，如同其定义众说纷纭一样，自主学习的特征在不同学者看来也不尽相同，这主要是由于研究的角度和方向不同所致。例如，有的学者将自主学习看作一种学习活动，有的学者认为自主学习就是一种学习过程，有的学者则认为自主学习其实是一种模式。尽管如此，对于自主学习的特征，我们仍能从学者们的研究中发现一些共同之处。

自主学习有三个方面的特点。

①自主学习能够有效地对元认知、动机和行为等方面进行自我调节。

②自主学习能够对学习方法或学习策略进行有效的自我监控，并根据自我监控的结果对学习活动进行反复调整。

③自主学习能够科学、有效地使用某种特定的学习策略，或者做出合适的反应。

美国密执安大学的宾特里奇（Pintrich）则将自主学习者的特征归结为四个方面。❶

①自主学习者能够在学习过程中主动创设学习策略，树立学习目标，探索学习的意义。

②自主学习者能够正视由个体差异而产生的缺陷，并自主监控和调节学习行为。

③自主学习者能够对自己学习的效果进行自我评估，对学习目标和学习标准进行必要的调整。

④自主学习者能够合理调节由外部情境和个体差异所产生的影响，以提高学习效果。

学习者需要具备以下特征，才可以称得上是自主学习者。

①能够对学习的成败正确归因，并对学习自我负责。

②拥有强烈的学业自信心。

③相信努力就会成功。

④学习目标科学、有效，符合自身学习情况。

⑤关注自主学习对未来的影响。

⑥拥有符合自身学习特点和个性特点的学习策略，对学习过程自我监视、自我调节。

⑦对学习时间与学习资源能够有效管理和使用。

3. 高校英语教师的自主学习

高校英语教师的自主学习包括以下几种形式。

第一，收看教学录像。

❶ 崔燕宁．大学英语自主学习理论与实践研究［M］．成都：西南财经大学出版社，2013.

第二，参与网络教育论坛讨论。

第三，阅读相关文献。

第四，观摩他人教学。

第五，参加教学研讨会。

除此之外，高校英语教师的自主学习包括向同事学习或者向自己的孩子学习。目前，国内外已经有很多语言教育者的在线发展机会。通过一些网站，外语教师既可以下载丰富的外语教学资源，了解外语教学的新动向，也可以与同行分享教学经验，参与教学问题的讨论。

需要指出的是，培养高校英语教师信息素养的各种途径各有利弊，应该根据实际情况和不同发展需求，采取灵活多样的提高信息素养的途径。例如，面对面的培训便于培训师当面指导，优点是节省时间经费、契合本校教学实际，缺点是个性化、针对性不足；网络协作学习的优点是有很强的自主灵活性，缺点在于培训组织和管理松散，缺乏效率。

（二）培训

培训可以说是提升高校英语教师信息素养最直接的途径，也是非常有效的途径。

1. 培训内容

在培训内容的设计上，最初是以信息技术技能为中心，但是技术培训并不意味着教师教育者能够自发地将信息技术应用于教学，反而可能引起教师教育者对技术的焦虑甚至抵触情绪。因此，后来更多地强调技术与课程和教学的整合，培训的重点从技术本身转向技术的“教育应用”。为了促进外语教学效果的优化，培训要注意以下两点：

（1）转变旧模式的理念，澄清、落实和强化新模式的理念，特别是澄清教师教育者角色的定位、教学结构、师生关系等内容。

（2）强调信息技术与外语实际课堂的整合，突出信息技术在教学中的实际应用，不但应包括人工智能、数字化和信息网络三大关键技术工具的应用，还应包括现代教育技术的理念和方法、生态型外语教学环境的构建及信息技术与外语课程整合的方法、案例讨论等内容。

由此可见，技术与外语课程整合能力培训是重中之重。

2. 培训方式

高校英语教师信息素养培训的主要方式包括以下几个：

(1) 体验式培训。教育信息化的基本特点是多媒体化、网络化、智能化，各级培训应在以多媒体和网络为基础的信息化环境中进行。创建“虚拟世界技术教师发展工作坊”，旨在让教师感受多用户虚拟环境作为教学手段的潜力，培养教师运用虚拟世界技术进行教学的意识和能力。

(2) 分层或分级培训。英语教师的信息素养水平存在巨大差异，这是客观存在的事实。基于此，可进行分级或分层培训。对此，一些学者给出了较为可行的建议。例如，将教师分为三种，并有针对性地开展培训，实行区别对待。

第一种是信息化教育技术知识薄弱、信息技术能力偏低的教师。相应的培训要求是：掌握将信息技术运用于课程教学的基本能力。

第二种是接受过一定的计算机教育、已有一定技术基础的教师。相应的培训要求是：进行发展性培训，培养他们能够更好地设计多媒体课件和网络课件的能力，能够通过网络教学平台组织教学活动。

第三种是已具备中级水平并能较好地实现信息技术与课程教学整合的教师。相应的培训要求是：参加高级研修班，提升研发能力，学习开发信息技术与语言教学相结合的新产品。

3. 反思性培训

传统的教师信息素养培训更多是采用讲授式的培训，教师可能会努力学习专家所倡导的理论和介绍的新知识，但在培训之后往往不能将理论和知识在实践中有效地运用，仍沿用自己习惯的教学方式。此时，反思就在“倡导的理论”和“采用的理论”之间架起了沟通的桥梁。在培训过程中，应让教师反思自己的教学活动，分析自己的教学行为、决策和结果，从而进一步改进教学。

对于反思性培训，很多学者也进行了研究。

反思锯齿型整合培训模式，该模式包括以下两条主线：

第一，通过反思模式革新教学思想，使倡导的理论运用到教学中去。

第二，锯齿形模式，将信息技术的提高与教学思想的革新两个过程整合起来，实现信息技术在教学中的合理应用。

该模式的一个显著特点是强调教师教育者的自我反思，实践证明这样的自我反思有利于增强培训效果。

TRA 模式，即“任务—反思—行动”(Task—Reflection—Action Research)，包

括以下三个子模式。

第一，任务驱动子模式。

第二，反思教学子模式，用于信息技术与学科教学整合培训。

第三，行动研究子模式。

第六章　高校英语教师职前职后一体化培养建设

随着我国市场经济的高速发展，我国国际市场进一步打开，国际化程度进一步加深，而英语作为一种国际化的交流工具，在国与国之间、人与人之间的经济合作、文化沟通、思想交流、政治交流方面发挥着越来越重要的作用。国家也不断制定新的政策和法规来更好地实施英语教育教学，但是，新时期我国高校英语师资队伍建设仍然存在很多问题。因此，加强高校教师的职前培养职后培养是有效提高师资力量的重要环节。

第一节　重视高校英语教师职前培养

一、高校教师“年轻化”现象严重，性别比例失调

历史遗留问题是造成教师“年轻化”的一个重要原因。在高校大规模扩招以前即20世纪90年代中期，由于高校英语教师工资待遇水平偏低、教师需求量相对较少、工作任务繁杂等原因，导致大量的英语人才放弃了高校任教而选择了其他行业。另外，部分刚毕业的英语专业的学生留在了高校，不久之后便又离开，高校英语教师流动性强、从业时间短等问题也比较严重。等到20世纪90年代以后，各大高校扩大招生量，大学英语也成为扩招后的一门基础课程，由于高校英语教师需求量的急剧上升，很多刚毕业的英语专业的学生被聘请到各大高校，虽然及时改变了高校英语教师缺乏的局面，但是遗留下来了不少问题，其中高校教师年轻化就是最突出的一个。目前高校逐渐改变了教师老龄化的现象，扭转了高校以公办退休教师为主的局面，也进一步改善了教师的年龄结构，但又走入了教师越来越“年轻化”的误区。众所周知，当前越来越多的人反映高校英语教师年龄结构不合理，年轻教师

人数在总教师人数中占有较大的比重，教师结构“两极化”真实反映了高校师资队伍建设的状况。不仅如此，高校英语教师也存在性别比例失调情况，高校女教师人数远远多于男教师人数。这是由于社会因素影响的结果，女性天性比男性更具有语言天赋，在很多人眼里，教师这份职业工作轻松，有充足的休息时间且相对稳定，相对而言更适合于女性。受这种传统观念的影响，男生选择英语专业的人数越来越少，因此，造成英语男性教师越来越少，英语教师男女性别比例失调。

二、高校英语骨干教师偏少，科研能力较弱

虽然高校英语教师的学历层次得到普遍提升，研究生硕士及以上学历的教师比重也在不断增加，教师职称水平也在不断提高，但是拥有高级职称的高素质、高水平的骨干英语教师仍然缺乏。据有关部门调查研究发现，高级职称教师在总教师中的比重仅占 10%，很多高校领导普遍反映，高学历、高职称起学科带头作用的高级职称英语教师比较少，具有特色级别的大师更是少之又少。骨干教师缺乏，势必导致高校学科科研能力的下降。科研能够有效地促进英语教学，然而高校英语教师的科研成果较少，与专业课教师相比存在很大差距。据有关调查显示：英语教师不知道如何写教学研究论文的站 25%，38%的英语教师从未编写过教材，一半以上的英语教师从未参加过学校教研活动等。

三、高校英语教师进取心、责任感不强

各大高校扩招，伴随着高校英语教师需求量大增，大量英语专业的人才逐渐走入各大高校。但由于高校缺乏教学质量赏罚机制，大部分英语教师缺乏危机感，久而久之，导致教学质量不断下降。据有关调查表明，本科和硕士研究生分别占高校教师总比重的 34%和 59%，而博士级别的英语教师仅占 3.8%。以上数据显示，高校本科和硕士研究生学历的英语教师占绝大部分，高校英语教师水平偏低。调查分析显示，各大高校之所以拥有较少博士级别的英语教师，是因为很多教师在高校没有危机感和紧迫感，不思进取，不重视进修学习，还有的个别教师只顾兼课挣钱等。

教师的职前培养直接关系着一个教师是以一个什么样的状态走向教学岗

位，教师拥有什么样的素养直接关系着教学质量、学生未来的形成。

第二节 探索与职前培养相衔接的职后培训实施

一、教师教育职前培养课程的现状分析

（一）国外教师教育职前培养课程的现状及特点

无论是在教师教育比较发达的欧美国家，还是在我国，教师教育在课程设置方面都由三个模块组成：普通教育课程、教育类课程和学科专业课程。下面我们就从这三个方面来概述一下国外职前教师教育课程设置的现状。

1. 普通教育课程

普通教育课程，也叫通识教育课程，最初是由西欧的博雅教育发展而来的，旨在给学生进行人文学科的教育，使学生具有深厚的文化底蕴和高雅的人文气质。在国外，这类课程的学习一般是安排在本科生入学后的前两年里。尽管随着社会的发展课程内容和课程结构不断发生变化，但总起来说，这类课程设置有以下几个方面的特点：

（1）课程内容丰富，涉及的范围比较广。以美国的普通教育课程为例，它设置的课程主要有英语、哲学、文学、美术、音乐、戏剧、外语、历史、经济、法律、社会学、人类学、政治学、生物、数学、物理、化学、遗传学、地球和空间学以及健康教育和体育等等，包括自然科学、社会科学、人文科学和艺术、语言学各方面。表 6-1 列出了美国部分大学通识课程的基本构成。

表 6-1 美国部分大学普通教育课程的基本构成

大学	技能课程	知识型课程
威斯康星大学	交流（包括读、听、讨论与写作）	道德研究；拓宽知识课程；定量推理；自然科学；人文科学；社会科学；种族研究

续表

大学	技能课程	知识型课程
加州大学洛杉矶分校	写作；交流；实验	地球环境：美国文化、社会与文学之间的互动；现代历史思考；世界经济趋势，全球化的希望与危机；美国的工作、就业与社会犯罪；宇宙与生命的进化；生命技术与社会；老龄化社会所面临的问题；生物医学；社会与政策透视
加州大学戴维斯分析	写作	人文科学；科学与工程；社会科学；社会文化的多元化
华盛顿大学	写作；外语	定量推理；视觉、文学与表演艺术；个人与社会；自然界
哈佛大学	写作；语言	跨学科课程；拓展性课程
斯坦福大学	写作；语言	人类社会初步；自然科学；应用科学与技术；数学；人文与社会科学；世界文化、美国文化及性别研究
芝加哥大学	语言；体育	历史、文学与哲学的解释；文明研究；音乐、视觉与戏剧艺术；物理；生命科学；数学；社会科学
康乃尔大学	写作与交流；体育	自然科学；人文科学；社会科学；定量推理与分析；后选课程

（2）综合性程度较高。各国的普通教育的课程基本上都是文理兼容的，从社会、人文、自然三方面设置课程。

（3）占课时的比重比较大。见表 6-2。

表 6-2 中外教师教育课程体系中普通教育课程比重一览

国别	美国	日本	印度	韩国	俄罗斯
课程名称	通识课程	基础课程	基础学科	教养课程	一般教育课程
课时比重	1/3	37%	34.9%	30%~31%	25%~30%

2. 学科专业课程

学科专业课程，这是体现教师教育“学术性”的课程。由于各国教师教育体制的差异，因此在这类课程的设置上差别比较大。英美等发达国家的学生要求在取得学士学位以后，再加 1~2 年的教师教育专业学科的训练。比如，未来的物理教师必须首先获得大学物理系学士学位。日本教师教育课程设置中，学科专门课程在初中教师的培养中占学分的45.7%，在高中教师的培养中占48.1%，相对于其他国家比例略低一些。韩国师范大学实行两种学分：一种是总学分为160学分，其中专业课占81学分，占总学分的50.6%；另一种是140学分，其中专业课53学分，副专业课21学分，这样专业课占总学分的52.9%。

概括地说，国外这类课程设置体现了如下几个特征。

（1）实行学分制，除了必修的专业核心课程外，各层次专业课程中还开设了大量的选修课程，供学生选择。

（2）从学科专门课程设置的范围来看，国外学校安排的课程涉及面比较广，并且注意交叉学科的发展。譬如，美国加州大学的物理系专业课程中就开设有化学课和生物课。

（3）课程内容注重基础性和前沿性，而非系统性和连贯性，教材多样化，注意学生的兴趣培养和个性发展。此外重视学生的自学能力，课堂教学注重讨论式、研究式教学。

3. 教育类课程

教育类课程，是“师范性”的集中体现，是教育机构为各专业学生开设的有关教育教学理论、方法、技巧等的课程，旨在培养未来教师的专业素质和技能。通过表6-3看一下国外教育专业课程的设置状况。

表6-3　不同发达国家教育类课程设置状况

国家	教育类课程门类	占总学时的比例/%
美国	教育专业指导课程：教育导论、美国社会的学校、教育史、教育哲学 教育专业基础课程：心理学与发展科学、学习理论、课程与教学、教学评估、现代比较教学技术等 教育专业课程：学科教育理论	18.4
英国	教育原理、教育史、心理学、教育行政、教学技能、儿童发展、健康教育、课程设置等	25
法国	教育哲学、教育史、主要教育流派、心理学、教育学、教育的法制和体制、教育技术和教学方法等	20
德国	普通教育学、学校教育学、教育哲学、教育心理学、社会学、政治学和各科教学法等	25

国外教育类课程的设置有如下几个特点：

（1）占总学时的比重较大，开设时间起步早，大多从第一学期开始，跨度从第一学年到第四学年，使师范生时刻受到教师教育氛围的熏陶；

（2）课程涉及内容广泛，课程形式多样。科目涉猎广泛便于学生全面把握教育的本质和规律，如美国的教育专业课程种类繁多，既包括教育基础理论，又包括教育方法和技能课程如教育心理学、发展心理学、教育评价和测量、教材教法、普通教法、教育技术学等。课程形式灵活多样，主要形式有讲座、专题讨论，也有合作探究式的教学方法，即理论学习和教学实践同时进行，在实践中发现问题，然后小组展开讨论共同商定解决的办法；

（3）学生教学实践时间长，形式多样。教育见习、实习是提高师范生实践能力的重要手段。英国的 BED 课程教育学士学位课程和 PGCE 课程（研究生教育证书课程）在基地学校的教育教学时间分别达到 24 周和 32 周，以保证学生在教学第一线接受培训和锻炼。法国在这一方面更加系统化、制度化。在 2 年学习中，实习大致可以分为三类，即熟悉性实习、由（指导教师）陪伴实践实习和责任实习。这三个阶段由浅入深，使学生逐步掌握教学技巧，培养解决实际问题的能力。

（二）我国教师教育职前培养课程的现状分析

中国近现代的师范教育从 19 世纪末 20 世纪初开始，至今已经经历了百余年的历史。20 世纪 50 年代，中国高校经历了一次大规模的院系调整，形成了文理综合性院校、工科院校、师范院校以及各种单科性的学院，而对于教师的职前培养主要是依靠独立设置的师范院校。近几年，在教师教育体制上，随着政策“鼓励综合性高等学校和非师范高等学校参与培养，培训教师的工作，探索在有条件的综合性高等学校试办师范学院”，中国教师教育的体制由独立师范院校定向型培养逐步转向综合性院校的开放式培养。但不论是在独立的师范院校还是在综合性高等学校的师范学院，它们的课程设置却基本没有什么大的改变。在文献调研的基础上，介绍一下我国大学英语教师教育职前培养课程的现状。

1. 通识课程的设置

通过下面我国几所师范院校的通识课程来看一下我国教师教育通识课程设置的现状及问题。

表 6-4 通识课程内部构成及占总学分比

学校名称	课程类型	课程名称	学分	各类型课程学分比例/%		占总学分比例/%
北京师大	必修	公共必修课（“两课”+外语+计算机+军事+体育）	37	82.2	100	29.05
	选修	公共选修课（自然+人文社科+艺术）	6	17.8		
东北师大	必修	通修课程（“两课”+外语+体育+计算机+国防教育）	40	80	100	33.33
	选修	人文社会科学课+自然科学课	10	20		
西北师大	必修	“两课”+外语+体育+计算机	37	82.2	100	28.48
	选修	自然+人文+艺术+教育技能	8	17.8		
西南师大	必修	公共必修课（“两课”+外语+体育）	42	72.4	100	36.25
	选修	文化素质选修课	16	27.6		
华南师大	必修	公共必修课（“两课”+外语+计算机+国防教育+体育）	40	78.4	100	30.91
	选修	公共选修课（自然科学+艺术+社会科学+就业指导）	11	21.6		
上海师大	必修	公共必修课（“两课”+外语+体育+计算机+军事+劳动+就业指导）	38	90.5	100	27.63
			4	9.5		

表 6-5 必修课各类课程的比例

课程名称	北京师大	东北师大	西北师大	西南师大	华南师大	上海师大
“两课”/%	35.14	32.50	29.73	33.33	30.00	21.05
外语/%	32.43	30.00	43.24	38.10	40.00	47.37
计算机/%	16.22	7.50	16.22	14.29	15.00	15.79
军事%	5.40	5.00	—	4.76	—	2.63
体育/%	10.81	10.00	10.81	9.52	10.00	10.53
其他/%	—	15.00	—	—	5.00	2.63
总计	100	100	100	100	100	100

从表 6-4、表 6-5 可以看出，通识教育课程在各个高师院校普遍受到重视，比例基本上在 30%左右，有的高校如（西南师大）甚至接近 40%。按照性质划分，各个高校开设的通识课程大致可以分为两类，即公共必修课和公共选修课，而公共必修课占了主要地位，这几所院校的比例都在 70%以上，上海师大甚至达到了 90%。公共必修课主要是由“两课”（思想道德修养课和政治理论课）、外语、计算机、体育、军事理论构成，各院校大致相当。其中“两课”和外语占的比例较大。

下面我们来阐述一下我国教师教育职前培养中通识课程设置的问题：

（1）通识课程占总学分的比例比较大，但学生的自由选择度却比较小。从上表可以看出，各个高校中通识必修课占绝对的主角，所占比例都在通识课程总学分的七成以上，有的甚至达到了九成，这就大大限制了学生自由选择的空间。通识教育的理念是给予学生广博的知识基础，使学生能够按照自己的兴趣和专业特点来选择相应的通识科目，从各方面提高自己的综合素质，成为未来社会的健全个体。而目前这种状况与通识教育的理念是相违背的。

（2）通识课程设置的领域过于狭隘、划分不合理，课程形式缺乏灵活性。与国外的通识课程相比，我们的通识课程数量已属不低，可是课程涉及的领域不外乎语言、计算机、公民教育、自然科学、社会科学和艺术课程。而其中除语言、计算机和公民教育比较受重视以外，别的课程数量不足，门类贫乏，数学、文学和历史更是少之又少。即使在受重视的课程中也存在很多问题。语言和计算机流于应试教育，成为应付各种等级考试的预备课程。而公民教育课程过于僵化，往往沦为空洞的政治说教，而学生也只是为了应付考试，完全背离了通识教育的本来目标，使效果大打折扣。

（3）通识课程设置模式僵化，缺乏多样性与灵活性。各个院校开设的通识课程虽然名称不太一样，但几乎都是清一色的“政治理论+外语+计算机+军事、体育+‘三大选修课’（自然、人文社科、艺术）”模式。缺乏多样性和灵活性，丧失了通识教育意义的本真。各个高校应该根据自己的情况，形成自己的特色。

2. 学科专业课程和教育类课程的设置

我国的教师教育长期以来在课程设置方面存在着学术性和师范性之争。很多人存在这样的观点，只要掌握了所教学科的专业知识就可以做教师，再加上中华人民共和国成立前期我们沿袭了苏联师范学院的专业设置与课程设置的模式，即按照核心专业学科设置各个专业、各专业再围绕核心专业学科来开设全部课程，这也使得教师教育的职前培养一直以专业发展为核心。因此，各高校学科课程的设置占了相当大的比重，而作为体现师范性特征的教育类课程的设置却往往不尽如人意。

总结一下学科专业课程和教育类课程存在的问题：

（1）从课程观念上看，重学术性轻师范性。我国的教师教育一直存在着“学术性”与“师范性”之争、好像强调“师范性”就会牺牲“学术性”，教育科学的强化就意味着学术水平的降低。这种争论就足以证明教育科学作为师范性支撑学科未被真正理解和认可。

（2）从课程内容上来看存在一定的问题。学科专业课程注重课程的纵深发展，且忽视学科之间横向知识的联合，从而造成培养的学生专业性太强，知识结构单一，知识面过于狭窄，综合能力不强。教育专业课程也不外乎教育学、心理学、学科课程论和教育技术，与国外院校相比，我们的教育专业课程内容显得比较匮乏，内容涉及面太窄，课程形式也比较呆板。

（3）从课程结构上看，比例不够协调。其一，教育类课程比例比较低，教育类课程是教师教育课程设置中非常重要的一部分，通过该类课程的设置，可以使学生了解青少年心理发展的基本理论以及教育、教学的基本原理与规律，提高学生观察与分析教育现象的能力，并进一步培养学生对于教育工作的兴趣和爱好。目前教育类课程却没有被足够的重视起来。教育实习和见习的时间一般在八周左右，与国外院校相比我们的教育实践时间还是不够，且有些院校的实习和见习名不副实。其二，必修课是课程的主流，虽然目前各个院校也增加了选修课的比例，但往往流于形式。

从以上的分析看来，我国教师教育的职前培养阶段还存在着不少的问题，教师教育是一个连贯的过程，职前培养的弊端也会影响到教师的职后培训，会妨碍一体化课程体系的构建，因此要构建一体化的课程体系就必须对职前培养阶段课程的弊端进行修改。有了坚实的根基，才能建造更好的大厦。

职前培训是大学新教师在角色过渡、职业体验、教学责任和使命培养过程中的重要环节，是培养教师效能感的最佳时机。职前培训作为实现大学英语教师专业化发展的环节之一，关系到教师专业水平的提高，关系到教师在课程和教学过程中的地位和角色的转变，即教师不仅是知识的传授者、管理者，而更是促进者和引导者；关系到教师、学生乃至整个国民教育质量的综合水平。但目前我国的大学英语教师职前培训环节相对比较薄弱，因此有必要对大学英语教师进行系统的岗前培训，学习基本的英语教学理论与方法、掌握一定的教师职业技能，逐步形成教学效能感，从而提高大学英语教师的专业化水平。

二、教师教育职后培训课程的现状分析

（一）国外教师教育职后培训课程的特征

由于认识到教师职后培训的重要性，大多数欧美国家不断地增加对教师职后培训的投入，并建立了相应的职后培训制度，下面我们就来分析总结一下国外教师职后培训关于课程方面的特征，为我国职后培训课程的设置提供借鉴。

1. 培训类型多样化

（1）初任教师培训，即所谓的教师的入职培训。此类培训帮助新任教师尽快地熟悉教育教学工作，并提高他们的教学能力。如，日本的新任教师在被录用的一年内，参加校内校外两种实践研修。校内研修是在有经验的优秀教师的指导下进行的，每周两天，每年不少于60天；校外研修每周一天，一年不少于30天，目的是为了培养教师的使命感和实践能力。

（2）单一学科培训。包括所教学科专门知识和教育教学方法的培训，让教师掌握新的教育理论和新的教学方法，以及掌握学科发展的新知识。

（3）学位课程培训。主要是针对未达到国家规定的学历层次的高校教师开展的，如英国在中学教师中实行的研究生教育证书、教育学士等培训，目的是为了提高教师的学历层次。

（4）以教学为中心的培训。这是为提高教学质量，以地区性教师职后培训中心为组织领导机构，在本地区实行的统一的教师职后培训。培训中心根据学校存在的问题，以及各学校教师的实际需要制订培训计划，然后发到各校，分批培训。此种培训结合实际，针对性强，效率高。

（5）资格培训和资格提升培训。教师通过学习某些特定的培训课程而获得教师任职资格或资格提升。美国教师任职许可证有一年有效期，超过这一时期，想继续从教就必须再培训。

2. 培训内容重视教育教学实际能力的提高

教育教学实际能力日益受到各国教师继续教育的重视，普遍提高了教育学科在学科分配中的比例，并加强教育理论与教育实践的结合。20 世纪 80 年代以来，各国的师资继续教育开始重视实际操作能力的培养，不再只关注学历与文凭，而更强调教学方法、理解力与洞察力及管理和调控能力在教学中的运用，同时并不忽视教学理论在教学中的指导作用，重视理论联系实际。国外教师在职教育的学习内容，由以大学的课程为主，转为以教学现场需求的职能为主，而学习过程的设计也逐渐以进修的人员为中心。

3. 培训途径多样，形式灵活

世界各国采用培训班、研修班和课题研究、自学、学术报告、教学活动、教研活动、社会考察等形式，通过教师进修学院、广播电视、计算机网络和教研科研学术团体活动、国内外进修考察、教师自我进修或以学校为基地进修等途径，实施形式灵活的教师在职培训，以满足各个层次教师的需求。各国也根据自己的国情，采用了一些具有地方特色的教师进修方式。如，日本的海上研修，通过在航行中的研讨及靠港后的考察、参观，打破了地域和学校的界限，使学员扩大了视野，获得了比较好的进修效果。英国的曼彻斯特大学为教师开办的诸如“讲习班”“研究会”“短期课程和讲座”等多种形式的短期培训活动都是利用晚上或者周末等业余时间进行的。

4. 职前培养与职后培训一体化

当今世界各国在大力推广教师在职进修的同时，也在努力延长教师职前专业训练的年限，由仅仅注重教学实践，转向更为广泛的学校经验，使教师职业成为学术水平较高并接受长时间专门训练的职业，使职前教育与职后培训联系紧密。如法国 1989 年《教育方针法》规定：在大学建立“教师培训学院”（IUFM），并于 1990 年开始，在大学培训学院向未来教师提供新的职前培养教育以及对在职教师实施在职继续教育，使职前教育职后培训实现一体化。

国外的教师教育职后培训的课程有其自身的特点，我们不能盲目地去效仿，应该根据我国的具体情况，借鉴他们的经验，设置符合我们实际情况的课程。

（二）我国教师教育职后培训课程的现状调查分析

1. 调查的目的、对象与方法

目前，我国教师教育的职后培训已经逐渐受到重视，但是仍然存在着很多问题，特别是在课程设置方面，为了更好地了解问题背后的原因，进而为一体化课程体系的构建铺平道路，对现在教师教育职后培训的现状做了调查，对现状调查的数据进行了分析，并在分析的基础上找出问题存在的原因，为一体化课程体系的构建提供现实的依据。

调查的对象包括山东青岛、济宁、滨州、日照几个地区大学的教师，调查以问卷的方式为主，同时走访了部分大学的教师，了解对于教师职后培训课程设置的真实看法。考虑到教师参与调查的实际情况，在问卷设计上尽可能便于被调查者真实填写，因而以封闭式选择题为主。

本次调查共发放调查问卷 184 份，回收有效问卷 184 份，回收率 100%。下面我们先来看一下样本的有关情况见图 6-1。

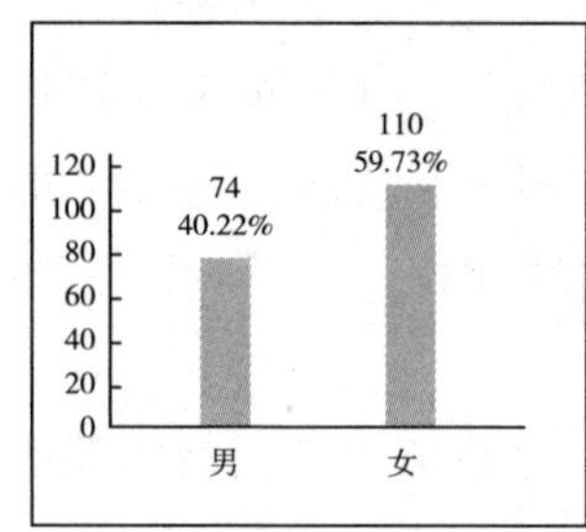

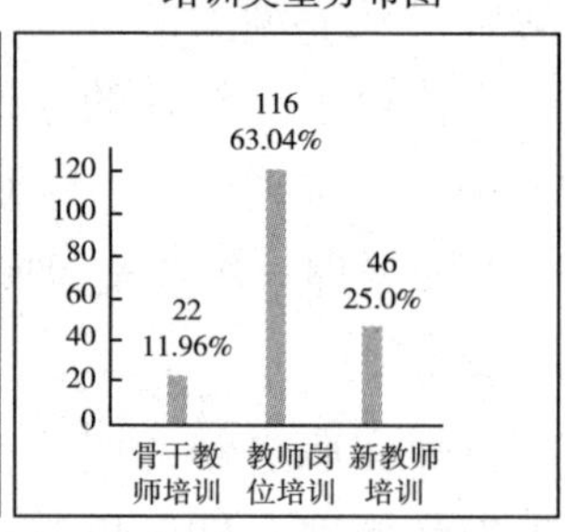

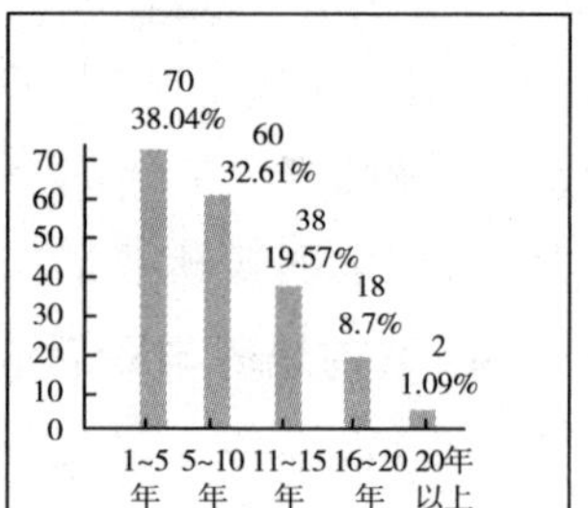

图 6-1　样本情况

2. 调查结果分析

本调查通过参与教师教育职后培训的各个大学教师对职后培训课程方面的看法和态度，以及对课程设置改革的设想，从中发现相关问题所呈现的基本趋势。对问卷调查的统计结果纯粹从数量的表层分析是不够的，还要结合对相关问题的访谈来发现问题的症结所在，透视调查对象的真实意图。

（1）关于教师职后培训课程的基本现状

问题 1：您对参加教师职后培训课程的总体感觉是怎样的？

教师对职后培训课程不满意和较不满意的分别占 15. 22%和 18. 48%，认为一般的占多数 53. 80%，而满意和较满意的人数一共占总人数的 12. 5%。从这些数据看来，职后培训课程的改革是非常有必要的。

问题 2：您认为教师职后培训课程对您更新教育观念、更新专业知识、了解教学前沿动态、提高科研能力、掌握现代教学手段的效果如何？

结果表明这几个方面能满足教师需要的比例远远低于不能满足的比例。职后培训的课程设置、教学内容方面与教师实际需求存在一定的脱节，课程的先进性、新颖性、针对性和实用性还不能满足教师的需求。现代教学手段和提高科研能力方面的课程也有待于加强。参加培训的教师对于这些方面比较关注，不满意的人数较多。

（2）关于对优秀大学教师素养及自身目前知识能力等的认识

问题 1：您认为一个大学教师的优秀素养主要体现在以下哪些方面？

对于这个问题的调查大家的看法比较一致，都认为教学水平、职业道德、组织管理能力和科研能力是一个优秀的教师应该具备的素养。从调查对象的选择来看，其比例依次为教学水平 95. 7%，职业道德 87. 0%，组织和管理能力 76. 1%，科研能力 56. 5%，其他 7. 1%。

问题 2：对大学教师目前所欠缺的知识的看法。

结果可见，认为跨学科知识、专业前沿知识、研究方法知识、社会和人文知识、教育科学知识等是目前较为欠缺的知识。其中跨学科知识、专业前沿知识和研究方法知识的缺乏是最明显的。因此，我们在进行职后培训课程设置的时候要注意加强这几个方面的内容。

问题 3：您目前在教学中所面临的主要问题是什么？

所给出的选项有教学知识、教学技能语言表达、课堂调控和师生关系。这几个选项中教学技能成为主要问题，其次便是课堂调控。职后培训课程应该处理好拓展知识与提升能力的关系，特别是要着力提升教师的教育教学实践能力。

综上所述，对这些问题的调查要求职后培训课程应该在总体上处理好更新拓展知识与提升教师的教育教学实践能力的关系，加强跨学科知识、专业前沿知识、研究方法知识、教育科学知识和社会人文知识等的同时，注重提升教师的教学水平、职业道德、组织管理能力和科研能力，并且提高教师的创新能力。

（3）关于课程结构及课程开发的问题

问题 1：关于教师职后培训的课程设置有的教师认为应该开设一定的选

修课。

问题 2：您认为职后培训课程设计应以什么为中心?

选择以教育教学中的实际问题为中心的比例最高，占到 58%，接下来便是以教学能力为中心的选择，占 31%。

从这两个问题看来，我们应该在课程设计的时候，适当加大选修课的比例，课程设计也应该体现以问题为中心和以能力发展为中心的多元的课程设计思想。

问题 3：您认为你所接受的培训与职前教育课程在内容深度上的差距。

虽然认为两者之间差距很大和较大的比例较高，但是“一般、较小、很小和没有差距”的比率仍然半数，因此，职后培训的课程依然受到质疑，被认为是职前教育的简单重复，与实际教学的结合力度也比较弱。

（4）关于课程实施的问题

问题 1：您认为目前实施教师职后培训课程最适合的模式。

给出的选择项为院校培训模式、校本培训模式、院校和校本培训模式以及远程教育培训模式。

其中有 52. 3%的教师认为应该采取院校和校本培训模式相结合的培训模式。当然在教师培训的过程当中我们应该采用多种有效的模式，不能只拘泥于一种模式的培养。

问题 2：您认为职后培训课程的实施方式比较有效的是哪些?

各种教学方法都有一定比例的教师选择，但相比之下，“观摩交流、专家讲座、同行交流、案例分析以及专题研讨”等更受大家的欢迎，其选择的比例依次为观摩交流 62. 0%、专家讲座 43. 5%、同行交流 42. 4%、案例分析 40. 2%、专题研讨 37. 0%。教师的职后培训注重实际问题的解决，这是教师职后培训应有的特点，但是从另一方面也反映了教师有急功近利的倾向。他们一般希望课程培训直接针对教育教学中的实际问题，采用有效的方法，借鉴现有或已有的经验者的方法解决问题。当然过分依赖这种方法也会带来负面影响，使教师的思维受到限制，主动探究问题解决方法的能力也得不到很好的发展，难以培养出“科研型”“学者型”的教师，也难以提高教师自身的创新能力。因此，我们也有必要强化教师理论知识的学习，增强教师的理论素养。

目前的教师职后培训存在着很多的问题，我们在设置教师职后培训的课程时，要尽可能地去解决这些问题，使教师职后培训能与职前培养融为一体，建立起比较完善的教师教育一体化课程体系。

三、教师教育职前职后一体化课程体系建设构想

“培养目标是为满足一定的教育需求，推动预期教育目的实现的教育导向标志或标准。”教师教育目标一体化就是为了达到教师教育的目的，统筹、规划教师教育各阶段、各层次应该达到的水平或标准。教师教育各阶段既有共同的总目标，又有各自具体的目标，各具体目标有内在必然的衔接关系。所以构建一体化的课程体系首先要正确清醒地认识各阶段——职前培养和职后培训应达到的目标。

（一）职前培养阶段的目标

我们要在短短几年的时间内把学生培养成一个合格、成熟的、能够完全胜任基础教育教学要求的教师，那是不可能完成的。从理论上来讲，教师的成长有其自身的规律，而且需要一定的时间和过程，并且教师的成长在很大程度上要靠在实践中的锻炼、摸索。所以，我们在职前培养阶段的目标是打基础，塑造新手教师，或者叫准教师，重在奠基。在这个阶段应该使学生做好从事教师职业的思想准备、业务基础准备和心理准备。培养学生产生明确的从教意向，使学生热爱教师这个职业，愿意从事这个“太阳底下最神圣的职业”，使学生掌握广博的基础知识，综合的、系统的学科知识，教师应该具备的教育教学技能，如普通话和语言表达能力，书写规范字和书面表达能力，现代教育技术教学工作技能和班主任工作技能等等，使学生成为具有终身学习和自主发展的预备教师。从实际来讲，职前教育阶段要解决的是学生的择业和就业的问题，而掌握了以上所提到的这些知识和能力，对于学生的就业来说也是非常必要的。总之，职前培养应着重于为有志从事教育者做好必需的职业准备，并为他们奠定能够提高其业务能力的基础。

（二）职后培训阶段的目标

教师的职后培训我们可以划分为两个阶段：入职教育与在职教育。但总的来说，职后阶段是为了解决在职教师履职的胜任和优秀的问题。下面我们就分两个阶段来介绍。

（1）入职教育的培养目标。这一阶段是新教师职业生涯的开始阶段。在

这一阶段一系列新的问题会摆在新教师面前，课堂管理与纪律问题、教学问题等等。新教师往往会在这个阶段感到茫然不知所措，因此，这个阶段的主要任务就是如何把在学校中学到的系统的科学文化知识运用到实际的教育教学中去，使他们能够较快地适应环境，实现从学生到教师的角色转换。在这个过程中要指导他们如何将理论与实践相结合，如何用理论来指导实践，弥补他们在职前教育阶段实践能力方面的不足，逐步完善其教学能力，加速完成从一个学生转变成一个正式的教育教学专业人员，并成为合格教师的过程。

（2）在职培训阶段的目标。这个阶段的培养目标不仅是知识的补充，更应该是思想和观念的转变、业务素质的全面提升，引导教师在实践过程当中逐步形成自己的教学风格，并将风格特色向理论高度发展，引导教师将广博、全面、可利用的知识运用到实际的教育教学当中，使教师从一个经验型、技能型的教师向专业型、研究型教师成长。总之，教师在职培训阶段应将其培养目标定位在适应和提高，造就合格教师或优秀教师、专家型教师。

总之，教师教育是由不同的培养阶段组成的连续的发展过程，各个阶段之间有必然的内在联系，因此，各个阶段的培养目标不能孤立地实现，我们应该从教师整体发展的角度来确定并协调各阶段的培养重点。

四、构建一体化课程体系的原则

一体化课程体系的构建并不是盲目的、无序的，而是必须在一定的原则指导下进行。在对文献调查分析的基础上，并依据自己对教师教育课程设置的理解提出以下几项原则：

（一）面向社会的原则

教师教育的发展并不是孤立的，它必须满足社会发展的需求，而“社会发展需求”这六个字所包含的内容实在太丰富了，因此我们要对社会发展需求进行分析，这是教师教育发展的大方向，只有方向对了，教师教育才能得到迅速的发展，减少走弯路的概率。

我们从宏观到微观来对社会发展需求进行层层的分析。首先是进行社会分析。这是最宏观的一层分析。我们首先要知道，现在这个社会需要什么样的人才。其次是对整个教师行业进行行业分析，即从宏观上进行行业需求分析。再次要进行职业分析，对教师这个职业进行分析。最后要进行的是技能分析。

（二）实用性原则

教师教育课程的设置应考虑课程的实用性价值，不合理、不实用的课程要砍掉。职前教育的实际目标主要是解决学生的就业问题，培养符合社会所需要的教师，而职后教师继续培训的目的是为了更好地把知识应用到实际中，更好地指导自己的教育教学，因此在课时门类过多，课时紧张的情况下，我们要精简一些过时的、不合理的课程，为增设一些实用性的课程创造条件。

（三）综合性原则

现在专门人才的培养不能囿于过去那种狭窄的知识面，而必须有比较宽厚的知识基础和广博的文化素养，唯有如此，才能适应科技和社会发展的需要。教师同样也如此。因此我们在设置课程的时候就要遵循综合性的原则，这也是教师教育课程设置的一个趋势。开设一些综合性的科目，开设跨学科和边缘性的交叉学科科目，消除各个学科之间明显的学科界限，以主题或者其他方式将有关学科的内容整合在一起，进行综合的教与学的活动，这样既可以节省课时还可以学到更多更广的知识。

（四）发展性原则

教师教育课程的设置要以发展的眼光看待教师的成长。无论是没有走上工作岗位的预备教师，还是在职的教师，都有一个自我发展、充实提高的过程，都有一个成长的过程。发展性的课程原则，必然要求我们认真研究教师的成长规律，进而分层次目标、分任务、有针对性地设置教师教育的课程。改变以往一刀切的教师培养培训模式，真正从发展的角度设置课程，促进教师的成长。

（五）一体化原则

教师教育是一个由职前培养和职后培训组成的有机的整体，不能把其割裂开来看待。在设置课程内容的时候要注意对教师职前和职后教育进行全程规划，建立起教师教育各个阶段相互衔接又各有侧重的一体化课程体系。

五、探索与职前培养相衔接的职后培训实施模式

课程目标和课程内容只有付诸实践才能收到实际效果，教师的职前培养

和职后培训的课程内容既相互沟通，又各有特点。教师职前培养属于教师教育体系内部的基础性教育，它追求全面提高学生的素质，主要是向学生传授科学文化知识，使学生具备初步的教育教学技能和教育能力。长时间的发展已经使职前培养形成了自己独特的模式，而教师的职后培训侧重于再造性、补缺性、更新型的教育，它一方面要帮助教师更新知识和技术，另一方面帮助教师矫正不恰当的教育观念、教育方法和教育技能，且帮助教师逐步提高自己的教育教学能力和解决实际问题的能力。这就要求职后培训也要有与自己的教育特点相适应的教育模式和课程实施模式。

（一）校本培训模式、院校培训模式、远程教育培训模式

1. 校本培训模式

狭义的校本培训指的是源于学校发展的需要，由学校发起和规划的，旨在满足学校每个教师工作需要的校内培训活动。其目的是为了提升学校的发展水平。在目标方面，校本培训是从学校和教师的实际出发，通过培训解决学校和教师的具体实际难题，促进学校自身的发展，提高教师的教育教学和教育科研能力，提高教育教学质量。在内容方面有很强的针对性，根据教师的实际情况来安排培训的内容。但是在调查中却发现，在教师的任职学校进行校本培训有很多的限制因素，缺乏有效的高水平的指导，理论性科学性程度不高，只是停留在经验层面，因此校本培训要与其他的培训方式结合起来，扬长避短，并进行合理的规划和安排，才能使教师职后培训的效果更加显著。

2. 院校培训模式

院校培训模式是指由师范学院、教育学院、综合性大学、非师范高等院校参加的对教师实施继续教育的一种培训方式，院校培训模式是目前我国教师继续教育的一种主要模式。在这种培训模式中可以充分利用高等院校的教育资源、学科优势以及前面我们提到的高等院校的潜课程资源，这些对于教师来说都是非常宝贵的，也是在校本培训中所不具备的。

3. 远程教育培训模式

远程教育的优势在于能充分利用现代信息技术、以生动形象的方式将大量信息展现在受教育者面前。在远程教育过程中，学习者能够突破时空的限制接受个别辅导，能够及时提供最新的、丰富的信息，使教育资源短缺与丰

富的地区实现教育资源的共享。

教师教育职后培训的实施模式是多种多样的，我们在实施的过程中应该根据学校中教师的实际情况来决定采用什么样的培训模式，而且应该多种模式相结合，充分利用各个模式的优势来提高教育培训的效果。

（二）教师职后培训的课程实施模式

讨论了教师教育职后培训的教育模式，我们再来探索一下教师职后培训的课程实施模式。

1. 以专题为中心的培训模式

这种模式是围绕某一门课程内容来展开的，把理论学习、学术研讨、课堂实践、经验总结有机地结合起来，提高教师的综合能力。它的运行程序是专题性理论辅导—文献研究—研讨活动—课堂实践—撰写经验总结。

2. 以案例为中心的培训模式

这种模式是以课堂实践为基点，采用观摩研讨的形式，力求解决教育课堂中所遇到的实际问题。它的运行程序是选择要观摩研讨的问题—观摩示范课—专题研讨—反思撰写经验总结—迁移延伸。

3. 以课题为中心的培训模式

以课题研究为中心，提高教师的教育理论素养，掌握教育科研方法，培养教师的教育科研能力和教学实践的创新能力。其运行程序为确定课题—理论学习—合作研究—交流研讨—指导实践。

4. 师徒制

这种培训方式是采用导师带徒弟的方法，进行的是个别辅导，主要是为了让青年教师不走弯路，加速成长。其运行程序为确定导师—导师根据徒弟的实际制订培训计划—考核验收。

5. 学术研讨模式

这种模式是以教育教学改革中的热点问题为中心，引导教师关心教育改革中的热点问题，并运用自己学到的教育理论知识来解决实际中的问题。首先确定学术研讨的题目，然后进行学术的专题研讨。

6. 参与互动式

这种模式强调的是培训教师与学员、学员与学员之间的多项交流与互动、使学员参与到教学当中，掌握知识，发展能力。其运行程序为确定重点和热点—教师与学员、学员与学员交流讨论—总结—形成新知识。

以上这些模式并不是固定不变的，我们在教师教育的培训当中应该根据培训机构以及教师的实际情况来决定。要采用灵活多变的方式进行，调动学员的积极性和主动性、提高教师教育培训的效果。

一体化课程设置更多的是一种思想，是课程设置的一条主线，强调的不是从始至终的课程设计流程，考虑更多的是职前教育与职后教育的融会贯通，使两者在平等的地位上进行更好的沟通和交流。

按照教师各个发展阶段的特点来设置课程，这本身就是一体化课程设置的主要特征，但是光这样是不够的，为了更好地实现一体化的课程设置，就需要加强职前培养与职后培训的沟通与交流。充分利用两者已有的资源，并在这个基础上充分利用双方所没有的互补资源，即职前培养是在高等院校中，具有优秀的教师资源，因此在理论方面具有得天独厚的条件。另外，还有良好的学术氛围和在校大学生的那种朝气蓬勃的精神，这些都是职后培训所不具备的潜课程资源，因此把教师的职后培训放到这样的氛围中，可以充分利用职前培养的这种潜课程资源来对在职教师进行潜意识的感染和熏陶，并且有机会与在校学生进行交流。这样的机会便由现在高等学院所成立的教育学院来给予。在校的预备教师在象牙塔中，虽然理论知识丰富，但由于缺乏与外界的交流，特别是与学校缺乏联系，因此在实践方面非常薄弱，这就需要密切与学校的联系，充分利用大学这个丰富的实践资源库，让在校学生更多地参与到实际的教学过程中去，使其具有初步的教学经验。只有两者之间更加密切地沟通交流，才能有更多的机会弥补两者之间的缝隙，这也是一体化课程设置的关键因素之一。

第三节　建立注重内涵发展的英语教师进修机构

就教师职前职后教育一体化的内涵而言，是通过机构的一体化来实现教师接受培养与在职培训这原本孤立的两部分，成为一个有机统合的整体。通过两部分进行有效沟通，建立联系，加强协调，从而使教师职前与职后受教育过程成为一个有机统合、连贯自然的整体。但在我国教育实践改革中，出现了教师进修机构职能逐渐被削弱、教师教育机构走向单一化等现象，导致这些现象出现的根本原因是什么呢？当教师职后教育没有很好地与职前教育融为一体、建立更加坚固的联系，而是与它渐行渐远，甚至有被成人教育吞并的趋势，这样的一体化是否需要引起我们的重视，并予以认真思考呢？

教师教育机构单一化倾向。进入教师教育全面建设的新时期，我国教师教育机构单一化倾向日趋明显。教师教育机构包含职前教育机构（全日制职前高等院校）和职后教育机构（教师进修院校、成人教育学院中的学历教育、独立教育学院中脱产和函授）。但随着教师培养培训一体化理念的深入实践，我国各地掀起了职前教育机构与职后教育机构合并的高潮，主要方式是后者被合并入前者，而这样的合并与一体化的真正目的渐行渐远了。

职后教育弱化。由教师教育机构的单一化带来的职后教育弱化，体现为各级教师进修机构在各种办学模式调整中，其地方性和专业性缺失了。而地方性和专业性正是职后教育的重要特征，无论是与全日制普通高校的合并，还是与其他成人教育、职业教育机构的合并，都无法保证职后教育服务当地高校教师的区域性，以及基于教师专业发展对教师进行继续教育。主要表现为：与普通高校合并弱化地方性，与成教、职教合并弱化专业性。

教师教育体制结构性调整后，我国各级教师进修机构的单一化倾向、职能弱化和地位边缘化等现象的出现，最根本的的原因还是没有把握教师职前与职后教育一体化的真正内涵和根本目标，或者说在理念转化成实践过程中，将教师教育的资源整合视为缩小（取消）职后教育机构，在我国传统师范教育体制向还不完全成熟的教师教育体制转型过渡期中，由于各种人为因素和非人为因素造成了教育政策与教育实践的脱节。

教师教育的一体化，其核心是围绕着实现教师专业化的。随着社会的发展、教育改革的深入，对教师专业化的要求越来越高，必须不断提高教师的专业化水平。然而，教师专业化有赖于教师教育的专业化。而要实现教师教育的专业化，唯有专门的教师教育机构，才能够保障其质量和水平。

教师终身专业化学习需要专门的职后教育机构。国际上对职业专门化有标准：有专门知识，需要较多时间的专门训练；需要终身学习。对照以上标准，教师职业有以下特征：需要经过较长的专业训练；有教师管理组织，实行教师资格证书制度管理；终身学习、不断更新专业知识和教育教学技能。由此可见，教师专业化应体现在教师要经过专门教育和培训，要有丰富的从事教师职业的教育学、心理学、社会学以及学科专业知识。教师专业化不仅有利于提高教师个人的专业素质，保证教学质量，更是利于促进教师教育规范化、制度化和一体化。

在过去，教师教育被一般的学历教育所取代，但随着教育的发展和对教师职业要求的提高，教育教学理论的深化、学科专业的分化、研究性教学和反思性教学的发展以及现代教育手段的应用等，都已构成了专业化的学问，这些学问单纯依靠学历教育是不可能获得的。教师继续教育是教师专业发展的基本途径，当我们浏览世界各国的教育改革措施时，不难发现，每个国家教育改革中都有为教师提供培训进修机会的保证，这是建立教师终身教育体系的必然要求。过去在教师教育体系二元制下，教师专业培养与在职培训相隔离，影响了教师个人的专业成长。如今，在职前职后打破隔阂实现沟通后，许多长期工作在教育教学第一线的教师们会积极利用这样的机遇，去充实自己，提升个人素质，实现专业发展。而对于有这样专业学习需求的教师群体，教师进修机构必须做好更充分的准备和长远的规划才能满足教师、服务于广大教师。所以，我国教师进修与培训的必要性、紧迫性和深远意义是显而易见的。

庞大师资队伍建设的根本来源于职后教育。我国的师资队伍是世界上最庞大的教师群体，从中华人民共和国成立初期的 100 多万人，发展成了一支规模达 1000 多万、素质较高的教师队伍，为我国教育事业发展提供了强有力的支撑。

而教师专业又是我国国内最大的一个专业团体。这一群体实现专业化的任务是漫长而艰巨的。可见，我国教师专业团体承载着多么重要的历史使命和时代重任。改革开放四十多年来，我国高校英语教师数量呈现日益增长的趋势。此外，从我国高校英语专任教师学历情况的变化来看，我国教师的学历层次水平在不断提升。这些显著的变化归功于各级教师进修机构的长期努力，它们在促进我国教师专业化建设、师资队伍质量提高和优化教师队伍结构、保证我国基础教育的顺利实施方面起到了重要的作用。

虽然我国教师职后教育机构已经在过去的几十年中取得了不俗的成绩，但并不意味着在一体化之后，我国职后教育机构就完全不需要了，教师的在职培训和继续教育就可以完全依靠全日制职前高等院校来承担了。在一体化进程中，不能一味地追求机构的合并和精简，也不应追求教师教育活动规模化，而是既要保证我国教师学历教育有条不紊地开展，又要推进教师继续教育和素质教育的进程。

教师职前与职后教育一体化与多样化。教师职前与职后教育涉及基础教育、素质教育、继续教育和终身教育、因此职前与职后教育的一体化是要努力构建包括以上各种教育相互协调的体系。这样的体系要促进教师在基础教育课程改革建设中寻找新的角色定位、寻求进一步的专业提升，从而在素质教育中更好地发挥教育者的作用，推动学生综合素质的发展，同时实现参与继续教育获得专业终身学习的机会和锻炼，进而在我国学习型社会中发挥模范带头作用。而教师职前与职后教育不能仅满足于一体化建设，还要寻求多样化发展，因为教师职业的需求在不断走向多元化、多样化，这是知识经济时代发展的必然要求，也是教师个人进行专业终身学习的必然要求。

一、搭建教师专业发展平台

（一）严格遵照教师专业标准，指引教师发展

在迈向教师专业化的道路上，需要专业的教师教育，而专业的教师教育需要教师的专业标准作为指引和准绳，从而保障教师教育能够培养出符合教师专业标准的教师。而如此循环往复，符合教师专业标准的教师，则又能进行专业的教师教育活动。这一循环过程就是——教师专业发展。教师专业标准是教师开展教育教学工作的基本规范，是引领教师专业发展的基本准则，是教师培养、准入、培训、考核等工作的重要依据。教师专业标准主要以“师德为先、学生为本、能力为重、终身学习”为其根本理念，教师进修机构在培训各高校教师时，应始终将“教师专业标准”的理念贯穿于整个培训。首先，机构自上而下的领导者、管理者以及培训者，都要履行职业道德规范，践行社会主义核心价值体系，要以身作则，才能以自身的师德品行去影响广大高校教师，从而要求他们也遵守职业道德规范。其次，在制订培训方案和开展培训活动时，要将“实践”摆在首位，“实践出真知”，为教师创造出机会和平台，让他们能够把个人的学科知识、教育理论与教师实践相结合并不断研究，从而在这个过程中提升专业能力。这里所提的“教师专业能力”不是单纯性的、阶段性的，而是综合性、发展性的，是教书育人的实践能力，能够遵循其教学对象（学生）的成长规律，不断地提升教育教学专业化的水平。此外，培训的内容和思想要体现时代的特点，强化教师忧患意识，让教师养成主动适应经济社会和教育发展的学习要求，不断优化知识结

构，不断对教学进行反思与总结，不断提高文化修养，做终身学习的典范。

（二）基于新课改，促成教师专业成长

我国基础教育新课程改革的发生，是在国际上日趋激烈的竞争以及世界范围内大规模基础教育改革浪潮的推动、国内基础教育课程体系不适应素质教育发展的需要等几个现实因素的影响下迫切展开的。新课改以“课程”为中心进行了如课程典范、课程理念、课程体制、课程文化等方面的重构，而教师则是解读新课程、实施新课程的关键人物。教师的业务素质和把握新知识、运用新知识的能力直接关系到新课改对于师生双方的影响，关系到素质教育的推进程度。这一切都离不开教师专业能力。

近年来，以校本培训、教学反思、课题研究、校园文化建设等内容形成的“校本教研”制度受到了各高校的关注与重视。校本教研的含义包括以下几方面：它是以研究学习课程教学改革中的现实问题为出发点，注重教师在实践中的学习与反思；它是通过在学校内部和校际间教师合作开展建立起一种教学研究机制；它通过组织教育研究专业机构深入学习，与教师共同研究课程改革实际的问题，使学校不仅成为学生成长场所，同时也成为教师成就事业、不断学习和提高的学习型组织。

建立校本教研制度就是课程改革发展的一个产物，是学校的常态性工作的一个重要内容，简言之，校本教研就是把学校的教育实践过程变成一种研究的过程，实现教育理论与教育实践的双向构建。而其中的不同侧面，如校本培训、教学反思、课题研究、校园文化建设等，就是围绕教师的专业发展，通过不同的方式促进教师专业提高，推动学校师资队伍建设，提升学校办学质量。

尽管“校本教研”是在各学校中孕育而生，但我们应该看到，校本教研不是局限于某一学校范围内的，将教学实践变成教育研究，需要教师们集思广益、扩大视野，而校际之间的沟通与合作则能够为教师进行科研创作提供较大的平台。这就需要一个专门的机构（如教师进修院校）为其提供交流平台，组建科研团队。教师进修院校可以将有志于进行科研创作的教师们组织起来，通过征集这些教师的课题研究素材，组建专业的科研项目组，然后可以聘请师范高校中的学科专业专家，联合各高校的骨干教师、学科带头人等，对具体的科研项目提出建议和策略，引领教师们在各自的学科教学中实现专业成长，促进教学水平的提升和教学质量的优化。在开放化的教师教育体系中，教师进修院校作为承担职后教育的机构，唯有不断提升其驾驭基础教育课程改革科学研究的能力，唯有具备提供给教师们进行科学研究和知识创作的能力，才使得高校教师的继续教育在实践层面上具备现实意义。

二、专业的教育服务是关键

（一）教师进修机构专业化势在必行

进入21世纪，在教师职前与职后教育一体化背景下，当我国大力推进基础教育课程改革和继续教育工程建设，以及构建终身教育体系的三大工程被共同展开时，教师进修机构如果不转变其过去“专门”职后教育机构的角色和定位，那么它的发展将遭遇“瓶颈期”，这一点从近几年我国教师教育转型期，部分教师进修院校面临生存困境或职能被削弱就已得到了印证。从基础教育发展的走势看，从事教师职后教育的专门机构不仅有生存的根据，而且应该可以大有作为。就看该类机构能否在教师教育改革浪潮的推动下，把握机遇，锐意创新，从而获得重塑自身的进步。

不管职后教育面临怎样的政策革新，有一点是不会变的——促使教师专业成长，使教师职业更具专业化，不仅是我国教师教育改革的中心、教师教育研究的主题，也是教师个体接受职后教育的目标。而教师的专业成长、教师专业化进程将有赖于终身教育体系的强大支撑。充分发挥教师教育专门机构在终身教育体系中的特殊作用，为教师职后发展提供高质量、持续的、强有力的专业支持，是时代的要求。要想培训出专业化的教师，承担教师职后教育的进修机构也要与其同步甚至领先“专业化”。教师职后培训机构要想完成从“专门化”向“专业化”机构的转变，前提是必须强化使命意识，明确自身定位，能够做到“在坚守中变通，在变通中坚守”，即在坚守办学方向的同时，必须紧跟基础教育改革与发展的步伐，努力在“变通”中通过创新实现超越；在“变通”的过程中不耽误机构承办继续教育工作的本职任务，保证学校的本职工作依然能有效开展，顺利进行。

在上述前提下，从“专门化”过渡到“专业化”，教师职后培训机构要具备以下几点要求。

首先，必须建立专业服务。建立社会、政府需要与教师自身发展需求相结合的纽带，保证政府公共教育政策的落实，同时促进培训对象自身的发展。这就要求培训机构对上级下达的教育公共政策的核心价值目标和政策实施中的难点问题要透彻理解和深度剖析，了解培训对象的发展现状与公共政策有效实施之间的差距。缩小这样的差距不可能一蹴而就，一步到位，必须依靠教师进修机构和地方教育行政部门在培训的设计与实施的长期过程中，努力探寻缩小这一差距的多种有效可行的方式，最大限度地实现教育公共政策目标与被培训者个体发展目标的统一。

其次，以学员需求为导向。应该改变传统培训体系，由学员来被动适应培训机构承办一切活动的形式，转变为以学员的实际需求为导向，尽可能多维度创造出符合学员受教育需求的综合培训体系。教师进修机构可以适当地把“权利”交给广大教师学员，在每一期培训开展前一个月的时间，发放问卷调查、以学员的实际需求为出发点，向学员询问培训主题、课程设置、培训形式、培训内容和最希望专家在哪一个方面给予理论引导等问题，然后根据问卷反馈的情况，进修机构做出总结和培训方案的设计，最终得以让培训在规定时间内按“需”开展，学员会“学有所成”。从工作过程特点看，这些机构从事的不是某一阶段、单纯的工作，而是包含从政策分析、前期调研，一直到追踪、监控等多个环节的全流程专业活动，形成系统。

最后，教师进修机构要主动出击，寻求帮助，要着力邀请其他机构提供各方面的优质资源，这些外在条件将为进修机构的专业建设提供有力的支撑。除了教师专业队伍外，还要有专业的培训管理队伍。所以，地方教育行政部门和教师培训机构可以共同出资，拿出一部分经费，定期指派学校的管理人员奔赴外地（主要对于一些在全国范围内工作绩效比较突出的培训机构）进行考察，并接受管理学和相关学科的进修，让他们能够将管理的理念和管理技巧的运用落实在工作中。

（二）基于服务型教育机构的市场需求定位

自教师进修机构成立以来至20世纪90年代末，继续教育、终身教育体系在我国正式确立以前，我国的各级教师进修机构重在对教师进行学历补偿教育、提高高校教师文化业务水平和帮助教育行政干部提升管理水平。从其功能来看，其主要定位于服务职前教师群体，是作为对职前教育的一种辅助机构存在的。而各级教师进修院校在教师教育体系转型的大环境中，无非是面临着两种命运，一是相当数量的部分院校已被合并，在被合并之后的新机构中，它们的地位和职能有被边缘化的趋势；一是剩下的部分院校仍然独立设置。彼得·德鲁克曾强调说，教育机构是一种非营利性事业机构，它不像商业机构那样做营利的活动，也不像政府机构那样从事监控活动，而在于它们所成就的一番事业。正是因为从前职后教育机构的服务对象是教师群体和教育行政干部、培训和进修是一个长期的过程、服务效果并非是立竿见影。它们的产品是不断成长、不断需要借助各种形式进行自我更新和自我完善的教师们，久而久之才能成为一个焕然一新的人。正因如此，这一功能在教师教育机构“一体化”中因注重产出和绩效经营的“合并”往往被忽视或被边缘化。而无论该机构的命运将来何去何从，在我国，“职后教育”是不会消亡的，它只会继续存在下去，因为它与继续教育、终身教育是一脉相承的。但不管是被整合后成为新实体中的一个子元素，还是独立设置的职后教育机构，它们都需要从市场需求的角度来思考新定位。

随着我国教育事业的蒸蒸日上和继续教育工程的建设、终身教育体系的推广，在现代教师教育观念体系下，教师进修机构要想在拥有越来越多教育资源的主体参与的环境中，保持优势，发挥特长，稳定地生存下去，应该将视野定位于市场，服务于市场，我们甚至可以用“职后教育机构”来代表教师进修机构的未来定位。当前教育市场越来越开放，而教育机构如何在开放、灵活的市场中保持竞争优势是当下每一个教育机构管理当局最关切的问题。教师进修院校作为专门从事教师职后教育的机构，过去过多地注重于辅助、服务职前教师这一固定群体和对象，所以当各种教育机构参与到教师教育中来，职后教育机构甚至面临着“能不能生存”的残酷困境。因此，职后教育机构需要根据外部环境以及内在实力，进行统筹规划，对于现有的资源、相关资源进行整合应用，才能在激烈竞争中保持领先优势，服务制胜战略无疑是其进行战略突破的关键之一。

教师进修机构是一个组织，其自身的使命和特征决定了其战略定位的不同。既然要定位于服务市场，那么在进行竞争战略规划中，最重要的就是把组织放进“环境”（市场）中进行分析和考虑。与一般的组织相比，教育机构有其独特的一面，它受到政府的保护，属于封闭型市场。而现如今面对日趋多元和动态的环境，教育服务也必须走向多元化趋势。这也就意味着教育的供给要从单一转向多元，才能适应多元化教育市场。在加强与职前教育联系的同时，在强化其职后培训这一固有功能的同时，必须开拓另一种服务空间，能提供给除了在职教师和教育管理干部以外的、更多不同类型的受教育者（如学生家长、政府职员、社会各类与教育相关产业的专业人员）接受培训和进修的机会，从教育服务管理的角度而言，有许多群体环绕在教师职业之外，这些群体包括学生、家长、教职员、政府单位等，它们可以称为教育的利益相关者。

从国家构建终身教育体系的长远角度出发，除了教师群体外，国家、社会、企业和个人都是终身教育的实践者和主体，它们对教育有支付能力的需要，人们对教育的需要永远是无限的，但有时我们的教育供给却是有限的。目前来说，职前教育的机构大多是师范院校和综合性大学，这些学校主要以培养将来从事教育事业的准师范生为主。所以，职后教育机构应该利用这样的机遇，去挖掘自身潜能、拓展服务空间和对象。当然，这就要求职后教育机构中必须拥有一支综合素质较高的师资培训队伍，才能应对前来接受培训的各种人才。这也是一种挑战。

三、教师培训以“师”为本

（一）了解与满足学员的培训需求

只有学员认可培训，感到培训是能帮助他们专业成长的，他们才会学得积极投入。一次高质高效的培训应该是培训参与者两方的“双赢”。我国的教师培训大都是“官方化”的组织形式和培训内容，培训者完成了他们的任务，但培训成效并不大，究其原因是培训没有基于参训者的需求。参与培训的教师少则几十人，多则上百人，而面对个体专业水平的层级化和个体需求的多样化，如果不做好充分的、全面的培训前期准备工作，那么教师在培训过程中的需求得不到满足，教师在教师教学实践过程中的问题得不到及时诊断和解决，这就很大程度上影响了教师参与培训的动力和其学习的热情。让培训者和参训者之间搭建更易高效沟通的互动桥梁，对于掌握学员培训需求，提升培训质量有着直接促进作用。

为做好培训工作，建议由各省、市或县师培中心由一位中心领导专门负责这一项目，并让多名同志在前期做大量的准备工作，充分利用网络平台发布“培训需求征集”，并将教师反馈的需求进行信息分类。鼓励学员利用微信群、腾讯会议、QQ 群等网络工具积极参与个人培训需求信息交流，促使师培中心与学员长期保持横向交往与深度交流，使学员切实享受教师培训成果，并获得个人专业成长的持续满足与进步。

（二）尊重与体现学员的主体性

教师培训缺乏主体性是长期以来教师培训工作中存在的普遍问题。教师培训课程把教师放在被动的位置，很少让教师一起共同策划，更少由教师主动去承担和推动。不少教育改革只关注计划本身是否有效，忽略了教师本身对教学固有的信念和情感的培养。不少教师培训机构将培训重点放在了聘请高校专家的知名度、培训规模和培训宣传上，却忽略了培训的真正主体——教师。让高校各学科教师成为培训的参与者和规划者，在主动参与计划的过程中，教师投身教育科研的能力有所突破了，进行教育科研的热情激发了，更重要的是，他们会不断反思和总结经验，在长期的潜移默化中自觉实现专业成长。教师信念和情感的养成对于教师个体专业化的提升有着长远的促进作用。此外，各学科教师对于执教过程中的问题比高校专家更清楚透彻，专家们擅长于从理论的角度去传达科学、前沿的教育理念，用理念去引领教学实践，但如何在具体教学实践中、在不同的教学情境中科学化、规范化操作教学行为，只有一线的教师们才能够身临其境去体会。给予他们充分的发言权，在交流过程中探讨和分享各自的问题和经验，让学科带头人和教师们借培训的平台，通过交流和达成共识的基础上相互借鉴和学习，让教师充分发挥主体能动性，才真正实现以“师”为本。

（三）建立学员培训个人档案

如果高校中的每一位教师，都能在学校拥有专属个人的档案，以月或者学期为周期，记录下教师在学科教学、专业成长、参与教育教学研究等方面的各种活动，那么每个教师都可以在一个阶段的教学后，通过翻阅个人教学档案，为自己总结一个阶段教学的“得”与“失”、反思和改进不足而提供依据。

对于教师培训机构而言，如果能为每位前来培训的学员建立个人培训档案，由机构负责总保管，但需要与教师所在学校合作。档案的具体内容由三大模块构成：第一部分由机构规划制作项目（包括学员每学期参与培训主题、培训课程与时数、培训过程中教师教育者与自身互动的次数、个人认为本次培训的创新之处和不足之处、个人对所传授的理论与自身实践联系程度的判断、个人对本次培训组织管理活动的评分)；第二部分交由学员自己设计内容，填入任何与教师培训相关的（包括对培训有效性提高的建议、个人的培训心得与体会、对培训、模块最感兴趣和最不感兴趣的部分等)；第三部分交由学员所在学校的学科组长去设计（包括某段时期该教师在学科教学方案上的改进、在教学课堂中灵活运用新理念和教育教学能力的提升、学科小组其他成员对该教师在学科教学能力方面的评价等)。三大模块由三方完成，形成一个时期一位学员的培训记录，而这样的记录既保证了主办机构对学员学习情况的把握，又保证了学员所属学校对学员专业成长及时关注，同时更重要的是学员自身在这样的过程中被调动了积极性，被强化了自主学习的意识。而教师培训机构可以结合这一份专属的培训档案在年终评选出优秀学员进行奖励。对于学员所属学校来说，在学校年度考核或教师职称评定方面，甚至是将“教师培训学绩”这一项列入教师评价制度中，根据教师个人培训档案的真实情况，以此作为量化的指标之一，对教师个人综合素质做出客观的评价。

(四) 构建区域教师学习中心

教师进修学校要把握教育改革的主要趋势，只有在把握趋势的前提下，学校的办学理念和工作目标才能贴近教师实际，才能做到真正面向教育市场服务教师群体。教育课程改革的全面推进，关键在教师。我国新一轮教育课程改革在课程功能、结构、内容、实施、评价和管理等方面，都较原来的课程有了创新和突破。这一创新和突破首先对教师提出了更高的要求，它要求教师改变习以为常的教学方式和教学行为，确立一种全新的教育观念。教师进修学校首先要对课程改革有全方位的深入解读，才能针对基础教育教师的培训有针对性、目标性，避免培训的盲目性和低效率；学校自身要形成自上而下的制度体系，从培训理念、模式的制定，到培训方案、课程的设置，到培训过程的监督和结果的评价等，最后还要做好整个培训整理和记录等。学校要以一支骨干培训者队伍辐射、示范师资队伍提高教师对教育课程改革的适应能力。新时代，国际教师专业发展与培训中出现了两个值得关注的趋势：“教师成为反思性实践者”与“教师成为研究者”。进修学校应努力使教师的培训走向教学实践，走向教学田野。

此外，在各地教育行政部门统一领导下，教师进修院校要密切配合教研部门、电教部门做好大学信息技术教育课程、大学教师的新课程大纲培训工作，此类培训是被纳入大学教师继续教育工程。

（五）完善区域教师职后教育学习体系

大学教师职位教育是教师教育的重要组成部分，也是提高全体大学教师整体素质和促进教师专业化的有效途径，更是全面实施素质教育的关键。在过去 50 年左右的时间中，我国教师进修机构主要承担的学历教育、以专业学识为主的学科专门化教育其实就是一种教师职后教育，而当我们进入到以知识运营为经济增长方式的知识经济时代，知识（尤其是科学技术方面知识）的积累、运用将成为推动各国经济发展的首要因素。所以，教师教育者储备的知识量（数量和质量）很大程度上决定了我国知识性人才的质量和水平。当今我国教师职后教育以针对教师的教育科学修养、教育改革与实验能力的培训为重点，使受训教师平等地享有教育资源是新时期我国教师培训应当具备的基本要求。

教师进修学校要在机构整合或自身优化的基础上，意识到其角色的多样性和任务的艰巨性，于地区教师职后教育工作开展而言，它是提供学习、培训和服务的中心；于教师个人和教师队伍而言，它是教师成长、教研科研中心；于教师教育资源而言，它是信息资源集中共享、自主学习的中心；于我国再下一级教师教育培训而言，它又是培训管理和指导中心。对于我国继续教育每一阶段工作的目标、任务和重点工作，教师进修学校要明确，并积极主动采取具体有力的措施配合当地政府和教育行政部门。要解决职后教育中各地教师工作发展不平衡问题，通过职后教育，提高教师队伍整体素质，保证基础教育质量，同时也是教师实现终身教育的一个必要过程。我们以“小实体、多功能、大服务”教师学习与资源中心为目标，距这个目标还有一段距离，但正是这段距离为我国大学英语教师进修学校的发展提供了清晰的方向和前进的动力。

（六）教师为本，探索多样化教师培训模式

1. 力求职后教育从粗放型向精细型转变

以往的职后教育模式较为单一，教师参与培训多表现为抽象理论的灌输给予，而教师在心理上表现为外界的强制接受。如果职后教育模式从单一走向多元、教师培训者从灌输给予向帮助理解、培训内容从抽象理论知识走向立足实践的问题解决、教师心理从强制接受走向主动学习，那么我国的职后教育建设将转向一个新的层面——从粗放型向精细型转变。

教师职后教育是一个非常漫长的过程，由于各个教师专业成长速度不一、水平参差不齐，因而在对专业知识结构和掌握教学技能等诉求方面则必定会呈现差异。教师职后教育与职前教育阶段关注专业知识与技能的积累不同，它从一个学习的环境转向知识与技能的应用以及创新环境。而各国在实践中逐渐发现，过去那种单一的职后培训是不可能满足不同层次教师的需求的，教师的差异需求得不到满足则会引起教师对在职培训从态度到行为上的不满，最终会影响他们接受在职培训的效果。因此，职后教育必须要追求“多元化”，才能满足参与主体的多元诉求。地方教师进修院校在承担教师继续教育时，必须从教师内心实际诉求出发，要改变过去“大一统”的培训模式，对参与培训的教师群体情况致力于更精细的了解，才能使培训成果接近教师的培训期待。随着教师教育观念的深入人心，教师对自身的专业成长越发关注。教师对专业发展的态度、认识、需求是地方教师进修院校教育教学的重要依据。

2. 培训运行、组织、教学模式多样化

近年来，随着教师培训工作的不断加强，国家和地方不断推进教师培训模式改革与创新。培训主体走向多元，培训组织模式和教学模式日益灵活和多样。

江苏省是全国有名的教育大省，其一直以先进的教育理念和富有成效的教育行动造就了高质量的人才，人才输出走在全国教育的前沿。而江苏省在教师培训领域又一次率先创新，该省教育厅在省级师资培训中引入了招标机制，以提高培训质量。首批参与培训的培训项目吸引了众多国外培训机构参与竞标，由此我们看到了教师培训政策的变化带来教育管理市场化走向。这不仅是行动上的进步，更是一次培训理念上的突破。师资队伍质量的好坏，教师教学水平的高低，直接影响着当地人才具备的综合素养和区域社会经济的发展，所以，呼吁地方各企事业单位、社会力量和团体参与竞标支持培训事业，既改变了以往培训事业由培训机构办学经营的单一化模式，又促进了培训事业与市场融为一体，在市场化趋势下提升培训的质量和效率。

除了培训参与主体多元尝试之外，教师培训的运行模式也由单一的行政推动走向以行政推动为主，兼顾机构推动和自主参与等多元模式并存。近几年，各级各类高校和教师培训机构以及社会力量都主动参与并积极推动教师培训的开展。此外，培训组织模式除了集中培训以外，还广泛采用了校本培训、现代远程培训、卫星电视课程播放和巡回演讲等模式。在培训教学模式方面，随着教师培训的深入开展，培训教学模式突破了过去单一的讲授法，示范——模仿、问题探究、案例教学、现场诊断、参与分享、任务驱动、合作交流以及主题组合等多种方法并存。体验式、情景式、合作式、参与式教师培训以教师为中心，这些将充分挖掘教师的积极性和主动性，增强了教师在培训中的主体性，使教师培训实训不断提高。

3. 职后教育地方化、全程化

当前我国参与实施教师继续教育的机构是地方全日制高等（师范）院校（校内独立、继续教育学院）、地方教师进修机构。相比之下，高等（师范）院校的经院式学术建设更加循规蹈矩，而地方教师进修院校在理论建设和实践探索层面都更富弹性和自主灵活性。作为与教师发生互动较为频繁、在教师专业成长中扮演重要角色、帮助教师积累继续教育经验的地方教师进修院校，要起到活化教师的职业生涯、推动教师专业的发展、促进地区教育质量的提升作用。怎样建设地方（区域）特色教师培训制度是每一个地方教师进修机构可以自主思索的，它惠及的不仅是进修机构自身的锐意改革与创新发展，更能惠及区域内教师群体的专业成长。在未来的师资培训中，把培训渗透到教师真实教学情境和过程中去，并使师资培训地方化、全程化和全员化是行之有效的指导思想。这一思想将改变我国传统的师范教育体系下各地的教师职后培训被禁锢于统一的模式，教师培训只有“求同”并无“存异”的情况。

目前，我国尚未出台教师培训的课程标准。而在基础教育新课程改革对教师专业发展提出的新要求背景下，地方各级教育行政部门应联合当地高等师范院校、教师进修机构，以及教研室众多教学机构，充分发挥地方自主权，从教学实践出发，制定区域性的特色培训课程标准，充分研发教师培训课程资源，促进培训课程建设。

要想教师获得良好的培训效果，提升培训质量，就应该让职后教育全程化。全程化的职后教育要与教师进行对话、与教师所在学校进行沟通、与其他部门进行协商、对培训形成完整性评价。

（1）与教师进行对话。教师进修院校通过观察教师行为，与其进行实际问题的分析探讨，给出建议或示范，从而使其行为得到改善、技能得到提升、技巧得到锻炼、问题得到解决、思想得以升华。

（2）与学校进行沟通。美国早期研究认为，来自同伴的评价更有助于教师改善自我的教学行为。每位教师所在学校理应成为教师专业发展的重要基地；而其学校的传统、长期形成的教师文化、教师课堂实践积累在教师专业成长过程中占有重要比例。

（3）与其他部门进行协商。地方教师进修院校支持区域教育的可持续发展，对地区教师群体发展进行规划，基于对“地区特色、教师个体、教师群体、学科建设、学校文化、发展需要”等方面的了解，主动与师范院校或其他单位进行联系，通过双方在“教育、教学、学科、课程、教材、学生”等多方面的协商沟通基础之上，再去设计培训课程，进行合作培养。

（4）培训评价完整化。把教师培训评价贯穿于培训过程的始终——训前评价（教师基本情况和需求）、训中评价（教师对培训内容的掌握情况和满意度）、训后评价（教师将培训内容运用到教育教学实践情况），进行多方面、综合性评价。

良好的职前教育为教师的发展打下坚实的基础，而优质的职后（继续）教育可以为教师的可持续发展提供强有力的保证。地方教师进修院校有能力、有必要承担起教师继续教育的使命。在行使职责的过程中，必须以“教师教育一体化”为指导思想，以“地区教育发展”为基础，以“尊重理解促进”教师发展为目的，以“教师教学实践”为核心实施继续教育。

第七章　基于同伴互助视角的高校教师专业化发展对策建议

教师的同伴互助是一种实践策略，需要教师持续不断的学习和发展，如果教师没有专业发展的意识和愿望，教师同伴互助的发展策略就不可能取得良好的效果。为了促进同伴互助的顺利开展，大学英语教师的更快发展，针对同伴互助在开展过程中存在的问题，提出以下改进措施，以期促进教师更快更好地发展。

第一节　同伴互助前后教师专业发展对比分析

一、教学满意度调查

（一）开展同伴互助前满意度调查情况

2021 年 12 月 15 日至 25 日，某校教学督导小组在全院范围内开展教学满意度调查，其中参与调查的大学英语教师有 35 人，所带教学班 70 个，学生 3126 名，收回有效问卷 3068 份，回收率 98%。此次调查全院的平均分数为 82.01，标准差为 3.82，根据平均数和标准差计算的各综合等级的区间为：优秀：（100，85.83）良好：（85.83，82.01），一般：（82.01，78.19）较差：（78.19，74.37），差：（74.37，50.00）。

本期大学英语教师综合等级分布情况是：优秀，3 人，占 8.6%；良好，9 人，占 25.7%；一般，18 人，占 51.4%；较差 3 人，占 8.6%；差，2 人，占 5.7%。

调查结果如图 7-1 所示，大学英语教师所带班级、课程的教学质量呈现“中间大、两头小”的状况，即折合分数在 78～86%分者居多，而 86 分以上，78 分以下者较少。

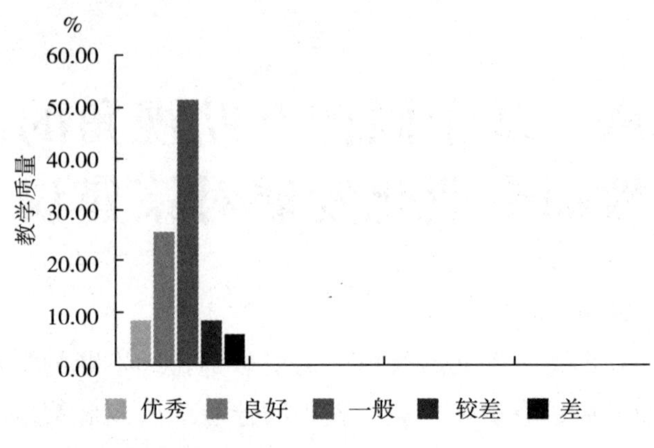

图 7-1　互助前大学英语教师满意度调查图

（二）开展同伴互助后满意度调查情况

2022 年 6 月 18 日至 28 日，某校教学督导小组在全院范围内开展教学满意度调查，其中参与调查的大学英语教师有 35 人，教学班 72 个，学生 3218 名开展了满意度调查，收回有效问卷 3093 份，回收率 96%。此次调查全院平均分数的平均数为 81. 72，标准差为 3. 72，平均数和标准差比上学期都稍有减少，但平均数分布十分接近正态分布，精确反映了教师教学工作质量的现实状况。

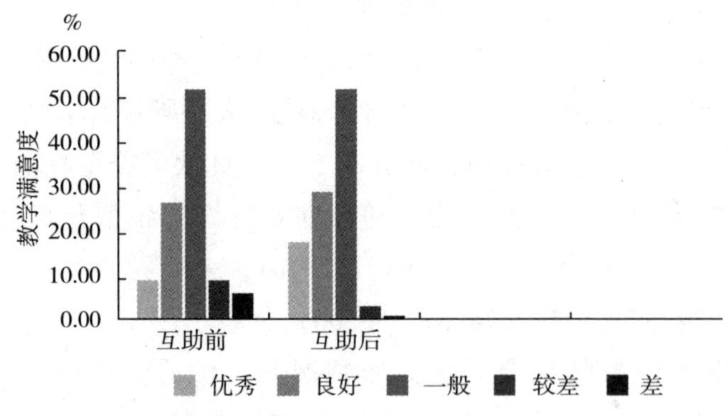

图 7-2　互助前后大学英语教师满意度调查对比图

根据平均数和标准差，此次综合等级的区间为：优秀：（100. 0，85. 44），良好：（85. 44，81. 72），一般：（81. 72，78. 00），较差：（78. 00，74. 28），差：（74. 28，50. 00），然而经过一学期的同伴互助活动

后，大学英语教师在满意度调查中综合等级分布情况发生了明显变化：优秀，6 人，占 17%；良好，10 人，占 28.1%；一般，18 人，占 51.4%；较差 1 人，占 2.9%；差，0 人。

对比互助前后大学英语教师满意度调查数据，我们可以看到，大学英语教师经过同伴互助活动后，教学能力、教学水平得到显著提高，优秀率和良好率高达 45.1%，比互助合作前提高了 10.8%。而等级为较差的人数从原来的 3 人减为 1 人，等级为差的人数降低到 0。由此可见，同伴互助活动对大学英语教师的教学起到了积极的促进作用。

二、课堂观察

本研究于 2021—2022 学年对 6 位参与定性研究的大学英语教师进行持续的课堂观察。通过观察记录了解代课教师的教学态度、行为、模式、方法与手段以及学生的课堂参与程度及努力程度等。通过分析观察记录探讨大学英语教师教学行为产生的原因及依据，并设法评价代课教师经过反思后处理问题的能力和效果。

（一）对课堂观察的总体描述

研究者通过课堂观察所获得的直观内容如表 7-1 所示。

表 7-1　课堂观察直观记录表

序号	教师代号	授课对象	使用教材	主要教学活动	学生参与程度	教学手段	授课语言
1	张老师	一年级本科	新视界大学英语	pair work，presentation	参与较高	多媒体	全英
2	付老师	一年级本科	新视界大学英语	复述故事、背诵课文、role-play 等	参与较高	多媒体	全英
3	安老师	二年级专科	新视野英语教程	warming-up、表演、分组讨较高论等	参与较高	多媒体	英语为主
4	江老师	二年级专科	新视野英语教程	学生表演、讨参与论、辩论等	参与较高	多媒体	全英
5	汪老师	一年级专科	希望英语	领读单词、背诵课文、复述故事等	一般	多媒体	英汉夹杂

续表

序号	教师代号	授课对象	使用教材	主要教学活动	学生参与程度	教学手段	授课语言
6	黎老师	一年级专科	希望英语	语音训练、领读、阶段式听写训练	参与较低	多媒体	英汉夹杂

通过图表内容可以发现，参加定性研究的六位教师中四位承担一年级大学英语的教学任务，两位承担二年级的教学任务；课堂上，六位教师都能坚持以“学生为中心”，采用多媒体辅助教学，强化听说训练；六位教师大部分能采用全英或英语为主的授课方式，仅有个别教师在解释课文或翻译时以汉语为主。该校大学英语使用的教材是《新视界大学英语》《希望英语》及《新视野英语教程》，都具有权威性和指导性，属于国家推荐使用的规划教材。

（二）对课堂观察记录的深度分析

研究者通过持续不断地观察，较为全面地获取六位大学英语教师课堂教学资料。然后采用归纳法，综合分析所有数据之间的相互关联，由具体到抽象、自下而上地提炼观点。通过课堂观察，研究者发现经过同伴互助活动，六位大学英语教师在教师角色转变、教学模式及教学能力等方面的变化如下。

1. 教师角色转变

在设定教学目标、选择学习内容、设计课堂教学、管理教学活动等方面教师起着主导作用，大学英语教师要更好的发挥主导作用，必须转变传统的角色。许多大学英语教师在实际教学中仍以讲解语言点，传授知识为主，对于调动课堂气氛、引导和帮助学生自主学习则显得不太成熟，如何应对课堂突发事件，如何有效组织教学的能力亟待加强。

通过同伴互助观课、评课，实施同伴互助后，六位大学英语教师都不同程度地改进了传统的课堂教学，能够给学生提供参与课堂活动的机会，鼓励他们积极发言、参与讨论，主动表演小节目，或者朗读课文、单词造句等。可以看出，教师在努力转变传统的以讲授为主的教学模式，有意识地教授学生学习策略，特别是听说策略，引导学生自主学习。

课堂观察记录 1：第一次上课，××教师开始课文的学习，虽然提到了文章的体裁是记叙文，但是并没有具体、详细介绍，没有深入讲解其写作特点和注意事项；然后进入课文学习，采用同学朗读一段，教师逐字逐句讲解的方法。

课后，观课同伴建议讲解课文时，不仅要介绍课文题材，而且应介绍写作特点，使学生掌握记叙文的写作方法。课文无须逐句讲解，只需讲授重点、难点即可，引导学生分析篇章结构，掌握写作特点。在后面的平行班授课过程中，这位老师接受了同伴的建议，改进了教学，提高了教学效果。

课堂观察记录 2：今天课上××教师在讲到旅游主题时，利用多媒体向学生演示了一些名胜古迹、旅游胜地的图片，并结合本单元主题设置了一些问题，原本想要通过这种生动有趣的方式吸引学生的注意力。但由于展示的图片过多，对图片未做任何讲解，设置问题偏难等原因，学生参与活动的兴趣和积极性并不高。观课建议：要删减图片内容，“画龙点睛”即可，以免让学生产生视觉疲劳。

另外，设置的问题要难度适中，既要有一定的挑战性，又不能让学生无话可说，更重要的是对图片内容要做讲解，使学生能够身临其境，从而调动学习积极性。

2. 教学模式

大学英语：教学改革要求改变传统的教学模式，但是大部分教师把它仅仅作为一个口号，实际教学中仍是在穿新鞋走老路。

课堂观察记录 3：上大学英语课时总有一些学生坐在后排，旁若无人地发呆、看小说，甚至玩手机，睡觉，完全是人在课堂、心在课外，而大多数情况下，教师更多关注的是那些坐在前面专心听讲、积极回答问题的学生，很少顾及后面那些同学。教学活动总是在与前排的、少数学生的互动中完成，无法调动起整个课堂的教学气氛。

针对这种现象，六位教师集体讨论，一起出主意，想办法，设计丰富多彩的课堂活动，与学习热情不高的同学谈心，充分调动了学生尤其是后排学生的学习积极性，活跃了课堂气氛，真正让学生动了起来，逐步改变了以“教师为中心”的教学模式，实现师生互动。

课堂观察记录 4：今天上课作 role-play，同学们抢着表演，积极性很高、很活跃，其中两个组特别成功，气氛热烈，同学们热情高涨，教室里不时传来欢呼声和掌声。这次活动虽然是提前布置，大家都做了充分地准备，但是大一学生能够积极主动上台脱稿表演，让我感到十分欣喜。最后，任课教师和同学一起评选了最佳台词奖、最佳表演奖和鼓励奖，极大地鼓舞和调动了学生的英语学习热情。

3. 教学能力

教学能力包括教师的教学认知能力、操作能力及监控能力，是教师从事教学活动，实现教学目标的基本能力。虽然课堂教学可以直观地反映教师的教学能力，但教学能力却是无法量化的，只能通过教师对教学实践的反思得以提高。

本研究的一个重要视角就是实施课堂观察后，同伴教师针对发现的问题和不足，相互沟通交流，提出改进措施，继而重返课堂观察教师反思后教学行为改进的情况。以对一位教师课文听力导入部分的连续观察为例：

课堂观察记录 5：

观察一：听力课上，教师先把教材中的 Start-out 部分的听力内容连续播放了三遍，然后点名让一位男生回答，可是那位男生什么也不知道，老师非常生气，但是没有说什么。接着重复播放了一遍录音，然后公布正确答案。

观察二：今天一上课，教师仍是连续三遍播放听力内容，但这回没有急于检查答案，而是向学生介绍了一些相关的听力策略，比如听的过程中怎样记笔记，怎样把握文章大意等，然后大家边听老师边提示填词技巧，最后才给出了标准答案，并解释了重点和难点。课堂气氛活跃了，教学效果提高了。

这位教师在当天的反思日记中也谈到自己对那位同学不会回答听力问题感到失望，但同时他也在反思自己的教学活动。通过反思，他发现了自己教学中的不足之处，并计划在以后的听力练习中穿插讲授一些听力策略，给学生适当的提示以降低学生的听力焦虑，提高教学效果。后续的观察的确发现这位老师在教学中注重改变策略，并且取得了很好的教学效果。

总之，六位教师开展同伴互助后的教学实践情况良好，每位教师在不断反思—实践—再反思的过程中不断探索，努力提高。例如为了最大程度的调动学生学习兴趣，合作小组教师在集体备课中能够结合学生专业特点、兴趣爱好，制作、设计多媒体课件，结合自己的教学经验和教育理念，为学生创设良好的语言环境。

实施课堂观察后，互助小组成员集体讨论，认真反思并且能够提出改进措施，各位老师在后面平行班的授课中均作了调整，教学效果显著提高。

三、反思日记

总体来看，六位大学英语教师对待反思和实践的态度都是比较积极的。通过分析六位大学英语教师的反思日记，发现他们都认为同伴互助活动可以帮助他们梳理教学思路，分析教学过程，唤醒专业意识，对专业发展具有积极作用，同时也有利于解决教育教学问题、指导教学实践。

汪老师：同伴互助观课、评课活动使我受益匪浅，从别的老师的课堂上，我学到了许多有效策略及灵活应对课堂突发事件的有效方法，教学模式也和过去有了很大的改变，过去一堂课基本上是我一言堂，学生很少参与进来，表现好的学生无非就是认真听讲、记笔记，很少发言，更不用说积极互动了。这学期我更多关注的是如何培养学生的自主学习意识和能力。教学中不仅要给学生准确、全面地呈现知识，更要教会学生如何去欣赏、理解文章，也就是通过总结与归纳提升高度。课堂上我会组织、设计形丰富多样的课堂活动，让学生充分参与，真正动起来，能够思考并发表自己的看法。

安老师：总是感觉课堂上自己讲得太多了，想给学生充分展现的机会，自己只做些指导或解答疑问，可又怕浪费时间，进度跟不上，老感觉自己的教学时间分配不很合理，下次集体备课时一定要请教其他老师。

江老师：我以前上课气氛比较死板，不够活跃，口语练习也扩展不开，大部分时间用来讲单词，讲解句型结构，讲完一篇课文感觉很累，效果却不怎么好。现在每单元都加大了听说的时间。每节课开始都让学生做 warm up activities，学生们特别活跃，我觉得效果挺好的。

黎老师：虽然设计教学时是以学生为中心的，但是实施过程却无法顺利开展，让学生一起回答问题时，他们还是很积极的，但是单独叫起来，学生就会紧张焦虑，甚至不敢开口，不能轻松自如地参与课堂活动。为此，同伴互助小组的老师们积极讨论，商量对策，后来我接受其他同事的建议：让学生课前准备相关主题，提问前尽量多做些引导，这个问题有所缓解。

四、深度访谈

结合研究问题，对访谈数据加以编码、分类、分析，发现六位参与定性研究的老师对同伴互助都持肯定态度，普遍认为同伴互助有利于教师开展自我反思，提高教学水平，实现专业发展。

付老师：我是一名普通大学英语教师，自从站上讲台那天起，就憧憬成为一名优秀教师。经过自己多年的摸索和尝试，取得了一些进步，但教学中仍有一些不足之处，有时上完课总觉得有一些不尽满意之处，感到焦急而又无助。2021 年下半年大学英语教研室开始开展同伴互助活动，给我的专业发展带来了新的希望。我和江老师、黎老师组成互助小组，在相处中，同伴互助使我们团结协作，共享资源，少走弯路，快速进步。但是有时也会发现有时候同伴互助只是流于形式，耗时耗力却收效不大。比如说集体备课制度，本来是群策群力，充分发挥集体的智慧，但是由于大部分大学英语教师都是青年教师，属于三明治一代，精力和时间非常有限，不能全身心投入教学。所以很多情况下，集体备课并没有真正使每个老师参与进来，并不是每位老师都能心甘情愿地参与，有些只是为了应付领导的要求和任务而已。

安老师：同伴互助过程中，不但授课者有所收获，观课者的教学能力在研讨与学习的过程中也大大提升，可以说，这种无私互助是双赢的。大家都觉得同伴互助能够促进专业发展，但是由于教学工作量大，很难有共同的时间开展同伴互助，因此希望学院能够适当减少工作量给教师腾出更多的时间开展研究，其次希望能够得到更多的与专家学者交流沟通的机会。

从以上访谈资料我们可以看到，参与定性研究的大学英语教师对同伴互助这种专业发展途径持积极肯定的态度，并且乐于参与参与其中，但是同时表明，开展同伴互助具有一些困难，实际操作中也遇到了一些问题。

第二节　基于同伴互助的教师专业发展存在问题

虽然该校的教师同伴互助取得了很大的成效，同伴互助理念深入人心，大学英语教师的教学水平得到提升。但是通过统计、分析回收的有效问卷，发现该校教师同伴互助也存在一些问题，这些问题在一定程度上影响了同伴互助的效果。

一、教师同伴互助重形式，轻内容

该校大学英语教师在开展同伴互助活动中，教师间的互助注重形式，实践性和内容性不足。同伴互助的内容主要是以教学问题为主，一些讨论交流也不够深入，有些教师能够坦诚发表意见和看法，有的教师却有所保留，形式化较为严重，教师间很难学到真正的有利于教学的方法和经验，不利于教师同伴互助活动的顺利开展。而教师在实践中所选择的同伴互助内容，大多数是教学方面的，这说明大部分大学英语教师只是满足于做一名教书匠，距离发展为研究型教师还有一段距离。

二、教师同伴互助的实现形式和方法单一

大学英语教师开展的同伴互助活动大多局限于集体备课、听课及评课，其他形式运用较少，说明该校的教师同伴互助实现形式较为单一。调查问卷显示：被调查教师中60%期望与专家、骨干教师讨论交流，24.2%的教师期望开展听课评课活动，22.4%认为集体备课是实现同伴互助的最好形式，还有14.8%的教师选择了师徒结对，也就是说教师在同伴互助活动中最想通过与专家、骨干教师讨论交流，学习他们的成功经验避免走弯路。因此，在今后的同伴互助活动中，应尽量采取灵活多样的互助形式，促进教师专业更快更好的发展。

教师同伴互助的具体形式主要包括集体备课、听课评课、专家指导、师徒结对等。而教师同伴互助的方法也是多种多样的，我国常见的同伴互助的方法有：组建学习共同体，实现共同愿景；开展集体备课，共享教学资源；组织反思研讨，探寻良策妙计；构建校园网络互动等。教师只有选择恰当的同伴互助形式和方法，才会使教师同伴互助活动取得良好效果，才会更好地促进教师专业发展。

三、同伴互助人员的自身素质不高

在同伴互助模式中，其成员应具有较强的互助意识和能力，较高的教育理论素质。由于实验学校属于新改制本科院校，师资力量相对较弱，尤其是大学英语教师职称、学历都处于较低水平，虽然他们有着较强的专业发展需求和主观意愿，但是知识水平、专业素养普遍较低。然而互助人员的自身素质恰恰是制约同伴互助效果最大化的重要因素，很难想象理论欠缺的教师怎么能在互助实践中取得丰硕的成果。

四、教师同伴互助缺乏合作氛围

从教师个体来看，教师间的合作是形成教师同伴互助模式的开始，其内在合作愿望的强弱和能力的高低是决定模式成功与否的关键。从教师外在环境来看，教师整体队伍能否形成强烈有效的同伴互助气氛，受制于学校的文化制度。显然，目前盛行的以各自为政和自由散漫为特点的学校文化严重阻碍了教师同伴互助活动的展开，教师同伴互助需要开放、自主、合作和安全的环境，使教师深刻认识到合作对自己专业发展的好处。教师同伴互助需要领导的关注和支持，例如：应该给教师留足够的时间开展互助和反思，促进教师在知识和信息上的充分交流，互助教师既相互尊重、彼此包容，又相互信赖，建立和谐的人际关系和融洽的发展氛围，在互助合作中实现专业发展。

五、教师同伴互助缺乏时间保证

对于教师个体而言，尽管其主体意识到开展同伴互助活动的必要性和有益性，并期望参与其中，但其时间和精力都是有限的，尤其是大学英语教师，大部分是青年女教师，面对工作和家庭的双重压力，教学任务又过于繁重，除了备课上课、布置作业，课后辅导，没有太多的时间与精力进行同伴互助活动。为此，教学管理者除设计、组织形式多样且务实创新的互助活动，保护参与者的积极性外，更应在教学工作量和教学实践等方面对大学英语教师予以照顾，以便教师能有更多的时间和精力开展同伴互助，最终促进教师个体及群体的快速成长。

第三节　基于同伴互助视角的高校教师专业化发展对策建议

一、明确互助内容，加强互助的目的性

虽然同伴互助可以采取不同的合作形式，但是在开展同伴互助活动前，制定明确的计划、确定互助的重点和目的，做到有的放矢，才会保证互助合作有序开展，否则会影响同伴互助的效果和作用。以同伴互助观课、评

课为例，互助同伴实施课堂观察前，不仅应明确观课的对象、目的、重点、难点等，而且应该设计观察记录表及测量工具等，观课结束后，互助同伴应根据课堂观察情况，针对发现问题，研究讨论改进措施，在不断反思中共同进步。再如：要开展同伴互助师徒结对“传帮带”活动，师徒二人应确定明确的目标，分别制定帮扶计划及学习发展计划，以目标为动力，并根据目标开展有效的帮扶活动。只有这样，同伴互助活动才能取得良好的效果。

二、创造多样化的教师同伴互助形式

福建师范大学余文森教授，在研究同伴互助时，将其归纳为对话、协作、帮助三种基本形式。实践中，由于各院校之间实际情况差异较大，很难将其同伴互助简单概括为其中一项，更多时候是这三种形式不同程度上组合的表现。如：以教师间信息交换和经验共享为目的所开展的读书报告会、信息发布会、经验交流会、教学反思会、课程改革沙龙及教学专题研讨会等活动，包括信息交流、教学协作、教学互助、经验分享等等内容。除此之外，在教学活动中，要充分发挥教育专家、学科带头人、骨干教师在教师群体中传、帮、带的积极作用，在教师中间开展广泛而真诚的课堂观摩、听课、评课等活动，并使之常态化。在制度上，可以规定采取集体备课、案例研讨、教学问题会诊、教学方法研究、协同教学、教学专题探讨等措施。总之，无论采取哪种形式，都要根据不同的课程、人员组成、教学实际、教学对象等因素，选择成本较小、收益较大的方式，以增强教师的教学能力，提高教学质量。

三、加强教师培训，提高教师自身素质

教师专业化是指教师应具有的合理知识结构及有效地、创造性地解决教育教学领域中的各种问题的教学实践能力。教师的职业性质决定了教师常常是单枪匹马、孤军奋战，相互之间缺乏沟通和交流，对同伴互助的理念、技巧、程序和困难等不甚了解。因此，对参与同伴互助的教师进行专业化的培训是必要而有益的。

（一）加强理论知识的培训，提高教师的理论水平

学校应通过开展教育理论知识的培训，扩展教师的理论视野，为教师灵

活应对教育教学实际问题提供理论依据。还可以聘请知名专家、客座教授到学校开展教育理论的讲座，教师通过聆听专家的经验、与教育专家交流沟通，从而扩展自己的理论视野，丰富理论知识，提升理论水平。此外，通过定期召开教育专题研讨会，使广大一线教师参与其中，互相讨论，相互切磋，各抒己见，可以取得“兼听则明”的效果，并产生“见贤思齐”的强烈意愿，为教学理论水平的提高提供充足的动力。

（二）注重教学技能的培训，提高教师的教学能力

教学技能包括教学设计、课堂教学、作业批改和课后辅导、教学评价及教学研究等五个环节，应该加强教师教学技能培训，采取灵活丰富的教学活动，强化教师个体自觉掌握、运用教学技能的意识，在具备教学基本功的基础上，注重教学设计科学性，把握课堂教学的原则性和灵活性，把知识传授的最大可能性和学生接受知识的最高接受性结合起来，并为教学对象的知识拓展指明方向，为学习持续能力留足空间，重视作业批改和课后辅导的互动性、针对性，在解决问题的过程中巩固教学对象急需和必须掌握的知识与技能，参照教学评价体系，从教与学两方面明确各自的评价标准，并针对不同的课程体系设置灵活的具体参数，开展教学理论、教学方法、教学内容、教学对象等方面专题活动，充分利用内外两种资源，已形成内在的竞争性和面向外部的开放性。总之，开展教师技能培训，有助于教师教学能力的提高和教学效果的增强。

（三）在专家引领下开展互助和反思

教师的自我反思能力是指以教师自己为研究对象，研究教育理论和教学实践，反思自己的教育教学行为和效果，并及时调整不恰当的教育行为和方法，最终提高教育教学效果。美国著名心理学家波斯纳（Posner，G. J.）指出：没有经过反思的经验是狭隘的经验，充其量只能算是肤浅的知识。因此，教师的反思能力是教师专业发展的核心要素，也是现代教师必备的基本素质之一。一名专业化的教师不仅要有丰富的教育教学经验，而且要有反思自己教育教学行为的能力。

然而，教师个人观念和水平会影响和制约自我反思的开展，因此对互助教师开展相关培训，例如反思什么、如何反思等是非常必要的，有助于提升教师的教育理念和教学行为。而且，同伴互助的过程中，教师个体应反思自

己和同伴的理念、行为及整个互助过程，及时发现观念上的误区和行为上的偏差，并加以修订与改进。值得注意的是：自我反思应打破个人的界限，除了反思自己的教育教学行为，还应反思与同伴的互助过程，互助双方还应交流反思心得。

由于处于同一层级的互助同伴在知识与能力等方面大多局限于同一层次，因此互助的效果也会受到影响，不利于教师的专业发展。为了更好地促进教师专业发展，同伴互助必须在专家引领下有序开展。尤其是随着大学英语教学改革的不断深入，大学英语教师之间的同伴互助必须突破同一层级的局限，通过专家与骨干教师等高一层级人员对改革理念的具体指引与协助，大学英语教师在专家引领下开展自我反思和同伴互助，专业研究人员参与到教师同伴互助的活动中发挥引领作用，可以避免同伴教师在较低水平层次上的重复，促进大学英语教学改革的顺利开展，促进大学英语教师的更快发展。

四、营造合作性的互助氛围

和教师个体的孤军奋战相比，集体合作更有利于教师的专业发展。除教师个体努力创造互助交流的途径外，作为教师队伍的管理方——学校，也应该为促进教师发展、提高教师教学水平创建和谐且充满活力的环境。“以人为本”是学校创建有利于教师、教学发展环境的重要原则，即学校能够从教师的角度出发，制定贴近教学实际的规章制度，鼓励并支持开展丰富多彩的教学研讨活动，营造浓厚的教学互助合作氛围，努力实现通过教师之间充分沟通、真诚交流而提高教学质量的目标。在此项活动中，校方管理者要善于发现并树立同伴互助的典型教师，实行适当激励措施以强化教师学习、掌握同伴互助理论的自觉意识，把外在的“要我学互助”硬性要求转化为教师自身“我要学互助”内在需求；提供相应的机会，让那些教师典型就同伴互助理论学习的心得、运用的方法与技巧、理论原则和教学实践等重要内容进行相应的宣讲与交流，以达到以点带面的效果。总之，制定制度、开展活动，其目的在于以沟通、合作、互助的形式，在教师相互学习、帮助的基础上，开掘教师个体的内在潜能，发挥教师队伍整体的资源优势，确保教学活动的有效开展。

（一）讲究领导艺术，创造和谐人际关系

在院系教学活动中，教师始终是最重要的因素，而一所院校由制度而形成的校风、教风则对教师之间健康且充满活力的交流互助起到制约性作用。制度的创建要以公平、公开、公正为原则，应树立“以人为本”的管理思想，从教师的教学实际出发，少一些“过高、过大、过严”的指标性限制，多一些“宽容、尊重、鼓励”的柔性措施，为教师提供发表意见、民主商讨的渠道，允许教师存在不同意见。同时，要经常组织开展一些教师真正喜爱的、能够激发教学热情、提高教学技能的活动，让教师在互助交流中感到愉悦、充实，而不至于产生疲惫、敷衍、麻木的状态，真正树立并强化教师爱校乐教、团结互助、沟通相长、彼此信赖、勇于探索的为共同信仰与目标而乐此不疲的教学状态，形成在交流中关系和谐、在和谐中共同进步、在进步中互相提高、在提高中彼此鼓励的其乐融融的氛围。

（二）领导重视、支持并参与互助

国内外研究表明，领导的关注是教师间形成同伴互助的关键性条件之一。换言之，教师同伴互助的形成有赖于领导的关注。实际上，领导不仅是确定方针、政策者，而且也是具体问题的解决者，更是风气形成的倡导者。对于领导而言，不仅要在管理的新思路、新意识、新方法上下功夫，而且还要抽出时间和精力，尽量多地参与教师的同伴互助活动，以实际行动表明重视和支持的力度。“楚王好细腰，宫中多饿死”“上有所好，下必甚焉”等，都是说明领导的重要作用。

领导的重视、支持、鼓励、参与等言行，都将对院系教师队伍起到不可估量的影响，会激发教师群体的积极性，有利于形成宽松、开放、交流的合作氛围，从而构建一种新的自上而下互助交流、合作发展的校园文化。

为了实现教师间的互助合作，学校不仅应提供物质、精神及制度等方面的保障，而且应本着“以人为本”的思想，从教师的现实需求出发，创建教师之间的合作文化，增加柔性的关怀和尊重，减少刚性的限制和处罚，为教师合作学习、探究教育教学问题创造机会，促进教师深入反思、共同实践、合作解决问题。

（三）合理调配互助同伴

在同伴互助模式中，参与主体为教师，其人数至少两人，也可以多

人，既可以是同一课程任课教师的组合，也可以是不同学科任课教师的搭配，从教师资历来说，可以自由选择新老、老老、新新组成方式，从教师职称来看，可以实现高、中、低的任意调配。除此之外，专职教师还可以选择与教育行政机构的教研员、大学离岗退体的教育、教学专家合作。无论行政命令式的组合，还是自由搭配的组合，其成员之间没有高低尊卑的差别，是一种平等民主的关系，其目的在于通过互惠合作，以达到共同进步和发展。为了使同伴互助达到最大效果，在重视年级组、教研组、帮扶组的基础上，还应考虑到教师所教授课程、教师资历、教师职称、教学风格等因素。具体来说，应注意以下方面：一是教授课程。相对于不同学科、课程，同学科、课程的教师在交流时间、沟通话题、合作机会等方面更具有优势；二是教学经验。相较于新新、老老组合，不同资历和职称的教师在同伴互助中，更容易形成知识互补、经验借鉴的局面；三是教学风格。相近的教学风格与不同的教学风格相比，后者更能取得相互完善的效果；四是教师性别。生理的差别导致思维的相异，不同性别的教师在互助中所取得的成绩一般大于同性别的教师。总之，差异是同伴互助的前提，也是共同发展的动力，合理的搭配可以使不同风格的教学获得一加一大于二的效果。

（四）建立多元化教师评价体系

多元智能理论为我们认识、评价学生提供了新思路和新角度。然而，人们仍沿袭传统的评价方式，习惯用统一的标准和要求来评价教师，例如衡量大学英语教师的唯一标准就是四、六级过关率。但人的个性差异不可否认的，个人的喜好也不尽相同，每位教师的长处和优点也表现在不同方面。因而树立肯定教师个性化发展的评价观，建立多元化的教师评价体系，鼓励教师扬长避短是十分必要的。

其次，改革以往比较片面的评价制度有利于促进教师积极主动地开展同伴互助活动。例如评价内容要由原来的教学成绩单一评价转变为教学过程和教学效果相结合的综合评价。评价既要看工作过程，也要看工作态度；既要看教学活动，也要看教研活动；既要看优生比例，也要看转差效果。评价的主要方面应包括：工作态度、教学效果、学生成绩及合作能力等各个方面。

评价是一种激励机制，能够起到导向作用，合理的评价模式能够保证教师有效地开展同伴互助活动。研究表明，当团队中个体成员的贡献被忽视或无法衡量时，个体的努力程度和成就水平就会降低。因此，开展教师同伴互助前，要充分考虑教师个体的努力程度和成就水平，建立公平的评估机制，从教师队伍和个体发展等不同角度出发进行评价。具体来讲，就是要在教师开展同伴互助活动前制定评价标准，评价标准应包括对教师团队评价的标准和对教师个体评价的标准两部分；评价时要严格执行标准，保证评价的公平和公正。评价既要正确衡量对教师团队的工作，又要充分肯定教师个人的努力程度及成就水平。通过评价既要使教师明确自己是团队中的一员，又要使教师意识到自己备受关注，从而增强教师间同伴互助的意识。

（五）教育行政部门提供时间保障

为了促进教师同伴互助活动的顺利开展，促进教师专业发展，教育行政部门应为教师提供时间保障。例如，适当减少大学英语教师的教学工作量或者在安排课程的时候尽量让同一互助小组的老师承担相同的课程，让同一互助小组的老师在不同的时间段上课，以方便他们互相观课、听课，或者延长教师的午休时间，减少召开行政性事务会议，给教师留出更多的时间开展研究。总之，教育行政部门应该想尽各种办法为同伴互助活动的开展提供时间保障。

参考文献

[1] 鲍道宏．学习与发展：谈教师专业成长的自我谋略［J］．福建教育，2020（36）：57-59.

[2] 陈仕清．英语教师专业发展新路径［M］．南宁：广西教育出版社，2012.

[3] 陈维嘉．同伴互助视角下地方高校教师专业发展研究［D］．青岛：青岛大学，2018.

[4] 陈文玲，王卫东．近十年我国教师实践智慧研究述评［J］．教育导刊，2020（8）：70-76.

[5] 窦璐．新时期高校英语教师素养提升策略探究［J］．教书育人（高教论坛），2020（9）：72-73.

[6] 恩吉亚．肯尼亚教师专业发展：现状、挑战及政策走向［J］．朱福建、译．比较教育学报，2020（4）：112-123.

[7] 付光槐．挖掘“我”的力量，助推教师专业发展［J］．教育家，2020（30）：22-23.

[8] 付琳芳，郭晓燕．当前英语教师专业发展的现状与对策研究［M］．长春：东北师范大学出版社，2018.

[9] 何婧．关于网络环境下信息技术教学模式研究［J］．现代职业教育，2020（32）：130-131.

[10] 贾慧慧．英语课堂教学话语分析研究［M］．西安：西北工业大学出版社，2020.

[11] 贾芝，林琳，徐颖．高校英语教师专业发展有效路径探究［M］．青岛：中国海洋大学出版社，2020.

[12] 蒋晟兰．碎片化信息时代高校青年英语教师专业发展探究［J］．长江丛刊，2019（22）：76-77.

[13] 李春梅，文秋芳．上进型高校青年英语教师元专业能力理论模型构建

[J]. 外语界，2020（2）：43-50，72.

[14] 李国璋，孙宜辰，何江海．新时代高校体育教师的主体性专业发展研究［J］. 广州体育学院学报，2020，40（4）：120-125.

[15] 李红鸣，立德树人视野下的教师素养建构［J］. 四川教育，2021（2）：15-16.

[16] 李业琪．专业学习共同体模式：高校英语教师专业发展的新方向［J］. 邢台学院学报，2020，35（1）：96-99.

[17] 李正国．校长牵手培训，助力教师专业发展［J］. 教书育人，2020（23）：49.

[18] 齐亚静，王晓丽，伍新春．教师专业发展能动性及影响因素：基于工作特征的探讨［J］. 中国临床心理学杂志，2020，28（4）：133-137.

[19] 齐雁飞．基于移动辅助语言学习的教师信息素养研究［J］. 汉江师范学院学报，2020，40（5）：136-140.

[20] 秦莉，赵春贺．英语教师语言意识研究［M］. 北京：现代出版社，2019.

[21] 冉俊华．试析青年教师专业发展路径［J］. 教师教育论坛，2020，33（8）：26-28.

[22] 史康丽．反思性教学对高校外语青年教师专业发展的影响［J］. 现代职业教育，2020（32）：24-25.

[23] 孙晓丹．网络资源库在信息技术课堂教学中的应用［J］. 中外企业家，2020（21）：215.

[24] 王雪梅．“外语教师专业发展”专题［J］. 山东外语教学，2020，41（4）：10.

[25] 王雪梅. 高校外语教育新常态下的教师专业发展：内涵与路径［J］. 山东外语教学，2020，41（4）：11-18.

[26] 王永丽. 大数据时代高校青年英语教师自我效能感的提升策略［J］. 教育观察，2020，9（9）：69-71.

[27] 王玉虹. 英语课堂教师话语探讨［M］. 宁夏：阳光出版社，2019.

[28] 魏素荣．英语青年教师专业发展的途径研究［J］. 校园英语，2020（7）：201.

[29] 吴炳东．学习共同体：促进英语教师专业发展的有效探索［J］. 发明

与创新，2020（8）：112.

［30］吴亚明，陈跃娟．教师专业发展平台的设计与实现［J］．绥化学院学报，2020，40（8）：130-132.

［31］徐锦芬．大学英语教师的自主性专业发展［J］．山东外语教学，2020，41（4）：19-26.

［32］严菊环．高校英语教师专业发展研究［M］．沈阳：辽宁大学出版社有限责任公司，2021.

［33］姚旺．教师教育发展与教师信念理论研究：评《教师专业发展理论研究》［J］．高教探索，2020（8）：142.

［34］张国颖，王晓军．高校英语教师信息素养现状与对策［J］．图书馆理论与实践，2017（6）：34-37.

［35］张贞桂．大数据时代大学英语教师信息素养的调查与研究：以陕西普通高校为例［J］．新西部，2019（10）：86-87，54.

［36］郑雯玉．基于云技术的信息化教育教学模式的研究［J］．数字通信世界，2020（8）：281-282.

［37］周愈璋．基于 MOOC 的 020 教学模式在高职英语教学中的应用研究［J］．吉林省教育学院学报，2020，36（4）：118-121.